赤水丹霞为亚热带湿润区丹霞及高原峡谷型丹霞，发育成丹霞崖壁、方山、石柱、沟谷、凹槽、穿洞等典型丹霞个体形态，景观以地势高兀、谷地深狭、悬崖飞瀑为主要特色，出露地层为侏罗纪、白垩纪河湖相红色沉积岩，流丹溢彩，灿若红霞，2010 年 8 月被列为世界自然遗产，获“丹霞之冠”美誉。赤水丹霞国家地质公园佛光岩景区，切割深度 500—1300 米，断岩嶂谷，飞瀑如练。（刘子富　摄）

中国首批脱贫出列县

刘子富◎著

新华出版社

图书在版编目（CIP）数据

决战赤水：中国首批脱贫出列县 / 刘子富著. --北京：新华出版社, 2018.10
ISBN 978-7-5166-4297-9

Ⅰ. ①决… Ⅱ. ①刘… Ⅲ. ①扶贫-研究-赤水
Ⅳ. ①F127.733

中国版本图书馆CIP数据核字(2018)第189515号

决战赤水：中国首批脱贫出列县

作　　者： 刘子富

责任编辑： 沈文娟　　**封面设计：** 李尘工作室

出版发行： 新华出版社
地　　址： 北京石景山区京原路8号　　**邮　　编：** 100040
网　　址： http://www.xinhuapub.com
经　　销： 新华书店、新华出版社天猫旗舰店、京东旗舰店及各大网店
购书热线： 010-63077122　　**中国新闻书店购书热线：** 010-63072012

照　　排： 臻美书装
印　　刷： 三河市君旺印务有限公司
成品尺寸： 170mm×240mm　16开
印　　张： 21　　**字　　数：** 340千字
版　　次： 2019年1月第一版　　**印　　次：** 2019年1月第一次印刷
书　　号： ISBN　978-7-5166-4297-9
定　　价： 98.00元

引 言

赤水，蜚声中外的红色土地。

1935 年 1 月，中央红军长征途中攻克黔北重镇遵义，1 月 15—17 日在遵义召开中央政治局扩大会议——遵义会议，结束了博古“左倾”冒险主义在中央的统治，在极端危急的关头，挽救了红军，挽救了党，挽救了中国革命。遵义会议成为中共历史上生死攸关的转折点。

遵义会议后，中央红军处在国民党蒋介石几十万重兵围追堵截的艰险条件下，在毛泽东、周恩来、朱德等指挥下，展开著名的四渡赤水战役，采取高度机动的运动战方针，巧妙地穿插在敌军重兵围剿之间，灵活变换作战方向，创造战机，在运动中歼灭大量敌军，牢牢掌握战场主动权，取得了战略转移中具有决定意义的胜利，创造了中国工农红军战争史上以少胜多、变被动为主动的经典战例。

1960 年，“二战”名将英国陆军元帅蒙哥马利在访问中国时，盛赞毛泽东指挥的辽沈、淮海、平津三大战役，可以与世界历史上任何伟大的战役相媲美。毛泽东却说：“四渡赤水才是我的得意之笔。”

美国作家哈里森·索尔兹伯里在所著《长征——前所未闻的故事》一书中写道：长征是独一无二的，长征是无与伦比的，而四渡赤水又是长征史上最光彩神奇的篇章。

以中央红军四渡赤水而闻名世界的赤水市，坐落在贵州西北部赤水河流域中下游，毗邻四川、重庆，是黔北通往川、渝的重要门户，也是贵州最大的通江达海口岸。

1990年12月20日，中华人民共和国民政部、贵州省人民政府报请国务院批准，撤销赤水县设赤水市。1997年6月，国务院批准撤销遵义地区设遵义市，赤水市改由贵州省人民政府直辖。1998年，贵州省人民政府委托遵义市人民政府代管赤水市。

赤水市幅员1852平方公里，现辖11个镇3个乡3个街道办事处，居住着汉族、苗族、土家族、仡佬族、布依族等26个民族，2017年总人口31.7万人。境内资源富集，山川秀丽，河流密布，田园阡陌，民风淳朴，文化底蕴厚重，被有关专家和游人赞叹为中国“最红、最绿、最美”的神奇地方。

赤水最红。红在红色革命记忆。1929年，贵州第一个地方党组织——中共赤合特支在赤水成立；1935年，中央红军四渡赤水战役在赤水展开。红在丹霞地貌。大自然赐给1300平方公里流丹溢彩、灿若红霞的丹霞奇观，成为中国第八个、贵州第二个世界自然遗产地。

赤水最绿。绿在拥有214万亩莽莽苍苍的林海，森林覆盖率达82.77%，空气清新，气候宜人，被誉为“中国天然氧吧”。境内遍布4000多挂飞瀑流泉，山清水秀，绿满河山，成为长江上游名副其实的生态屏障。

赤水最美。美在大自然鬼斧神工，馈赠“丹霞之冠”“千瀑之市”“桫椤王国”。独特的地理环境和自然条件，繁衍众多本土和外来物种。清乾隆三十四年（1769年），先辈从福建引进三竿楠竹苗，在赤水人世世代代精心呵护下，延续至今，已发展形成132.8万亩一望无垠的竹海，跻身十大“中国竹子之乡”。美在中央红军用鲜血染红这片热土，播下革命种子，享有革命老区盛誉。美在人与自然和谐，先后获得“中国丹霞世界自然遗产地”“国家重点风景名胜区”“中国优秀旅游城市”“国家生态市”“全国生态保护与建设典型示范区”“中国长寿之乡”等殊荣，被誉为“中国最美丽的地方”。

地域辽阔的中国农村，由于地理环境、自然条件、社会历史、人文素养千差万异，劳动者占有生产资料、生活资料和具有生产手段、谋生渠道、劳动技能千差万别，导致区域经济发展不平衡、不稳定、不充分，在边远、偏僻、高寒、深山区、石山区和少数民族聚居区，贫穷落后长期如影随形。处在中国扶贫攻坚主战场贵州省的赤水市也不例外。

2011年12月，赤水市与贵州省9个县（市、区）、四川省13个县、云南省

15个县（市、区）共计38个县（市、区）一道，被国家列入乌蒙山集中连片特殊困难地区。这是集革命老区、民族地区、边远山区、贫困地区于一体，贫困人口分布广、少数民族聚集多的连片特困地区。乌蒙山片区区域发展与扶贫攻坚正式启动。

精准扶贫，脱贫攻坚，精准脱贫，到2020年全面建成小康社会，这是中国做出的国家战略部署。这是中国共产党不忘初心、执政为民，向全国人民和世界做出的庄严承诺。

赤水市农村致贫因素多、贫困面大、贫困程度深。实现精准脱贫难度大、任务重，成为各级党委、政府和各级干部必须按时完成的一项政治任务，也是一道必须按时高质量完成的经济社会建设发展考题。

赤水市委、市政府别无选择，迎难而上，带领全市各级干部、党员群众和各族人民，深入学习贯彻党的十八大、十九大精神和习近平新时代中国特色社会主义思想，以脱贫攻坚统揽经济社会发展全局，将脱贫战略目标纳入经济社会发展总体规划，从市委、市政府做起，义无反顾地履行脱贫主体责任。市“四大班子”领导率先垂范，切实将脱贫攻坚放在心上、扛在肩上、抓在手上；切实做到精准识贫、精准扶贫、精准脱贫；切实做到凝聚和形成强大社会合力，确保脱贫攻坚整体推进；切实加强基层组织建设，确保脱贫攻坚强力推进；紧紧围绕发展生产脱贫一批，易地扶贫搬迁脱贫一批，生态补偿脱贫一批，发展教育脱贫一批，社会保障兜底一批“五个一批”；紧紧围绕扶贫对象要精准，项目安排要精准，资金使用要精准，措施到位要精准，因村派人要精准，脱贫成效要精准“六个精准”的要求，按照建档立卡贫困户家庭年人均可支配收入稳定超过当年全国扶贫标准，不愁吃、不愁穿，保障义务教育、基本医疗和住房“一达标、两不愁、三保障”的标准，打好贵州省委、省政府部署的基础设施建设、易地扶贫搬迁、产业扶贫和教育医疗住房保障“四场硬仗”；在实践中创新精准制胜、团结制胜、实干制胜、创新制胜“四大经验”，一举打赢脱贫攻坚这场输不起的大决战。

市委、市政府以“踏石留印，抓铁有痕”的锐气和作风抓脱贫攻坚，探索创新识贫不漏一人，增强群众认同感；帮扶不漏一方，增强扶贫责任感；政策不漏一项，增强群众满意感；产业扶贫不漏一家，增强群众获得感；基础设施建设不漏一处，增强群众共享感；危房改造不漏一宅，增强群众安居感；保障兜底不漏一个，增强群众幸福感；扶志扶本不漏一员，增强群众自强感；退出不错一户，增强群众认可感“九不”增“九感”精准脱贫“赤水经验”；摸索出贫困人口精准识别“比对法”；制定科学合理、公正公平、可操作性强的危房“十不整治”甄别标准；创新法治扶贫模式；建设生态文明，开辟“生态产业化、产业生态化”绿色脱贫、绿色发展道路。

赤水市委、市政府用实际行动践行贵州省委、省政府“贫困不除、愧对历史，群众不富、寝食难安，小康不达、誓不罢休”的庄严承诺，凝聚成“较真碰硬，克难攻坚，苦干实干，拼搏创新，务求必胜”的脱贫攻坚“赤水精神”。

自2014年展开大规模脱贫攻坚以来，赤水市咬定脱贫不放松，至2017年6月，帮扶6个贫困乡镇全部减贫摘帽，51个贫困村中32个脱贫出列，累计减少农村贫困户7495户24120人。

2017年7月，赤水市脱贫攻坚探索创新的“赤水经验”和所取得的成就，赢来国务院扶贫开发领导小组组织的第三方评估。中国科学院精准扶贫评估研究中心西南分中心负责评估赤水是否达到国务院规定脱贫出列的标准。第三方评估对赤水市退出贫困县展开科学、严格、公正、权威的专项评估检查结果表明：截止到2016年年底，全市综合贫困发生率为2.18%，低于国家3 %的退出标准；群众认可度为94.67%，高于国家90%的退出标准；贫困人口漏评率为0.33%，脱贫人口错退率为0.25%，均低于国家2%的退出标准，符合国家贫困县退出条件。

2017年11月1日，国务院扶贫开发领导小组办公室发布消息称：全国9个省（区、市）的26个贫困县顺利通过国家专项评估检查，由省级人民政府批准退出贫困县。顺利通过国家专项评估检查的26个贫困县：河北省望都县、海兴县、南皮县，江西省吉安县，河南省滑县，重庆市万州区、黔江区、武隆区、丰都县、秀山土家族苗族自治县，四川省南部县、广安市广安区，贵州省赤水市，西藏自治区拉萨市城关区、昌都市卡若区、林芝市巴宜区、山南市乃东区、亚东县，青海省河南蒙古族自治县、同德县、都兰县，新疆维吾尔自治区巴里坤哈萨克自治县、民丰县、察布查尔锡伯自治县、托里县、青河县。加上此前江西省井冈山市、河南省兰考县率先通过国家专项评估检查，分别于2017年2月25日、27日由省级人民政府批准退出，全国已有28个贫困县脱贫摘帽。

这是中国自1986年国务院成立专门负责扶贫工作的领导小组，开始有组织、有计划、大规模扶贫开发以来，贫困县首次集中脱贫摘帽，也是国家设定贫困县31年来，首次实现贫困县数量净减少。

赤水市探索创新的脱贫攻坚、精准脱贫“赤水经验”不胫而走，日益彰显政治效应、社会效应、经济效应和溢出效应，跻身中国592个贫困县中首批28个脱贫摘帽县之列，成为贵州省50个贫困县中第一个脱贫出列县，实现漂亮脱贫，华丽转身。

精准脱贫“赤水经验”得到遵义市委、市政府、贵州省委、省政府和中央有关领导、国务院扶贫开发领导小组等国家有关部委的肯定，受到社会各界广泛赞赏。

2016年12月27日，国务院扶贫开发领导小组办公室和中国社会科学院联合发布《中国扶贫开发报告2016（扶贫蓝皮书）》指出，按照世界银行2011年购买力平价一人一天1.9美元的国际贫困线标准，1981—2012年，全球贫困人口减少了11亿，同期中国贫困人口减少了7.9亿。

30年间，中国减少的贫困人口占全球减少贫困人口的71.82%。中国在人类减贫史上书写了光辉的一页。赤水市探索创新的精准脱贫“赤水经验”，成为中国减贫史上浓墨重彩的一笔。

目　录 | CONTENTS

第三章 精准脱贫“赤水经验”

决战
JUEZHAN
CHISHUI
赤
水
中国首批脱贫出列县

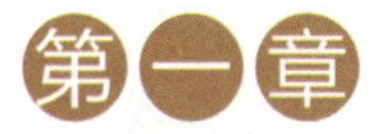

扛起脱贫政治责任

贫困，地理位置、自然条件、社会历史、文人环境、人口素质等多种因素叠加导致的一种社会经济现象。改善民生，消除贫困，逐步实现共同富裕，是中国共产党全心全意为人民服务宗旨的根本体现，也是中国社会主义制度的本质要求。

中国经过 1986—1993 年期间有组织、有计划、大规模扶贫开发，1994—2000 年实施“八七”扶贫攻坚计划，2001—2010 年实施《中国农村扶贫开发纲要（2001—2010 年）》，加快了贫困地区脱贫致富进程，把扶贫开发事业推向一个新阶段。

新时期新阶段扶贫开发，要解决剩下贫困人口的温饱问题，这是最难啃的“硬骨头”。要进一步改善贫困地区基本生产生活条件，补齐短板，加强贫困乡村基础设施建设，改善生态环境，改变贫困地区经济、社会、文化落后状况，巩固已经取得的温饱成果，提高贫困人口的物质、文化、精神生活质量，到 2020 年全面建成小康社会。

2011 年 12 月 6 日，国务院新闻办公室举行《中国农村扶贫开发纲要（2011—2020 年）》新闻发布会，宣布国家将六盘山区、秦巴山区、武陵山区、乌蒙山区、滇桂黔石漠化区、滇西边境山区、大兴安岭南麓山区、燕山—太行山区、吕梁山区、大别山区、罗霄山区等区域的连片特困地区和已明确实施特殊政策的西藏、四省藏区、新疆南疆三地州，作为扶贫攻坚主战场，标志着全国扶贫进入攻城拔寨、决战决胜冲刺阶段。

在这样的时代背景和新形势下，贵州省赤水市与川、滇、黔毗邻地区 38 个贫困县（市、区）一道，被国家列入乌蒙山集中连片特殊困难地区。全国 14 个集中连片特困地区农民人均纯收入为 2676 元，仅相当于全国农村平均水平的一半。全国综合排名最低的 600 个县，有 521 个分布在集中连片特困地区，占综合排名最低县的 86.83%。

当时，赤水市 17 个乡镇（街道）中有 6 个被列为贫困乡镇，占乡镇总数的 35.29%。其中元厚、长期两个镇列为一类贫困乡镇，石堡、官渡、白云 3 个乡镇列为二类贫困乡镇，宝源列为三类贫困乡镇；100 个行政村（2016 年 10 个村撤村改居后，行政村变更为 90 个）中 51 个被列为贫困村，占行政村总数的 51%；纳入建档立卡管理的贫困户 10332 户 2.8 万人，贫困发生率为 14.6%；贫困人口年人均纯收入比全国 14 个集中连片特困地区人均纯收入还要低，农村贫困面大、贫困人口多、贫困程度深。

中共赤水市委书记况顺航深入元厚、官渡、长沙、白云、长期、石堡等乡镇农村基层调查研究，掌握脱贫攻坚科学决策第一手资料。图为况顺航（前一）在长期镇五七村仙草谷调研自然资源优势，谋划做大做强金钗石斛扶贫产业。（市委办提供）

赤水市地处乌蒙山集中连片特困地区北部、云贵高原向四川盆地过渡地带，山高坡陡，沟壑纵横，生态脆弱，灾害频繁，属典型的山区内陆农业县。境内近一半行政村不通公路，处于半封闭状态，信息不灵，物流成本高，市场体系弱，经济总量小，区域发展不平衡，经济发展不充分，城乡差距大。社会保障能力弱，科技、教育投入不足，文化、卫生基础设施不完善，脱贫攻坚难度很大，任务艰巨。

市委书记、市长作为中国脱贫攻坚主战场赤水战区的一线总指挥、脱贫第一责任人，义无反顾地站在新时代习近平总书记提出“协调推进全面建成小康社会、全面深化改革、全面推进依法治国、全面从严治党”战略布局第一线，团结带领全市各级干部、广大党员和各族人民群众，广泛动员组织全市力量，在巩固扩大“十二五”经济建设成果的基础上，深刻认识和准确把握“十三五”时期经济社会发展面临的新形势、新任务、新机遇和新挑战，以新精神、新作风、新干劲和新气魄，确定实施改革推动、开放带动、创新驱动、产业拉动发展战略，以脱贫攻坚统揽赤水革命老区经济社会发展全局，以当年毛泽东、周恩来、朱德等老一辈无产阶级革命家率领中央红军四渡赤水一往无前的革命精神和英雄气概，在赤水市全域展开前所未有的脱贫攻坚大决战。

2015 年，习近平总书记视察贵州期间，希望贵州协调推进“四个全面”战略布局，守住发展和生态两条底线，培植后发优势，奋力后发赶超，走出一条有别于东部、不同于西部其他省份的发展新路。

赤水市委、市政府深入学习贯彻习近平总书记对贵州的重要指示精神，不辜负总书记的殷切希望，立足赤水实际，树立“抓民生就是抓发展”的理念，全面准确贯彻执行精准扶贫、精准脱贫基本方略，在 2012 年国家将赤水列入乌蒙山集中连片特殊困难地区后赤水市委、市政府制定《扶贫攻坚规划》的基础上，针对三年多来扶贫开发、脱贫攻坚遇到的新情况、出现的新问题，总结实践中积累的新经验，研究出台《关于坚决打赢脱贫攻坚战的实施意见》，制定和组织实施脱贫攻坚行动计划：明确采取超常措施，拿出过硬办法，举全市之力，集全市之智，聚全市之能，全面消除绝对贫困现象；要求各级党委（党组）、政府及各有关部门，迅速行动起来，列出精准扶贫、精准脱贫任务清单，排出完成任务时间表，实施台账管理，逐个对账销号，确保在贵州率先进入全面小康；明确全市分阶段脱贫攻坚具体目标：

——全面攻坚期（2012—2015 年）

“十二五”期间，全市贫困乡镇全部实现减贫摘帽，累计减少贫困人口 3.17 万人，贫困发生率降至 7.48%；脱贫攻坚取得阶段性成果。2015 年，全市减少贫困人口 1 万人，20 个贫困村脱贫出列，农村居民可支配收入达 9235 元。

——集中攻坚期（2016—2017 年）

2016 年，完成 25 个贫困村脱贫出列和 1 万农村贫困人口脱贫；2017 年，完成 6 个贫困村脱贫出列和 0.38 万农村贫困人口脱贫。每个村集体经济积累达 10 万元以上，农村居民人均可支配收入达 1.2 万元以上。

——巩固提高期 (2018—2020 年)

到 2018 年，全市建档立卡脱贫对象人均可支配收入达 6000 元以上，全面实现小康；到 2019 年，全市建档立卡脱贫对象人均可支配收入达 7000 元以上，贫困地区生产生活条件明显改善，扶贫对象自我发展能力显著增强；到 2020 年，全市建档立卡脱贫对象人均可支配收入达 8000 元以上，贫困地区基本公共服务主要领域指标超过西部地区农村平均水平，与全国同步建成全面小康。

市委、市政府肩负着党、人民和时代重托，扛起脱贫政治责任、社会责任和经济建设发展责任，组织动员和凝聚全市力量，调动所有扶贫资源，在全域展开规模空前的科学治贫、精准扶贫、脱贫攻坚，背水一战，志在2017年从中国贫困县名单中精彩出列，后发赶超，跨越发展。

第一节　建立统一高效指挥调度体系

打赢这场输不起的脱贫攻坚战，任务繁重，时间紧迫，形势逼人。赤水市委、市政府增强紧迫感、责任感和主动性，坚持以脱贫攻坚统揽经济社会发展全局，加强组织建设，强化领导责任、强化精准帮扶、强化社会合力，加大帮扶力度，增强针对性，采取持续有效的举措，强力推进脱贫攻坚。

一、建立党委领导经济社会发展制度

习近平总书记强调：“党政军民学，东西南北中，党是领导一切的。”脱贫攻坚是第一政治任务和第一民生工程，抓好脱贫攻坚，必须加强党对脱贫攻坚的组织领导，坚持以脱贫攻坚统揽经济社会发展全局。

科学治贫、精准扶贫，实现农村贫困人口精准脱贫，是全面建成小康社会最艰巨的任务。市委、市政府坚定地把工作重心放在脱贫攻坚上，将头等大事和第一民生工程摆在重中之重位置，牢固树立“抓脱贫就是抓发展”的理念，引导各级干部正确认识和处理发展与脱贫矛盾的对立统一关系，防止把脱贫与发展对立起来，明确各项工作都要与脱贫攻坚紧密结合，举全市之力、集全市之智打赢科学治贫、精准扶贫、精准脱贫攻坚战，做到脱贫攻坚有利于发展，发展成效体现在脱贫上。

1. 谋大局

市委总揽全局，协调各方，建立完善党委领导经济社会发展工作制度。加强党委工作制度建设，强化党委的领导作用、决策作用和监督作用。建立健全和推行党委研究经济工作制度，加强对经济发展、脱贫攻坚、社会建设中出现新情况、遇到新问题的调查研究，注重发现和总结推广创新发展先进典型和成功经验，运用战略思维、辩证思维、底线思维谋划经济社会发展全局。强化扶贫开发、脱贫攻坚工作领导责任制，建立健全脱贫攻坚绩效考核激励约束机制，严格考核乡镇提高贫困人口生活水平、减少贫困人口数量、改善贫困地区生产生活条件工作实绩。坚持科学决策、民主决策、依法决策，脱贫攻坚取得突破性、决定性进展，国民经济保持持续、快速、健康发展势头。

2. 管方向

建立每年召开市委全会研究解决重大经济社会发展问题制度和每年年初召开全市经济工作会议、总结过去一年经济工作、研究部署新一年经济工作的制度。市委常委会根据经济工作运行情况，不定期听取市政府经济工作情况报告，总览全局，把握方向，有针对性地做出调整和部署。经济建设、脱贫攻坚中出现新情况、遇到新问题，市委常委会及时深入一线调查研究，广泛听取各有关方面的意见和建议，经过充分酝酿，然后由书记主持召开专题会议，集思广益，从善如流，积极稳妥地解决事关全局的经济发展重大问题，牢牢掌控全市经济沿着健康发展的轨道运行，确保脱贫攻坚方向不变、原则不变、目标不变，切实提高脱贫攻坚决策力、执行力和落实力。坚持科学决策、民主决策、依法决策，脱贫攻坚取得突破性、决定性进展，国民经济保持持续、快速、健康发展势头。

3. 抓政策

着眼国家和贵州省、遵义市经济发展大环境和国家制定的宏观经济政策，结合赤水市实际，研究制定脱贫攻坚规划和精准扶贫、精准脱贫具体政策措施。2016 年 2 月，在赤水市委建议和推动下，赤水市第六届人民代表大会第七次会议审议通过的《赤水市国民经济和社会发展第十三个五年规划纲要》，将精准脱贫纳入经济社会发展总体规划，明确“十三五”是赤水脱贫攻坚、后发赶超、转型

赤水市委、市政府以脱贫攻坚统揽经济社会发展全局，聚焦精准扶贫、精准脱贫战略目标，围绕“一达标、两不愁、三保障”精准发力。市委副书记、市长谭海（前排中）率政府有关部门干部在旺隆镇调研教育、医疗卫生扶贫。（市政府办提供）

跨越的攻坚期、决战决胜期。完善“摘帽不摘政策”激励机制，加强财政监督、审计和稽查等工作，建立扶贫资金违规使用责任追究制和工作考核督查问责制。推广资源变资产、资金变股金、农民变股东贵州农村改革“三变”经验，实行贫困人口资产收益扶持制度，探索财政扶贫资金和农村集体资源量化到户、股份合作、入股分红、滚动发展机制，推行财政扶贫资金支持壮大贫困村集体经济和村级互助资金运行模式。全面落实贵州省“3个15万元”（财政补助政策：扶持对象实缴货币投资达到10万元后，政府给予5万元的微型企业财政补助，补助资金由省、市、县按照7∶1∶2的比例分担，各级财政按承担比例年终清算；税收奖励政策：扶持对象创办的微型企业除享受国家和贵州省对微型企业及特定行业、区域、环节的税收优惠政策外，其实际缴付的所有税收中地方留存部分实行全额奖励，奖励总额为15万元；融资与担保政策：扶持对象创办的微型企业有贷款需求的，可以自有财产抵押、税收奖励为质押或信用贷款等方式，到指定银行或担保机构申请15万元以下的银行贷款支持或担保）扶持农村贫困人口创业就业政策，促进农村贫困人口创业就业脱贫。

4. 促改革

改革开放、创新发展是富民强市的必由之路。实施改革开放与创新驱动发展战略，把脱贫攻坚、改革创新作为全市抓发展的重要举措，把各项改革同推进脱贫攻坚结合起来，把改革开放贯穿经济社会发展各个领域，把发展基点放在创新上，为扶贫开发、脱贫攻坚、脱贫出列和经济社会发展提供持续动力。

市委书记、市长带领市直有关部门、各乡镇（街道）和农村基层干部扑到扶贫开发第一线，扎实推进领导干部遍访边远贫困村、贫困户活动，从扶贫实际工作需要出发，切实转变扶贫干部工作作风，改进扶贫方式方法。针对不同区域、不同类型、不同致贫原因，因地制宜，探索脱贫致富新途径，创新产业扶贫、旅游扶贫、生态扶贫、党建扶贫、法治扶贫、大数据扶贫等新模式、新机制，创建“扶贫云”新平台，推动扶贫开发与“互联网+”、旅游产业跨界融合发展，创新独具特色的脱贫攻坚“赤水模式”。

坚持问题导向、民生导向。加大改革广度、深度和力度，列出各项改革主要任务清单，逐条逐项加以落实。围绕使市场在资源配置中的决定性作用，深化国有企业、商事制度、资源配置体制机制、财税金融体制等改革，激发市场活力。推进城乡统筹发展，深化农村综合改革、扶贫开发体制机制改革，促进城乡要素平等交换和公共资源均衡配置。围绕保障和改善民生，深化文化、教育、医疗卫生等领域改革。

打造内陆开放型经济高地。拓展开放发展空间，依托处于成渝经济区“桥头堡”的区位优势，积极参与国家主席习近平倡导的“一带一路”建设，深度融入长江经济带和成渝经济区发展。充分利用长江经济带构建的对外开放新通道，整合更大区域、更宽领域资源，推进更高水平的对外开放与经济合作。推动与成渝经济区及四川省泸州市的经济交流与合作。加强与国内、国际知名企业深圳金睿财富控股集团、中国西南（赤水）家具产业园、江苏尤佳木业有限公司等及发达地区资源型同质互补企业的交流与合作，发展总部经济。推进对外贸易与交流合作，开展国内外展示展销活动。推动区域优势互补、互利合作与开放发展、共同发展、共享发展。

二、建立决战决胜脱贫攻坚指挥体系

党委、政府指挥脱贫攻坚大决战，如同军事作战指挥，最忌政出多门，各吹各的号，各唱各的调，前线指战员无所适从，不仅形不成战斗力，就连仗也没法打。市委、市政府从脱贫攻坚面临的形势和承担的艰巨任务出发，总结以往扶贫开发的实践经验，经过认真研究，决定组建市、乡镇（街道）、村（居）、组四级脱贫攻坚统一高效的指挥调度体系，党政“一把手”亲自抓、负总责，一抓到底，确保贫困乡镇、贫困村、贫困人口如期全部脱贫出列。在实践中创新脱贫攻坚“三统一”指挥调度体系。

1. 统一作战体系

实行“统一领导、分级负责、分级包保”责任制，形成“一级抓一级、层层抓落实”的统一高效作战指挥调度体系。市成立总指挥部、乡镇成立战区指挥部、村成立前沿指挥所、村民小组成立前沿突击队。

市级建立由市委书记、市长任“双组长”的扶贫开发领导小组和脱贫攻坚总指挥部指挥长，市委、市政府分管领导分别担任副总指挥长；乡镇指挥部指挥长由挂帮市级领导担任，其余联系市级领导和乡镇（街道）党（工）委书记分别担任副指挥长；村级指挥所指挥长由乡镇包村领导担任，统一调度市、乡镇两级帮扶干部和驻村干部展开脱贫攻坚；村民小组攻坚单元由包村干部和村干部具体负责。

2. 统一工作指令

认真贯彻《贵州省扶贫开发条例》和贵州省促进精准扶贫“1+10”（《中共贵州省委贵州省人民政府关于坚决打赢扶贫攻坚战 确保同步全面建成小康社会的决定》，加①《关于扶持生产和就业 推进精准扶贫的实施意见》、②《关于进一步加大扶贫生态移民力度推进精准扶贫的实施意见》、③《关于进一步加强农村贫困学生资助 推进教育精准扶贫的实施方案》、④《关于提高农村贫困人口医疗救助保障水平 推进精准扶贫的实施方案》、⑤《关于全面做好金融服务 推进精准扶贫的实施意见》、⑥《关于开展社会保障兜底 推进精准扶贫的实施意见》、⑦《关于进一步动员社会力量对贫困村实行包干扶贫的实施方案》、⑧《关于加快少数民族特困地区和人口数量较少民族发展 推进精准扶贫的实施意见》、⑨《关于充分发挥各级党组织战斗堡垒作用和共产党员先锋模范作用 推进精准扶贫的实施意见》、⑩《贵州省贫困县退出实施方案》）文件精神，市委、市政府创新工作机制，从涉及“1+10”工作部门市住建、水务、民政、交通、卫计等部门抽调业务干部到市指挥部集中办公，各部门工作指令由指挥部统一发出。各级指挥部实行每日一汇总、一研判、一调度，每天对农村危房改造、易地扶贫搬迁、“五保户”供养、教育保障、医疗保障、安全饮水等重点工程和任务，做好情况和数据收集，每晚召开一次工作调度会，通报情况，科学研判，倒排工期，压实责任，督促部门和乡镇按照时间节点，确保完成任务。

仅 2017 年 4 月 7 日至 7 月 12 日集中力量脱贫攻坚期间，全市共下发指令性文件 94 个，通报 19 个，便头通知 12 个，累计召开常委会、常委（扩大）会、调度会、工作例会、电视电话调度会等 92 场次，及时研究部署脱贫攻坚工作，累计参加会议人员达 1.95 万人次。为高效、迅速传达指令，充分利用微信群工作指挥平台，通报工作，分析情况，安排部署，下达指令，累计发布重要指令 135 条，有效解决各部门、各单位政出多门、条块分割和信息不畅等老问题。

3. 统一工作目标

统一全市脱贫攻坚战略目标和阶段性工作部署目标，建立各级指挥部严格的工作制度和明确岗位职责，列出各级脱贫工作责任清单，划定工作纪律红线。对具体工作目标实行严格的台账式管理，各级有条不紊地全面履行承担的责任，确保脱贫攻坚工作任务无一遗漏，逐项实施完成，逐一对账销号。17 个乡镇指挥部直接听从市总指挥部的指令，全体指挥员吃住在村，靠前指挥，督导攻坚，不折不扣地执行总指挥部下达的每一道指令，确保按时完成任务，不脱贫不收兵。明确规定乡镇指挥部每月工作调度不少于 1 次，村级指挥所每月工作调度不少于 1 次，村民小组作战单元每月对建档立卡贫困户至少全覆盖走访 1 次。90 个村级前沿指挥所组织驻村工作组、帮扶干部、村组干部，带领各村民组突击组与村民摸爬滚打在一起，第一时间认真贯彻落实各级指挥部下达的每一道指令。村、组每季度召开一次群众会，听取群众意见和建议，有针对性地部署落实上级指挥部下达的攻坚指令和整改措施，按时完成整改任务，确保实现战略目标。

赤水经济开发区从无到有、从小到大、从弱到强，2017 年扩展到 5.5 平方公里，建成 188 万平方米标准厂房，比 2012 年扩大 10 倍，入驻园区企业 185 家，提供就业岗位 1.8 万个，实现工业总产值 110 亿元，同比增长 20.22%。（刘子富　摄）

市委、市政府在脱贫攻坚实践中，创新权威、高效的“三统一”指挥调度体系，调度全市人力、物力、财力、精力、智力等一切扶贫资源集聚脱贫攻坚主战场，各方充分发挥主观能动性，创造性地开展精准扶贫工作，在脱贫攻坚主战场上收到“1+1>2”的效果。

三、“一把手”担当脱贫第一责任

2014年以来，建立“党委主责、政府主抓、干部主帮、基层主推、社会主扶、群众主体”脱贫攻坚责任体系。实行党政“一把手”亲自抓、负总责，推行市委书记、乡镇党委书记、村“第一书记”、村支部书记“四级书记”层层负责制。按照“书记抓、抓书记”和“一把手抓、抓一把手”的要求，各级各部门形成“一把手”

亲自抓、抓“一把手”工作格局，将脱贫攻坚一抓到底，确保贫困乡镇、贫困村、贫困人口如期全部脱贫。

“作为脱贫攻坚一线指挥长，就是要把漂亮脱贫、精彩出列作为自己的责任担当。”市委书记况顺航始终把脱贫攻坚政治责任、社会责任、经济建设发展责任放在心上、扛在肩上、抓在手上。为打好、打赢精准扶贫、精准脱贫攻坚战，他连续 3 个春节放弃与在外地的家人团聚，坚守脱贫攻坚前沿阵地，就连 2017 年在中央党校学习期间，仍心系一线脱贫攻坚战场，利用现代通信手段，频繁联系，指挥调度。两个月学习期一结束，立即赶回赤水，直奔脱贫攻坚第一线。深入偏远、贫穷、矛盾突出的村寨、农家，实地访民情、听民意、解民忧。脱贫攻坚期间，他走遍全市 701 个村民小组，走访上万村民，掌握大量精准扶贫、精准施策、精准脱贫第一手资料，找准脱贫主攻方向，运用大数据分析研判和指挥全市展开脱贫攻坚，总结推行精准扶贫“比对识别法”：运用大数据平台进行比对，结合财政、工商、住建、车管等部门数据，对申请纳入贫困户管理对象“四有”（有小轿车、有商品房、有国家公职人员、有工商注册登记）情况进行核查，综合分析是否属于“四有人员”；通过群众参与访谈等形式进行比对，摸清贫困对象实际状况，将符合贫困条件的纳入建档立卡管理；推行建档立卡贫困户必访、有意见户必访、收入困难户必访、低保户必访“四必访”和清错退、清错评、清漏评、清农业户籍人口“四清”行动等精准扶贫工作方法和工作制度。赤水“比对识别法”在贵州全省加以推广，得到国务院扶贫办认可。

脱贫攻坚离不开特别能吃苦、特别能战斗、特别接地气的基层干部队伍，必须紧紧团结和依靠基层干部一道脱贫攻坚。况顺航经常深入脱贫攻坚第一线，在向基层干部了解脱贫工作过程中，通过谈心、交心，察觉不少干部脱贫攻坚背负压力太大，思想包袱过重，感到市委、市政府必须爱护干部，及时为干部减压，帮助他们放下包袱，轻装上阵，才能积极主动地开展工作，才能创造性地开展工作，才能完成脱贫攻坚任务。于是，建议市委、市政府组织召开全市决战决胜脱贫攻坚干部大会。2017 年 5 月 26 日，市委、市政府召开的全市千人干部大会实际到会 3000 多人。他针对干部在脱贫攻坚中存在的种种疑虑和思想包袱，在大会上耐心细致地给各级干部解疑释惑，减压鼓劲，加油打气。鼓励大家相信和依靠党委、政府的坚强领导，以良好的精神状态攻坚冲刺，一定能如期圆满完成脱贫攻坚任务。帮助干部树立脱贫攻坚、决战决胜的决心和信心，强调苦干实干，科学治贫，必须正确处理脱贫攻坚中回避不了的“四个关系”：

——实现短期目标与解决长期问题的关系

对赤水来说，短期目标是集中解决“一达标、两不愁、三保障”的脱贫急迫问题；长期问题重点解决一些扶贫产业还未产生效益，一些地方基础设施还不完善，个别地方仍保留封建迷信习俗，这些问题需要长期坚持不懈地加以解决。但是，如果短期问题解决不了，长期问题就会越积越多，影响实现短期目标。短期问题要速战速决，长期问题要循序渐进，统筹解决，从根本上解决。既不能长期问题短期化，又不能短期问题长期化。在这个过程中，关键在打消群众思想顾虑，有些群众担心脱贫后扶贫政策取消了，补助没有了。干部要明白告诉群众，虽然现在脱贫了，那只是低标准的脱贫，脱贫后，仍将全面巩固脱贫成果，加快发展，建设更高水平的全面小康。脱贫摘帽不是终点，国家明确摘帽“不摘政策、不摘责任、不摘帮扶、不摘监管”，党和政府将会出台更好的政策，对农村增加更大的投入。正确处理实现短期目标与解决长期问题的关系，不仅干部自己要搞清楚，而且一定要给群众讲清、讲深、讲透，争取广大农民群众的理解和支持。

——政府扶贫与社会扶贫的关系

要清醒认识政府扶贫是主体责任，社会扶贫是补充。脱贫攻坚任务艰巨，没有共产党的政治优势，没有社会主义制度的优越性，没有党委和政府的坚强领导和组织动员，党委、政府不充分履行主体责任，全面脱贫的目标就难以实现。但是，政府主导不等于政府包办，有很多扶贫任务需要市场主体来承担，如通过“特惠贷”等资产收益扶贫，把财政的钱投入好的项目或好的市场主体，形成的资产折股量化给贫困户，让最能挣钱的人花钱、投资项目、发展产业，带动贫困户脱贫，这样做比政府直接给钱给物扶贫效果要好。

——扶贫开发与生态建设的关系

生态是赤水最大的优势，绿色是赤水最大的底色。必须坚定“生态立市”战略，保持战略定力，坚持“生态产业化、产业生态化”理念，大力发展生态农业、生态工业、生态旅游、生态城镇，提倡绿色生产生活方式，实现经济效益、社会效益、生态效益多赢目标，走百姓富、生态美的发展新路。来赤水旅游观光的中外游人与日俱增，不少业内人士无限感慨：赤水展现“天人合一”的壮美画卷！

——外部帮扶与自力更生的关系

贫困群众是扶贫的对象，也是脱贫的主体，脱贫攻坚最核心的动力是自力更生，脱贫攻坚越深入，内生动力不足的问题越突出。有的群众安于现状，不敢想，不敢干，缺乏“自力更生、艰苦奋斗”精神；有群众两眼盯着政府“等、靠、要”，指望政策脱贫；有的单纯依靠外界帮扶被动脱贫。党委、政府不扶志扶本，不解决贫困群众缺乏内生动力的根本问题，内因不起作用，即便外力帮扶暂时改善了生产生活条件，脱贫局面也难维系。究其根源，既有贫困户自身思想的问题，也有帮扶指导思想和扶贫方式的问题，我们要注重以外力促内力，扶持但不包办，引导但不代替，坚持扶贫、扶志、扶智“三位一体”抓，通过宣传、教育、培训，增强贫困群众的内生动力，帮助驱除心中的“拦路虎”，唤起贫困群众自我脱贫的信心、决心和斗志，让他们的心热起来、手动起来，靠自己的双手脱贫致富。我到基层调研问群众扶贫对他们有什么帮助？得到的回答是过年过节干部提了几袋米、几桶油、拿了好多钱。其实，这些不是治本措施，那么治本措施是哪样？是扶志扶本，帮助群众培养树立自力更生精神，是基础设施的改善、生产生活条件的改善，是产业扶贫，是解放发展生产力。

市委书记在3000多人的干部大会上，推心置腹、入情入理、高屋建瓴、深入浅出的讲话，使各级干部口服心服，如释重负，摩拳擦掌，跃跃欲试，会后立即奔赴脱贫攻坚第一线。

集中攻坚期间，全市农村先后召开5220场次群众会（当地习惯称院坝会、板凳会），拉近了干部与群众的距离，使市委、市政府脱贫攻坚、决战决胜的精神在第一时间得到落实，市、乡镇指挥部下达的一道道精准指令，在第一时间得到执行。4816个实际问题及时得到解决，群众对脱贫攻坚的认同感和满意度不断提升。

党员干部扎扎实实为群众谋发展、干实事，赢得群众对党委、政府发自内心的感激。旺隆镇70多岁的老农官升友亲身感受到市、镇两级党委、政府对他家无微不至的关心，真心实意为他家谋利益、帮发展，老人由衷发出“党委政府比父母还好”的感慨。

干部勤勉工作，群众感恩奋进。随着交通、电力、水利、通信等基础设施建设的扎实推进，农村危房改造、易地扶贫搬迁等民心项目的加快实施，群众生产生活环境有了明显改善。在赤水市农村调研，凡是见到的男男女女、老老少少，一张张笑脸上，无不挂着对共产党和人民政府的感激之情。

来到官渡镇五里村仁中田村民小组，汽车直接开进五里村原村委会主任袁定远家庭院，年过七旬、精神矍铄的袁定远笑容满面地接待笔者。他家房屋透出黔北民居典型风格：小青瓦、坡屋顶、转角楼、雕花窗、白粉墙、穿斗枋，只不过不是三合院，但增加红墙裙、红檐柱，宽敞的走廊上，高高悬挂着一排大红灯笼，显得那么喜庆、那么祥和。

袁定远待人接物透出性急和直爽。他初中文化，在他那个年代农民当中，算得上"秀才"了。他经历新旧社会两重天，又是从党的十一届三中全会前走过来的人，壮年时期当了10多年村委会主任，农村发生翻天覆地的变化，他是亲历者和见证人。他说，我算了40多年家庭收入流水账，用数据对比生活变化，真是天上人间！摸着良心说，今天的幸福生活全是共产党带来的。在"两学一做"学习教育活动中，他将对党和人民政府的感恩之情，编成一首感恩歌。他边说边领笔者走进他家堂屋，只见旧时农民习惯设"天地君亲师位"牌位的堂屋正中上方，端端正正地悬挂着毛泽东、邓小平、江泽民、胡锦涛历代党中央领导人和习近平总书记的画像，在领袖画像下方正中，贴着用大红纸书写的"恩"字，接下来挂一排用毛笔楷书的"十谈感党恩"感恩词。袁定远发自肺腑的原创"十谈感党恩"，表达了对共产党和人民政府由衷的感恩之情：

一谈不忘感恩党，今日对比把您想。
解放以前做牛马，夫妻帮人各一方。
十月一日炮声响，人民翻身得解放。
分田分地分财产，当家做主众人欢。
二谈不忘感恩党，乘车坐船把您想。
昔日崎岖茅草路，而今宽直又平坦。
沥青柏油水泥路，车辆行人保畅通。
肩挑背驮成历史，城市农村不两样。

三谈不忘感恩党，孩子上学把您想。
过去读书愁学费，现在学费全免光。
教育资金投入大，旧校均变新学堂。
关心祖国新一代，每日还吃营养餐。
四谈不忘感恩党，穿衣戴帽把您想。
过去衣裳打补丁，现在穿着讲时尚。
衣裳得体赶时髦，穿一身来换一身。
农民今天不再土，手机别在腰带上。
五谈不忘感恩党，餐饮桌上把您想。
民不聊生成过去，而今膳食讲营养。
鸡鱼蛋肉家常菜，幸福生活胜蜜糖。
社会主义无限好，天天过年一个样。
六谈不忘感恩党，邻里和谐把您想。
过去争水争边界，调处纠纷责难担。
双恩双爱民心聚，爱国敬业建家乡。
公路修建到家门，道路铺设宽又长。
七谈不忘感恩党，医疗报销把您想。
过去缺医又少药，黄泉路上命不长。
现在有了新医保，老弱病残有保障。
七十八十不算老，健康自由益寿长。
八谈不忘感恩党，乡村建设把您想。
自由平等勤致富，家家旧房换新房。
农家小院变别墅，夜不闭户人安康。
诚信友善传美德，一代更比一代强。
九谈不忘感恩党，进屋开灯把您想。
过去灰尘满屋面，今天厕所亮堂堂。
农网改造进庭院，装了宽带添音响。
党的声音进农家，科技惠民促发展。
十谈不忘感恩党，家家户户把您想。

惠民政策几十种，国泰民安百业旺。
日子越过越甜美，衣兜装着“红太阳”。
千言万语汇一句，无不感恩共产党。

袁定远言犹未尽，拉五里村年轻党支部副书记袁飞银在感恩堂坐下，语重心长地叮嘱要用数据和事实教育青年人，一代一代都要感党恩、不忘本、知恩图报。

四、建立各级一线指挥责任制

打赢脱贫攻坚战，关键在党，关键在人。市委书记充分发挥脱贫攻坚第一责任人的组织领导作用，挑起脱贫攻坚一线总指挥责任，胸怀全局，对全市各级干部灵活排兵布阵，将领导精力、人力、物力、财力向脱贫攻坚一线倾斜，带领各级干部、党员群众奔赴脱贫攻坚第一线，“撸起袖子加油干”。

坚持以制度管人，以制度管事。建立“一把手”负责制和问责制，推行党政“一把手”亲自安排部署、亲自调度督查、亲自挂帮示范“三亲自”工作机制，明确市总指挥部、17个乡镇指挥部、90个村前沿指挥所责任，层层签订责任状，层层压实责任。坚持问题导向，建立问题台账，逐项拟定可行措施和具体办法，责任到人，逐项落实，确保问题整改及时到位，按时完成。

建立一线蹲点责任制度。组织市委、市人大、市政府、市政协“四大班子”领导成员、市直挂帮部门干部蹲点包干贫困村，一包到底。各级干部坚持深入脱贫攻坚一线真抓实干，做到市级领导每月深入挂帮联系乡镇和村开展调查研究一周或每周至少1次，市、乡镇两级干部每月到包保村开展帮扶一周或每周至少1次，到结对帮扶对象家中走访不少于两次，驻村干部每月对所驻村贫困户全覆盖走访至少1次。

创新党建脱贫干部定责，压实责任，帮扶目标精准化；组织定位，紧盯薄弱环节，落实任务具体化；群众定效，坚持主体地位，实行考评制度化“三定三化”工作机制。市级领导、市直部门干部、乡镇干部与贫困户实行“一对一”结对帮扶。乡镇党委书记、乡镇长对辖区内所有贫困户、贫困“边缘户”情况做到一清二楚，实现帮扶全覆盖、无死角。

干部勤勉工作，群众感恩奋进。赤水市官渡镇五里村村委会原主任袁定远在自家堂屋设置感恩堂，工工整整地挂着自己创作的感恩词，表达对中国共产党由衷的感恩之情。袁定远（右）与年轻村干部算40年来农村发生变化的细账，强调用数据和事实教育一代一代感党恩。（刘子富　摄）

强化担责尽责。严格落实市级领导挂帮责任，坚持脱贫目标不变、任务不减，指导包保乡镇将脱贫攻坚各项工作做实、做细，确保在攻坚拔寨中精准发力，持续发力，决战决胜。发生人事变动时，根据扶贫工作需要，及时对干部包干帮扶工作做出调整，相关领导按照调整后的包干帮扶贫困村工作安排，及时与贫困村对接补位，立即开展工作。市直挂帮部门明确责任，自加压力，把握节点，走访回访群众，思群众之所想，急群众之所急，解群众之所困，确保帮扶取得实效。各乡镇党政主要领导按照“谁主管，谁负责”原则，切实做到工作有人抓实，责任有人落实，问题有人解决。

市、乡镇、村层层分工明确：市级领导负责指导乡镇抓好市总指挥部各项指令的执行，整合各类扶贫资源，帮助解决脱贫攻坚中存在的急难问题；乡镇党政主要领导负责落实市总指挥部下达的各项任务，全面统筹本辖区内扶贫产业布局、项目调配、人员调度等各项工作；帮扶干部重点帮助帮扶对象算清收入账，理清发展思路，找准发展路子，心往一处想，劲往一处使，汗往一处流，帮助解决项目、资金、技术、市场等具体困难，确保包保贫困户实现稳定增收，稳定脱贫；驻村工作组立足驻村实际，找准产业扶贫项目，帮助贫困户筹集资金、传授技术、寻找市场，将扶贫项目落到实处，让贫困群众看到发展前景，增强脱贫信心，一改坐等扶贫为主动挑战贫困，摆正脱贫主体地位。

市委、市委组织部将脱贫攻坚主战场办成培养、锻炼、考察、选拔干部的大熔炉。各级干部在脱贫攻坚一线意志品质、思想作风得到锤炼，在艰苦环境历练成长，群众工作方法明显改进，农村工作能力明显增强，综合素质明显提高，一批优秀干部在脱贫攻坚一线脱颖而出，为选准配强各级领导班子拓宽了干部来源。市委、市委组织部提高站位，开阔眼界，着眼党的事业薪火相传，出以公心，2014 年以来，全市从脱贫攻坚一线累计提拔干部 306 人，其中正科级干部 97 人、副科级干部 184 人。市委向上级党委推荐输送副厅级干部 1 人，正处级干部 6 人，副处级干部 17 人。

2017 年，赤水市乡镇换届基本完成。处在新老交替关键节点上，市委强调各乡镇在班子分工上，分管扶贫的班子成员原则上保持不变，确需调整分工的力量只能加强，不能削弱，不能抽签抓阄，不能掉链子、甩担子，务必保持脱贫工作队伍稳定。强调各乡镇在村支“两委”换届中，选好干部，用对干部，选拔好村“第一书记”，选好配强村支“两委”班子，保持班子活力。让想干事、能干事、干成事的干部有平台，党组织要为敢于担当者担当，为敢于负责者负责。

市委、市政府“一把手”靠前指挥、靠前调度、靠前服务、靠前督导，以上率下，在脱贫攻坚中展示的精神风貌，集中反映赤水市广大干部共同的特征：忠诚党的事业，为了实现脱贫目标，雷厉风行，乐于奉献，用行动诠释共产党员的责任担当。

五、建立包干帮扶贫困村责任制

建立完善市、乡镇两级包干帮扶贫困村责任制，两级党政机关、国有企事业单位、人民团体、驻赤部队分别负责包干帮扶 1 个贫困村。倡导鼓励有条件的社会组织及个人参与包干扶贫，按照能力大小和本人意愿，自主选择以村、组、贫困户为帮扶对象，或以帮扶实施项目为载体，开展包干扶贫。对接对口帮扶力量，建立完善联络协调机制，重点推动产业扶贫、文化旅游扶贫、教育医疗扶贫，加

赤水市天岛湖综合旅游地产项目集养生、养老、度假、休闲、避暑于一体，拥有 3 万亩天然森林和 500 亩独特的双子高山湖泊，夏季平均气温低于 20℃，湛蓝天空年平均 220 天以上，森林覆盖率达 98%。（刘子富　摄）

强人才培养和干部培训等多方面的深度合作，逐步提高帮扶水平、帮扶质量和帮扶效益。

市纪委、市委组织部、市委脱贫攻坚办、市直机关工委、市财政局、人力资源和社会保障局、扶贫办等部门，各司其职，各负其责，密切配合，建立健全绩效考核和激励约束机制，出台严格的脱贫攻坚部门目标考核制，对市直部门班子和干部挂帮年度考核实行扶贫工作“一票否决制”。市直各部门、各乡镇配强班子、充实干部，全面展开包乡、包村、包户扶贫。

市委、市政府加强对扶贫项目立项实施、资金拨付、监管验收、绩效评估等环节的监督检查，及时通报扶贫目标任务完成情况，敦促市直各部门强化政治意识、大局意识、责任意识，切实转变工作作风，把脱贫攻坚纳入本行业、本部门重要议事日程和市直机关目标绩效专项考核。对年度扶贫工作任务完成得好、成效明显的部门和单位，在机关目标考核中增加5%的优秀名额；对扶贫任务完成不力的部门和单位，在机关目标考核中不得评为优秀等次；对扶贫工作任务未完成的个人不能评先评优，两年内不得提拔；在扶贫攻坚中履职不力、推诿扯皮和不作为、慢作为甚至乱作为的干部，采取一次提醒谈话、二次调整岗位、三次实施问责等方式严肃处理。市纪委先后约谈提醒62人、诫勉谈话9人、通报批评6人、纪律处分65人，做到赏罚分明，激励先进，鞭策后进。

葫市镇高竹村是省级一类贫困村，只有一条土路与外面连接，交通不便，贫困落后，村里光棍汉多达四五十人，有的男青年不得不去外乡“倒插门”。全村建档立卡贫困户121户330人，贫困发生率达16%。市政协挂帮高竹村，挂帮干部看在眼里，急在心头。市政协主席吕平同志通过遍访调查，摸清村情，决定以路网建设为突破口，全面推进脱贫攻坚。

葫市镇拥有二郎坝和蕨基坝两座高山水库，湖光山色，山清水秀，气候宜人。2013年，两家外地企业先后来投资旅游地产，打造成天岛湖、天鹅堡两个休闲康养项目。市政协看到两个企业有经济实力，有扶贫潜力，有关领导分头登门动员企业联手修建与蓉遵高速公路的联结路，实现企业、地方双赢。两家企业看清交通不畅是制约企业与地方发展的“瓶颈”，共同投资1亿元，修筑长18公里、宽8.5米的快捷通道，将二郎坝到赤水城的行车时间从两小时缩短到1小时，公路连贯葫市镇小关子、高桥、高竹3个高山村。两家企业为解决自身发展用工问题，同时也为脱贫攻坚出把力，为当地村民就业大开“绿灯”，附近高竹、高桥、天堂3个村400多农民实现就近务工，稳定增收，稳定脱贫。其中40多个有文化的年轻人成为管理人员。高竹村熊明海一家两人在企业务工，他家月收入超过1万元。

前进村地处旺隆镇西南部，是远近闻名的穷山村。由于基础设施差，产业发展滞后，群众增收难，一直难以发展前进。2014年，赤水市国投公司结对帮扶前进村，包保干部沉下一线，了解到当地以竹产业为支柱产业，但交通闭塞，满山遍野的竹子运不出去，群众“守着金山讨饭吃”。公司投资帮助修建58公里通组公路，彻底解决了运输卡脖子的问题。随即帮扶发展集体经济，建立石斛种植基地和泥鳅养殖基地，共流转土地28.97亩，涉及20户，其中贫困户5户，每户每年可获得土地流转金 500 元。石斛基地常年解决 50 多个村民就业，每人每月工资 1800 元以上。两个基地按照扶贫项目资金入股方式，与贫困户建立利益联结机制，其中泥鳅养殖投入扶贫资金 55 万元，全村 88 户贫困户，从 2016 年起每年获得 2.64 万元红利。帮助农户落实“特惠贷”，农户贷款借入国投市级平台公司，户均年分红 3500 元。

坚持每年 10 月 17 日组织动员社会各界人士开展“扶贫日”活动，从思想上、政治上、情感上、行动上营造全社会大扶贫氛围，引导社会各界人士关心、支持、参与扶贫事业。深入开展“遍访贫困村贫困户”活动，建立完善各级干部与贫困乡村定点挂钩、与贫困户结对帮扶长效机制。

全市各级干部、各行各业、社会各界和广大党员群众中将“包掌握情况、包思想转化、包问题化解、包息诉息访、包人员稳控”的“五包”脱贫攻坚责任制落到实处，形成“抓好扶贫是本职、不抓扶贫是失职”的浓厚氛围。

第二节 建立精准务实帮扶体系

2011年年底，赤水市与中国西南38个贫困县（市、区）一道被国家列入乌蒙山集中连片特殊困难地区以来，市委、市政府旗帜鲜明地要求全市各机关、各部门、各企事业单位、各行各业、各乡镇都不能置身事外，必须主动投入脱贫攻坚主战场，增强打硬仗意识，找准自己精准扶贫位置，务实发力，尽其所能，为脱贫攻坚献策出力，攻坚拔寨，冲锋陷阵，决战决胜。市委、市政府担当脱贫攻坚第一责任，发挥党委、政府的政治优势、组织优势和联系群众优势，建立精准务实帮扶体系，形成举全市之力脱贫攻坚态势。

一、所有工作向脱贫攻坚聚焦

市委、市政府以习近平新时代中国特色社会主义思想为指导，全面贯彻党的“十八大”、“十九大”精神，按照“四个全面”战略布局，坚持以人民为中心的发展理念，各项工作都与脱贫攻坚紧密结合，无论是经济建设、政治建设、文化建设、社会建设、生态文明建设、党的建设、法治建设工作，还是产业发展、基础设施建设、科技创新、对外开放工作，都聚焦脱贫攻坚主战场，切实为脱贫攻坚服务，力求做到一项不遗漏，一项不削弱。

从市委、市政府领导机关做起，牢固树立创新、协调、绿色、开放、共享“五大发展”理念，运用辩证思维来谋划经济社会发展全局，立足基本市情，把握发展特征，深刻认识面临的新形势、新任务、新机遇和新挑战，找准赤水在遵义、在贵州及川、渝、黔区域发展中的定位，坚持实施工业强市、生态立市、旅游兴市“三市”发展战略，集聚园区、景区、城区“三区”发展，提升决策力、执行力、控制力“三力”，统筹推进新型工业化、绿色城镇化、农业现代化、旅游产业化“四个轮子”一起转，适应新常态，应对新挑战，稳增长、促改革、调结构、惠民生、防风险，全力推动后发赶超和全面小康新跨越，开启现代化建设新征程。

坚持扶贫开发与经济社会建设发展相互促进。坚定中央确定的“坚持人民主体地位、坚持科学发展、坚持深化改革、坚持依法治国、坚持统筹国内国际两个大局、坚持党的领导”六条重要原则，认真落实贵州省委、省政府“守底线、走新路、奔小康”的总要求。充分认识创新是引领发展的第一动力，把创新摆在全市发展全局的核心位置，聚焦创新体系、创新平台、创新能力建设，培育和引进以大数据为引领的新技术、新产业、新业态，提高科技创新能力和经济发展水平，以创新促转型，以创新促跨越。充分认识协调是持续健康发展的内在要求，牢牢把握全市经济社会发展总体布局，统筹推进市域东部、中部、西部协调发展。正确处理速度与质量、经济与社会、城市与农村、绿水青山与金山银山、物质文明与精神文明等重大关系，促进新型工业化、绿色城镇化、旅游产业化、农业现代化同步发展，推动全市经济社会整体发展、跨越发展。充分认识开放是繁荣发展的必由之路，把开放作为实现后发赶超的战略重点，破除制约发展的体制机制障碍。以融入习近平主席“一带一路”倡议、国家长江经济带和成渝经济区发展大战略为重点，全面提升开放水平，发展开放型经济，积极参与区域合作和国内外经济竞争，推动赤水河流域生态经济示范区建设，着力把赤水打造成内陆开放型经济示范区，建设现代生态宜居城市和国际康养旅游目的地。

坚持扶贫开发与生态保护并重。自觉践行“绿水青山就是金山银山”理念，充分认识绿色是永续利用、永续发展的必要条件和人民对美好生活的向往。坚持节约资源和保护环境的基本国策，努力建设山青、天蓝、地绿、水清的美丽赤水。坚持构建符合自身发展的绿色产业体系，决不走“先污染后治理”的老路，决不走“以牺牲生态环境为代价换取一时一地经济增长”的歪路，坚定走生产发展、生活富裕、生态良好的文明发展道路，把生态环境优势转化成资源优势和经济优势，坚定两条底线一起守、两个成果一起收，把绿水青山打造成金山银山，实现资源节约与永续利用、百姓富与生态美的有机统一。

坚持扶贫开发与社会保障有效衔接，坚定发展为了人民、发展依靠人民、发展成果由人民共享的社会主义本质要求，把提高人民生活水平作为实现提速转型、后发赶超的根本出发点和落脚点，全面加快社会事业发展，全面维护公共安全和社会稳定，着力保障和改善民生，推进基本公共服务均等化，促使全市人民更加广泛地参与经济社会建设发展，更加公平地共享发展成果，不断满足人民日益增长的美好生活需要。

二、各种资源向脱贫攻坚聚集

建立健全脱贫攻坚多规划衔接、多部门协调长效机制。市委、市政府协调市直各相关部门，建立扶贫开发工作联席会议制度，根据工作开展情况和工作重点内容，确定“1+10”相关部门参加会议，形成统一意见。结合精准扶贫“1+10”工作内容，市扶贫办与涉及部门共同行文或由多个单位联合行文，指导乡镇开展脱贫攻坚。定期或不定期联合相关部门对扶贫专项工作进行检查，研究分析工作开展情况，会诊工作中存在的苗头性、倾向性问题，集思广益，提出解决问题的意见和建议，指导乡镇具体落实。

严格落实市委、市政府《关于坚决打赢脱贫攻坚战的实施意见》，部署分阶段完成的目标任务，由“1+10”部门牵头，针对各自工作领域和所承担的目标任务，确保扶贫开发有具体项目、有可行措施、有资金来源、有市场保障和人才支撑，按照各阶段工作目标扎实推进。

聚集财力资源。落实省委“1+10”文件精神，整合各部门扶贫力量，推行“1+X”（一项重点工作或项目确定一个牵头单位，若干部门配合）制度，有效整合专项扶贫、以工代赈、财政“一事一议”奖补、农村危房改造、通村公路建设、安全人饮、农村文化、教育、卫生等政策资源，攥成拳头，集中投入扶贫开发。2017年，全市累计投入脱贫攻坚各类资金28亿元，其中投入4亿元开展农村危房改造和危旧房整治，累计实施农村危旧房整治10191户，完成农村危房改造2549户；投入资金8000万元，完成大同、两河口、葫市、官渡等8个乡镇的人居环境改造；投入资金13.7亿元，新建产业路1108公路、油化通村路486公里、硬化“组组通”公路444公里；投入1.3亿元，新建139个2G/3G/4G公用移动通信基站；投入1.63

亿元，解决农业生产用水和7.97万人饮水问题；投入7243万元新（扩）建成35千伏、110千伏共4座变电站，新增配电变压器156台，架设线路189公里。

聚集金融资源。创新推出“特惠贷+小康贷”金融产品，实行“小康贷”、“特惠贷”享受同等低利率。目前，全市共投放“特惠贷”2667户1.29亿元，贫困户入股参与实体经营，分红获得890万元，人均增收1000元。成立农业担保公司和扶贫投资开发有限公司，发放贷款4000万元，为农业龙头企业融资7800万元，有效解决农业产业发展资金“瓶颈”问题，带动1200户产业联结户户均增收2000元。赤水精准扶贫“特惠贷”做到“企业零风险、群众零顾虑、贷款零障碍、资金零搁置”的“四个零”经验，得到贵州省扶贫办肯定。

聚集人才资源。做到人才效能最大化，当好脱贫攻坚生力军。脱贫攻坚期间，全市组织调度各级党政干部3300多人，全脱产深入贫困乡镇、贫困村、贫困户，因村因户施策，展开精准扶贫，实现贫困村、民族村、党组织软弱涣散村全覆盖。

针对村级人才匮乏、脱贫攻坚任务重的实际，市人才领导小组研究决定，通

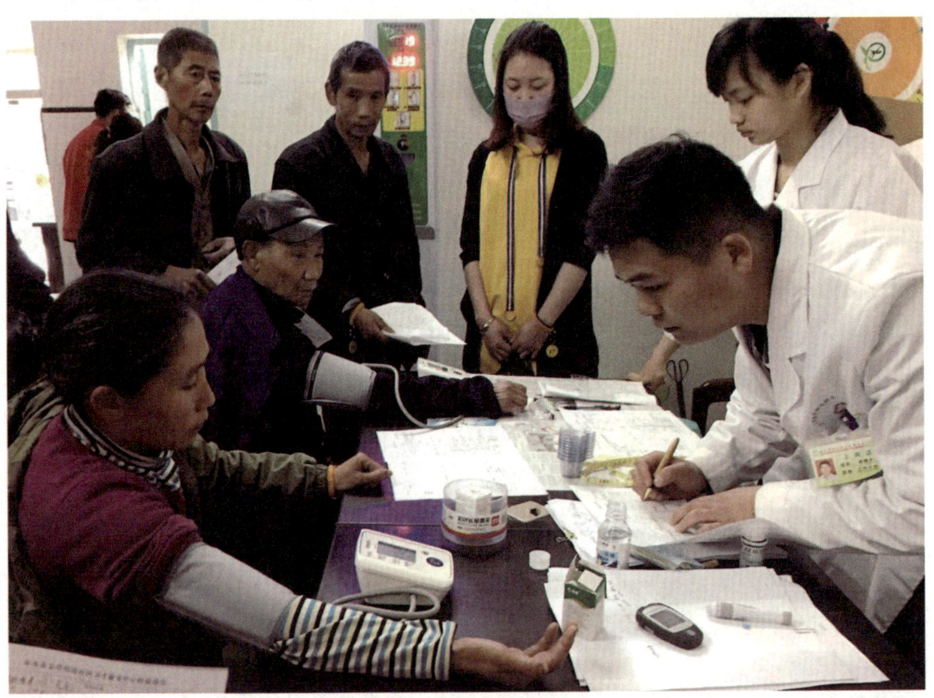

加大医疗扶贫力度，从市医院、中医院、各乡镇卫生院抽调优秀医疗技术人员组建精准扶贫医疗队，走进贫困村为困难群众筛查疾病和免费义诊。图为金华社区卫生服务中心医务人员为扶贫对象体检。（刘廷珍　摄）

过公开招募方式，为90个行政村每村配备一名大学生。每年由市人才专项经费投入300万元，解决干部到村工作生活补贴。结合实施“十百千万”农业产业工程，增强自身“造血功能”，组织实施技能人才到村指导，促进特色产业发展。依托省“万名农业专家服务‘三农’行动”，组建61名以“科技副职+科技特派员+农业辅导员”为一体的专家服务团队，根据专家所长，专家与乡镇、村和企业需求进行双向选择，既让农业专家有发挥才能的平台，又能及时解决在扶贫工作中遇到的困难。

专业人才扶贫扶智。加大医疗扶贫力度，制定出台《赤水市健康扶贫工作实施方案》，从市医院、中医院抽调50名优秀医疗技术骨干组建精准扶贫医疗队，走进贫困村，为困难群众进行疾病筛查和免费义诊。扎实推进教育扶贫，选派近百名市级优秀教师交流到农村学校、偏远地区学校、薄弱学校支教，为农村学校教师进行示范指导，有效提升农村教师师能素养。认真落实教育惠民政策，加大济困助学力度。

社会人才“同频共振”，助推脱贫。引进社会管理人才参与扶贫，聚焦金融电商人才，让乡镇信用社主任挂任乡镇副乡镇长，做好政府与金融部门的协调服务，使金融资源在地方扶贫领域发挥积极作用。

推进农村资源变资产、资金变股金、农民变股东“三变”改革，制定《赤水市全面推进农村资源变资产资金变股金农民变股东工作的实施方案》，调整农村生产关系，整合城乡资源资产，优化配置生产要素，激发农村发展活力，解放提高农村生产力。改革试点聚焦贫困乡镇、贫困村、贫困农户和贫困人口，盘活农村现有资源资产，将农村经营性资源资产和财政性资金，折股量化到村集体经济组织及其成员，发展农村生产力，壮大农村经济，使村集体经济组织及其股东共同分享股权收益，形成长效机制，靠制度和机制保障贫困村、贫困户、贫困人口有长期稳定的经济收入来源，助推稳定脱贫，建成全面小康。

改革试点以农民群众为主体，紧盯贫困对象，注重分类引导，始终把贫困群众作为引导扶持的重点对象。对位于高山、半高山地区、偏远山区不具备区位优势和不具备脱贫条件的“两无”（无力脱贫、无业可扶）户，以及易地扶贫搬迁户，主要以帮助盘活土地资源为主，按亩产市场价值进行土地、林地收储，由国有平台公司等经营主体进行统筹经营、统筹管理和统筹支配，用于产业发展、生态修复等经营性使用，产生的利润按股分红。对于有资金、有技术的农户，主要引导和鼓励以土地、资金、技术等多种方式入股经营主体，并在生产经营活动中务工，从中获取租金、薪金和股金收入。全市选择32个村作为改革试点，涉及18612户77971人，其中贫困户427户1237人，试点村耕地面积11.63万亩，截止到2018年5月底，全市农民变股东13700人，人均增加收入796元。

导致农民贫困的一个重要原因是受教育程度低，培训机会少，劳动技能差，就业门路窄。全市农牧、林业、旅游、科技、教育、民政、人力资源和社会保障等各有关部门通力协作，整合培训资源，根据产业园区、旅游景区、引进企业、城镇家政等用工需求，有计划、有步骤、分批分期对贫困乡村青壮年劳动力进行规范化技能培训，确保每个贫困家庭至少培训1个劳动力，每个劳动力至少掌握一门终身受用的技能，推动农村贫困人口就业创业、稳定增收、稳定脱贫。

三、各方力量向脱贫攻坚聚合

脱贫攻坚不仅是党委、政府、市委脱贫攻坚办、市扶贫办的事，也是所有党政机关、群团组织、企事业单位等部门共同的事，全市社会各界纷纷行动起来，加入扶贫队伍行列，主动承担帮扶任务，定点帮扶贫困乡镇、贫困村、贫困户，与政府签订扶贫责任书，表示不脱贫不脱钩，脱钩不断线。在市委、政府的统一安排和部署下，由104个挂帮单位签订脱贫攻坚定点帮扶责任书，结对帮扶51个贫困村脱贫。

“十三五”是脱贫攻坚、全面建成小康社会的决战决胜期。脱贫是赤水市全面建成小康社会的短板。改革开放以来，虽然赤水扶贫开发、脱贫攻坚取得显著成效，2017年与全国28个贫困县一道集体脱贫出列，6个贫困乡镇全部脱贫出列，51个贫困村中有32个脱贫出列，但经济发展不平衡、不稳定、不充分，仍有19个贫困村未脱贫，贫困发生率仍达1.43%，与“小康路上一个都不能少”的战略目标仍存在差距。

习近平总书记强调“脱贫攻坚任务重的地区党委和政府要把脱贫攻坚作为‘十三五’期间头等大事和第一民生工程来抓，坚持以脱贫攻坚统揽经济社会发展全局”。市委、市政府坚决落实习近平总书记的重要指示，深入贯彻执行党中央精准扶贫、精准脱贫方略，组织动员全社会大扶贫，克难攻坚，向绝对贫困发起总攻，务必打赢脱贫攻坚战，与全省、全国一道全面建成小康社会。配强党政力量。建立市级党政主要负责人挂帅“双组长”的扶贫开发领导小组和脱贫攻坚同步小康领导小组，要求乡镇党委书记做到贫困现状、产业布局、项目调配、人员调度、责任落实必须清楚“五必清”；村支部书记做到贫困底数、惠农政策、实施项目、带领队伍、攻坚本领必须精通“五必精”；驻村干部切实做到真蹲实访、政策宣传、项目争取、技术指导、结对帮扶必须到位“五必到”。从市一竿子插到底，建立健全脱贫工作责任清单，划定工作纪律红线，层层明确具体帮扶责任和任务，建立完整的帮扶责任链、任务链。对责任链和任务链进行建档立卡管理，任务完不成不脱钩，层层传导压力，层层自加压力，层层压实责任，着力构建“人人皆愿为、人人皆可为、人人皆能为”的全社会大扶贫格局。

充实干部力量。按照“领导包乡、部门包村、干部包组”责任要求，从市委书记、市长、市人大常委会主任、市政协主席做起，市委、市政府主要负责人带头挂帮 1 个乡镇、帮扶 3 户贫困户；由 56 名市级领导、51 个市直挂帮部门领导包干帮扶贫困村；2876 名市、乡镇干部“一对一”结对帮扶贫困户；下派 33 名党员干部到村任党组织书记、选派 88 名党员干部到村任“第一书记”和 620 名同步小康驻村干部深入贫困村开展脱贫攻坚，实现全市 124 个村（居）全覆盖。发动各级扶贫干部开展“地毯式”遍访贫困户。市、乡镇两级干部吃住在基层、工作在基层。爬高山，走远路，进农家，到田间，用脚蹚出精准扶贫、精准脱贫新路，解决大批事关群众切身利益的问题，在脱贫攻坚洪炉中百炼成钢，全面提升决策力、执行力、控制力。

战斗在脱贫攻坚第一线的妇女干部顶起“半边天”，成为赤水脱贫攻坚战的闪光点。李红梅就是其中的一位。

2015 年年底，赤水市委组织部分管农村基层组织建设的副部长李红梅同志，被任命为市委脱贫攻坚同步小康办公室常务副主任，被派到脱贫攻坚第一线。

李红梅缺少乡镇工作经历，这个岗位对她是一个挑战。贵州省推荐赤水市 2016 年脱贫摘帽，迎接国务院第三方评估检查，面对艰巨任务，她没有退路，边学边干，结合“两学一做”学习教育实践活动，建立完善干部定责、组织定位、群众定效机制，压实党组织和党员干部责任，为脱贫攻坚提供坚强的组织保障。

在她的建议下，市委从机关选派 44 名党员干部到贫困村任“第一书记”，放在一线锻炼，增长基层工作才干。为调动村干部积极性，从 2016 年 7 月起，全市提高村干部待遇，月报酬从 1680 元提高到 2764 元，村办公经费从每年 2.3 万元提高到 4.5 万元。

在扶贫实践中，李红梅注重分类施策，把贫困户分成五种类型：有劳力的扶起来、劳力弱的带起来、无劳力的保起来、房屋危的改起来、环境差的提起来。针对自身缺乏劳动技能和发展门路的贫困户，用村级集体经济链接覆盖。全市两年共投入村级集体经济 4500 万元，实施 130 个扶贫项目，利益链接 4500 户贫困户。

她在脱贫攻坚一线工作期间，扶贫工作业务需要熟悉，上下左右需要协调，出差开会，下乡调研，成了大忙人，清晨五六点起床，深夜一两点归家，皮肤晒得黝黑。同事们看着心疼，劝她歇一歇，她回答“只要 2.8 万群众能脱贫，再累再苦都值”。

聚合社会力量。市委、市政府组织发动“千企帮千村，万户结对”帮扶活动，推动实施“千企帮千村”扶贫行动，落实企业帮扶责任。引进市场主体 195 个参与扶贫，社会各界捐赠款项 4000 多万元，全部投入村级集体经济和扶贫项目，变成扶持贫困户股金、产业和项目，经营成贫困群众稳定增收来源，扶持带动贫困户 8946 户 26059 人稳定增收。2018 年以来，企业帮扶资金 1.4 亿元，组织实施 200 个扶贫项目，为产业发展、基础设施建设和群众脱贫提供重要保障。

市委、市政府组织发动“千企帮村、万户结对”帮扶活动，市政协、市委统战部发挥联系面广、人才济济的优势，引导协调非公有制企业产业扶贫投入 86 亿元，帮助 2915 名贫困群众解决就业问题；捐赠现金 700 万元，捐赠物资价值 200 万元。市内 75 家企业、市外 17 家企业踊跃参与结对帮扶，73 个行政村直接受益。

贵州奇垦开发有限公司与村级集体经济组织及贫困农户实行“五统一”代养模式，由公司垫支养殖费用，采取“公司 + 合作社 + 贫困农户”模式，发展乌骨鸡养殖产业，巩固发展集体经济，扶持农户通过养殖致富。公司带动发展 20 个集体经济组织、106 个养殖大户、178 个散养户，指导集体经济组织及农户修建养殖场 14 万平方米，年出栏商品鸡 300 万羽，养殖户年均收入 10 万元。

赤水聚峰生态农业产业有限公司村级农业农民专业合作社向红岩洞天项目投资 54.5 万元，每 5 万元按每年 4000 元分红，为 10 户贫困户带来 13 万元收入；

合作社利用财政补助金150万元，投资入股园区内住宿、餐饮项目，入股占30%的比例，为村集体经济发展创造了条件。

贵州赤水恒信置业有限公司天鹅堡森林公园旅游康养项目为满足游客康养生活和方便当地农民农产品集中销售和日常生活购物需求，投资500万元修建5000平方米购物超市，公司每日消耗农产品两万多斤，肉类3000多斤，直接带动当地农村经济发展。公司投资1000万元，建成3000平方米综合医院，补齐二郎坝方圆15公里范围内群众无医院看病就医的民生短板。

市人民代表大会充分履行职责，紧紧围绕脱贫攻坚这项国家战略和全党、全社会的工作中心，服务大局，发挥联系人民群众的优势，依法开展监督。市人大常委会抓住《贵州省大扶贫条例》颁布实施的契机，及时向市委提出贯彻实施《条例》建议，推动《条例》在全市深入贯彻施行。

市人大常委会聚焦脱贫攻坚，开展“脱贫攻坚，代表在行动”主题活动，依法开展12次脱贫攻坚专题视察调研，听取和审议市政府关于易地扶贫搬迁情况报告等6个脱贫攻坚专题报告，深度聚焦脱贫攻坚中存在的问题，督促政府有关部门压实责任，认真整改。开展整改回头看，确保脱贫攻坚不流形式，不走过场。

市人大常委会推动全市开展扶贫政策和法治扶贫进机关、进农村、进社区、进校园、进企业活动，帮助农村基层完善村规民约，帮助村民养成健康文明生活习惯。加强村民自治制度建设，化解矛盾纠纷，建设和谐文明社会主义新农村。加强法治建设，依法打击不法行为，批判歪风邪气，匡扶社会正气，服务脱贫攻坚大局。

2017年，全市人大代表提交代表建议、批评和意见165件，其中涉及扶贫和民生问题89件，列入主任会议重点督办7件。2018年上半年，全市人大代表提交代表建议、批评和意见116件，其中涉及民生问题73件，列入主任会议重点督办5件。

第一、第二和第三代表团的20名市人大代表2017年联名提出加快丙安水库建设的建议，指出赤水城区饮用水存在安全隐忧，农村地区存在工程性缺水问题，丙安水库立项建设，建成赤水人民的“大水缸”，能够有效解决城区安全饮水问题，有效缓解农村工程性缺水难题，是造福赤水人民的“民心工程”。

市人大常委会将这个建议列入主任会议重点件，进行重点督办，组织常委会委员对丙安水库项目进行专题视察，向市人民政府提出建议：市人民政府要抢抓贵州省部署“县县有中型水库”的机遇，成立强有力的专门班子，解决好涉及世界自然遗产地和风景名胜区前置审批课题；加大与贵州省发改委、省水利厅等有关部门的对接力度，做好科学论证，提供科学依据，消除影响丙安水库立项建设的不利因素，确保丙安水库立项和尽早开工建设；提前谋划丙安水库工程建设招标和融资问题。市政府高度重视市人大督办议案，已按市人大建议全部落实到位。

市人大常委会根据市委的决策部署，向全市人大代表发出号召，要求人大代表响应市委号召，回应人民关切，尽到各自所能，全面投入脱贫攻坚，在脱贫攻坚中联系群众、服务群众、帮助群众、带动群众。全市934名各级人大代表积极响应常委会号召，认真履行代表职责，主动落实脱贫攻坚要求，充当好宣传员、监督员、调查员、示范员、服务员“五员”角色。人大代表纷纷在脱贫攻坚中说给群众听、做给群众看、带着群众干，发展经济实体，领办136个产业项目，帮助困难群众解决就业2984人，带动7610户贫困户增收，办实事、好事7427件，捐款捐物价值130万元。脱贫攻坚中涌现出王廷科、范家正、李洪刚、陈小琴等一批带头发展、带领发展、扶贫济困的先进典型，受到贵州省、遵义市、赤水市及乡镇各级党委、政府表彰的人大代表达225人次。陈小琴就是其中的一位。

陈小琴高中毕业后外出广东、深圳打工，后来到重庆南坪一家养鸡场边打工边学养鸡技术，学成后返乡创业。通过10年苦心经营，摸索掌握了赤水乌骨鸡养殖技术。2009年创办贵州竹乡鸡养殖有限公司，带动农户发展赤水乌骨鸡养殖业，现年产乌骨鸡种苗250万—300万羽、产绿壳鸡蛋600万枚。乌骨鸡种苗除供应当地农民养殖外，销往福建、武汉、四川、重庆等省市。

陈小琴说：“一人富不算富，大家富才算富。”她看到部分群众没有鸡苗，先后免费向贫困户发放鸡苗近10万羽，采取“公司+农户”形式，在示范带动、技术培训、产品销售上为群众提供服务，扶持贫困户通过养鸡实现增收脱贫，有效带动1500户群众增收致富。

陈小琴深知养殖业成败关键在技术。群众虽然或多或少养一些鸡、鸭等禽类，但总体上饲养方法还比较落后，没有完全掌握防寒、防病关键技术。她和丈夫商量，投资4万元，在市农牧局的帮助下，建成40平方米电教培训室，定期与市农牧局技术人员和养殖业同行联系，共同为贫困户、养殖户开展营养搭配、生育配种、

贵州竹乡鸡养殖有限公司年产乌骨鸡种苗 250 万—300 万羽、绿壳鸡蛋 600 万枚。鸡种苗除供应本地养殖外，销往四川、北京、重庆、广州等省市。2016 年，公司注册的“丹青竹乡鸡及图”商标被评为“贵州省著名商标”，“丹青竹乡鸡绿壳蛋”被确认为贵州省名牌产品，2017 年获“贵州十大优质禽产品”称号，2018 年获生态原产地保护认证。（刘子富　摄）

防病防疫等养殖技术培训。平台建成以来，已举办培训 30 期，培训 1000 多人次，免费向群众发放科普资料，扶持家禽养殖业健康发展。

养殖技术远程教育培训只是一个方面，关键在现场指导与解决问题。常常有养殖户打电话给她：“陈大妹，我养的鸡生病了，按照培训教的方法也养不好，你能不能来看看？”陈小琴总是爽快答应，坚持上门服务，现场指导。这几年，她跑遍全市所有乡镇，无私传授养鸡技术。为了方便快捷服务养殖户，她开通了免费电话咨询服务，随时为群众提供技术帮助，解除群众养殖管理上的后顾之忧。

人大代表为人民。陈小琴通过自身努力和对人民群众的无私付出，受到人民群众尊重和得到人民政府认可。她创办的贵州竹乡鸡养殖有限公司被评为“遵义市农村农业产业化龙头企业”、“遵义市扶贫龙头企业”。

赤水市人大常委会组织人大代表参与脱贫攻坚取得了突出成效。2018 年，遵义市人大常委会在赤水召开“脱贫攻坚，代表在行动”现场会，对赤水市的做法和经验给予充分肯定。

赤水市政协认真履行民主协商、参政议政职能，同心同向，发动政协委员围绕市委、市政府脱贫攻坚中心工作，开展专题视察调研和专题协商。把脱贫攻坚、精准脱贫作为民主协商、参政议政重要议题。结合赤水实际，对赤水乌骨鸡产业、旅游产业扶贫和易地扶贫搬迁安置等重要议题，开展专题视察调研，进行专题民主协商。

2017 年，针对发展乌骨鸡产业面临的困难和存在的问题，组织常委会委员 40 人次，先后到 14 个乡镇开展视察调研，听取养殖大户、养殖企业、基层干部、政协委员对发展乌骨鸡产业的建议和意见。在此基础上，组织委员到海南省文昌、广东省清远、贵州省长顺等地，专题考察学习外地发展特色养殖业的做法和经验。通过考察、视察、调研，摸清了赤水发展养殖业存在的主要问题，借鉴外地的成功经验，有针对性地向市委、市政府提出民主协商建议：

——政策支持到位

贵州省农委已经把赤水家禽产业列入全省裂变式发展的 4 个重点县市之一，对赤水市发展家禽产业寄予厚望。赤水可乘势而上，结合竹乡乌骨鸡品牌优势，研究出台与省农委将赤水列入重点县市的跟进政策和措施，在产业规模、技术培训、信贷资金支持等方面，进行细化和强化，大力扶持，不断拓展发展空间、规模和潜力。

——提升管理水平

个体养殖以发展本地特色品种竹乡乌骨鸡为主，普遍做到精细管理，采用赤水创新的林下养殖方式，虽然饲养周期相对较长，但品质好，适应市场对优质食材的需求，市场前景好，价位高，能盈利，潜力大。同样是与奇垦公司合作，个体养殖盈利，有的集体养殖却亏损，关键在管理，如果管理不到位，就会增大成本，降低收益，影响养殖积极性。建议采取有力措施，着力提升管理能力和水平，提倡规模化养殖、林下分户养殖等多种养殖形式并举。

——强化技术支撑

农牧部门要发挥技术支撑主力军作用，定期开办养殖技术培训班，采取理论教学与现场观摩相结合的方式，提升培训效果。建立形成市、乡、村三级技术支撑体系，在每个乡镇培养技术骨干，与奇垦公司建立紧密技术联系，把责任落实到乡镇，具体到人员。

——塑造知名品牌

赤水是全国优秀旅游城市，饮食文化是旅游文化的重要组成部分。充分利用“中国长寿之乡”品牌优势和康养产业发展的机遇，挖掘赤水乌骨鸡获得国家农产品地理标志产品保护登记在康养、文化方面的深刻内涵，塑造品牌，鼓励餐饮行业协会在乌骨鸡菜系方面敢于创新、大胆开发，充分利用网络、媒体进行推介。

——壮大龙头企业

奇垦公司入驻赤水5年来，为家禽产业发展起到引领和推动作用。已得到政府的肯定，应继续加大扶持力度。

市委、市政府高度重视市政协关于发展乌骨鸡产业的建议，已把乌骨鸡产业作为一大支柱产业来扶持，在龙头企业资金、发展项目、用地、标准厂房建设等方面，给予大力支持，使企业发展进入快车道。2017年，全市乌骨鸡饲养规模已达1000万羽。

市政协引导政协委员围绕脱贫攻坚参政议政、民主监督。广泛开展政协委员培训，先后组织到厦门、上海、北戴河、遵义市委党校、赤水市委党校开展培训，让政协委员了解脱贫攻坚政策，提升政治素质。在全会期间，政协委员积极提出建议意见，2017年政协委员提案123件，其中涉及脱贫攻坚27件，推动脱贫攻坚深入开展。

市政协认真落实市委精准脱贫战略部署，积极投身脱贫攻坚主战场，参与葫市镇实施易地扶贫搬迁、农村危房改造、人居环境整治、通村公路建设、安全饮水、电网改造、学校建设等工作，协调供电局投资1081万元对高竹片区电力自供区电网进行改造，使1000多户群众实现安全用电；协调资金新建高竹小学学生宿舍，使60多名边远山区学生结束了上学早出晚归“两头黑”的历史；组织非公有制企业投身大扶贫，开展“百企帮百村”活动，组织非公经济人士捐钱捐物价值700万元，涌现出恒信置业、信天药业、奇垦公司、元甲光电、同舟缘等59个脱贫攻坚先进集体，为赤水脱贫攻坚、全面小康建设贡献力量，添砖加瓦。

科学规划，精心实施。市委脱贫攻坚办、市委统战部、市直机关工委、市扶贫办、投资促进局、工商联等部门和各乡镇携手包干扶贫，自我发力与向外借力并举，加快形成专项扶贫、行业扶贫、社会扶贫有机结合、互为支撑的“三位一体”全社会大扶贫格局。充分利用扶贫工作队、驻村干部、扶贫志愿者、大学生村官、社会团体等帮扶资源，配合做好上海市普陀区和贵州省、遵义市相关部门对赤水定点帮扶、对口帮扶工作，开展全方位合作，形成强大合力。

鼓励和支持各类民营企业、社会组织和个人参与扶贫攻坚，引导社会各界关心、支持、参与扶贫事业，实现与全市贫困村“一对一”帮扶全覆盖。统筹开展集团扶贫、定点扶贫、对口扶贫、遍访扶贫、小康驻村扶贫、园区扶贫、金融扶贫、非公有制企业组团扶贫等“八大扶贫”行动，强力推进民营企业“千企帮村、万户结对”扶贫行动，发展优势特色产业，通过产业带村、项目兴村、招工帮村、资金扶村等不同形式，带动一批项目，带强一批产业，带活一批市场，带建一批基础设施。到 2017 年，实现贫困村基础设施明显改善，特色产业形成规模，社会事业不断发展，组织能力得到提升，农民收入大幅增加。

改革开放以来，中国西部地区农村劳动力向东部沿海地区流动，支持东部建设发展，在带来东部城市工业繁荣的同时，也给西部地区农村留下不容忽视的社会问题。赤水市农村 1535 名留守妇女、5670 名留守儿童以及大量留守老人，成了脱贫攻坚必须重点帮扶脱贫的庞大弱势群体。市妇联围绕市委、市政府的中心工作，服务大局，深入农村开展关爱留守妇女、关爱留守儿童、关爱留守老人“三关爱”活动，招募 1130 名“爱心妈妈”，对留守儿童送爱心形成制度化、常态化。2017 年“六一”国际儿童节期间，组织 60 名“爱心妈妈”到复兴镇开展与留守儿童结对帮扶活动；携手贵州省旭康基金会赴元厚小学开展关爱留守儿童活动；联合赤水博爱丽人医院到宝源、长沙、复兴等贫困乡镇、贫困村走访慰问留守妇女，开展义诊活动，免费体检和发放药品；先后举办 4 期竹编、竹雕、油纸伞、面塑工艺培训班，培训妇女 300 多名，帮助提高就业、创业能力；邀请妇女手工业协会会员免费为贫困妇女传授手工艺，推动手工业与旅游业融合发展，助推留守妇女、贫困家庭妇女稳定增收、稳定脱贫。

共青团充分发挥党的助手和可靠后备军作用，围绕市委、市政府脱贫攻坚工作大局，构建共青团精准扶贫长效机制，团结引领全市 8 万名团员青年，广泛开展“青春扶贫”——共青团助力脱贫攻坚行动，为打赢脱贫攻坚战贡献青春力量。以 35 岁以下有生产扶持需求的贫困青年为重点帮扶对象，通过创业培训、技能提升、发布就业信息、提供见习岗位等途径，实施贫困青年转移就业工程。开展 6 次创业培训，共培训 600 多人，扶持发展产业，新建石斛基地 500 亩、特色水产养殖 170 亩、果蔬基地 120 亩。引导农民以土地承包经营权入股集体经济，实现利益链接分红。十三届全国人大代表、贵州青年“五四奖章”获得者、贵州省级非物质文化遗产赤水竹编传承人大同镇杨昌芹，通过举办免费竹编工艺培训班，近千名贫困群众先后参加竹编工艺培训，带动百余名群众就业致富。聚焦公益扶贫，携手社会扶贫力量，开展“国酒茅台·国之栋梁”“圆梦大学·爱心接力计划”“香港助学之友”等公益助学活动，帮助 100 多名贫困学子顺利完成学业。组织开展 30 次“多彩童年”系列活动，留守儿童参与活动达 800 多人次，活动内容涵盖作业辅导、安全自护教育、绘画手工、植树、书法、自然奇观体验和趣味拓展等，注重与留守儿童交流互动，在丰富课余生活的同时，营造健康成长环境。以“圆爱工程——关爱留守困境儿童”系列活动为载体，“一对一”结对帮扶 200 多名留守困境儿童，及时了解他们的思想、学习、生活动态，开展物资帮扶、心理疏导、情感交流等活动，捐赠“暖心加油包”、图书、学习用具、冬衣、体育器材等物资，价值 200 多万元。组建 26 支各类青年突击队，深入田间地头，走进贫困家庭，开展政策宣传、产业帮扶、环境整治、水电保畅等服务。举办 1000 多场次各类主题思想帮扶活动，帮助解决生产生活中遇到的具体困难 200 多个。

第三节　构建组织动员群众体系

市委、市政府充分发挥执政党的政治优势、组织优势和联系人民群众的优势，在脱贫攻坚过程中，探索创新时代特色鲜明、横到边、纵到底、全覆盖的组织动员群众工作体系，最大限度地组织动员全市人民群众行动起来，展开全社会大扶贫时代画卷。

自2014年全面展开脱贫攻坚以来，市委、市政府带领全市各级干部、党员群众紧紧围绕习近平总书记关于“转变作风就是要打破‘围城’、‘玻璃门’和无形的墙，深入基层，深入群众，多接接地气”的指示精神，全面把握以人民为中心的发展思想，深化群众工作理念，学习提高做群众工作的本领，建立健全群众工作机制，创新新时代、新形势下组织动员群众体系，拆除阻隔党委、政府与群众接触的一道道“围城”无形墙，敞开阻拦群众的一扇扇“玻璃门”，把群众请进门当座上宾，走出去与群众“零距离”接触，平等交流，将心比心，以心换心，体察群众疾苦，创新为民排忧解难方式方法，党群关系、干群关系回归鱼水深情。广大农民群众真正成为脱贫主体，只要党委、政府发出脱贫攻坚指令，立即重现久违的一呼百应震撼人心场面。

一、敞开“宣传门”

1. 入户宣传 讲明“小”道理

干部进村入户，“零距离”服务群众，与群众拉家常，深入浅出，宣传党和国家的方针政策，重点讲解脱贫攻坚帮扶政策，使群众知政策、懂政策、用政策、共享发展成果。全市共组建乡、村、组、户四级345个“百姓龙门阵工作队”，3500名党员干部参与群众摆龙门阵，3197名干部定期入户开展政策宣传、民情收集，实现对农村8.9万户16万人入户宣传“零遗漏”，让群众了解掌握国家政策，明白自己应该享受哪些惠民政策。

白云乡组建脱贫攻坚主题宣讲团，在全乡4个村开展“铭党恩、话脱贫、跟党走”脱贫攻坚主题宣讲活动，参加听宣讲的群众达4000多人次，收集35条对“十三五”发展的建议，15条对基础设施建设项目的建议，不仅为群众宣传了党的方针政策，还征集到可供白云乡长远发展参考的群众意见和建议。

市中街道办事处在整治兴源农贸市场时，有的鱼摊摊主不按市委、市政府“双创”要求办，导致一些经营者跟着随意摆摊。面对困难，

赤水市宣传文化部门组织美术、书画协会会员深入11个乡镇30个村120个村民点，制作扶贫文化墙，书写扶贫标语，向群众赠送扶贫书画作品，营造文化扶贫氛围。图为会员李佳谊创作的扶贫宣传画《我为脱贫出份力》。（市文联提供）

整治队经多方协调沟通，说服卖鱼摊贩配合“双创”整治，让300多户门市业主、经营者和居民住户赞成对兴源市场进行升级改造，改造工程得以顺利实施。

市农牧局帮扶干部兰富强在长沙镇长兴村走访中，随身带着小本子，记录下群众的困难，能解决、能答复的，及时解决；一时解决不了的，上报村委会寻求集体力量解决。长兴村硬化公路工程群众积极性不高，工程款收缴困难，他同村支“两委”深入群众家中，宣传公路硬化的重要性，得到群众理解和支持，收到集资款56.3万元，收取集资款进度走在全镇前列。

2. 进村宣传 讲清“细”政策

将讲习所、院坝会作为宣传教育群众的重要阵地，以乡镇、村、社区为网格，建立从市委书记到普通党员干部参与群众院坝会的宣讲机制，与群众面对面宣讲惠农政策、涉农法规、自治章程、产业发展、健康生活习惯等具体内容。做到讲政策接地气，通俗易懂，“润物细无声”。

官渡镇和平村多个项目陆续开建，为加快项目进度，村支书廖宗文白天跑项目，到现场督促施工，晚上到群众家宣传政策，化解矛盾纠纷。“廖支书有一次来我家宣传政策，夜深了休息两个小时，天没亮又赶去施工现场，太辛苦了！”贫困户谢道祥感慨地说。

随着国家经济持续高速发展和扶贫政策含金量的不断提高，赤水农村出现争当贫困户、争要扶贫政策“两争”和隐瞒收入、隐瞒住房“两隐瞒”怪象。各级干部深入基层，召开院坝会和评议会，耐心宣讲政策，与群众交朋友、换真心，帮群众学懂政策，认清形势，明白道理，自己起来评议“两争”、“两隐瞒”做法对错，错在哪里，自己起来批判歪风邪气。放手让群众全过程参与评议、参与管理、民主监督，激扬正气，凝聚正能量，扶贫中遇到的种种怪象迎刃而解，转变群众“等、靠、要”依赖思想，树立“自力更生脱贫光荣”的正确导向。脱贫攻坚期间，全市共建新时代农民（市民）讲习所168个，开展讲习525场次，召开群众会5589场次，8.6万户村民参加群众会，解决实际问题6100个，推动乡风文明建设，激发群众发展自信。

3. 田间培训 教会“微”技术

以服务农村产业为抓手，选派农业专家、农技人员、农村“土专家”、“田秀才”和致富能人走进乡村，蹲点指导，为群众提供育种育苗、田间管理、疫病防治等技术服务。通过远程教育、专家讲座、实践演示等形式，对农民实行因产施培、因人施培、因岗定培，为群众传授知识和技术，讲解淘汰传统低效作物的科学道理，以案例促进群众转变思想，确保技术有指导、产业有成效。全市抽调120名农业技术骨干组成15个工作队，下派到涉农的16个乡镇、89个村开展技术服务，举办专题培训160场次，12万人接受技术指导，帮扶专业合作社30家，种养殖大户280人。农民掌握了作物栽培技术，学以致用，种植经济作物新增6个品种。

贵州省人民政府特殊津贴获得者、贵州省科技兴农人才奖获得者赵家禄退休多年，不忘自己是一名共产党员，坚持把学到的知识、掌握的技术回报国家、奉献社会。在他的带领下，市关工委围绕市委、市政府农村经济发展战略，在发展柑橘、沙田柚、石斛、荔枝、核桃、乌骨鸡等重点项目上，在各乡镇开展技术培训100多场次，培训群众5000多人次。培训各类技术骨干、科技“二传手”、种养大户120人，由他们带动周围群众加快发展。

二、敞开“诉求门”

1. 干部下访 民情家家察

市委、市政府主要领导及班子成员带头深入一线，走到群众意见最多、困难最大、工作开展最难的地方去，以开院坝会（群众会）、摆龙门阵、拉家常等贴近群众的工作方式，与群众漫谈，鼓励大胆指出扶贫工作中存在的不足和问题，鼓励向党委、政府提工作意见和建议。定期开展干部大走访活动，各级干部深入深山深处、田间地头、农民家中，了解群众生产生活情况和思想状况，切实做到“五必知”：困难家庭、弱势群体必知；不稳定因素、热点难点问题必知；诉求期盼、基本民意必知；服务政策、帮扶信息必知；组织设置、群众住居必知。发现问题，迎难而上，调动一切扶贫资源和力量，为群众排忧解难，将实事做实，好事做好，凝聚民心。

结合深入开展“两学一做”学习教育活动，市委、市人大、市政府和市政协“四大班子”分别包保17个乡镇中集体经济薄弱村较多的乡镇，划分结对帮扶联系点，工作重心下移，深入一线驻村蹲点，真心实意帮扶群众摆脱贫困，奔向小康。全市科级以上机关、事业单位主要领导和市委党校组织教师不定期参与调查研究，深入基层指导帮助工作和服务。70个机关单位分别与1—2个村级党组织结成对子，制定帮扶方案，形成长效帮扶机制，做到“时时有联系，事事有人问，件件有落实”。

葫市镇尖山二组集中供水点水池漏水，群众曾多次反映都没有得到解决，村民对干部很有意见。县级挂帮领导通过走访了解情况后，立即组织镇、村领导班子成员到组召开群众会，要求拿出解决办法，切实修复水池。镇、村两级班子立即整改，组织施工力量修复水池，疏通输水管道，将未接通水管的农户全部接通，使全组家家用上自来水，用真心和行动消弭群众意见。

2014年展开大规模脱贫攻坚以来，全市先后组织6000多名党政干部主动下基层，到农村、进农户开展“一对一”结对帮扶，按照1名市级领导挂帮3户，1名科级领导挂帮2户，1名一般干部挂帮1户贫困群众的要求，对2.8万名贫困群众实现“帮扶不漏一人”。各部门积极走访慰问群众，开展义诊、指导技术、学生家访等活动，走访群众率达100%。特殊困难群众每年走访10次以上，帮助逐一解决生产生活困难，将党和政府的关怀送到困难群众家中，送进广大群众心上。

赤水市有5个小水电自供区，不仅3万多群众生活用电不稳定，而且严重影响产业发展，是遵义电网自供区最多的地方，也是群众渴望解决用电问题最迫切的一大热点。

脱贫攻坚开始后，市级领导干部多次实地调研，现场听取群众诉求，协调电力部门，协商解决办法，决定采取共同筹集资金，逐步推进改造升级的措施，对宝源、二郎坝、板桥、鸭子凼、七里坝5个小水电自供区实施农村电网改造升级，累计投资7372万元，2017年完成自供区电力设施全面升级改造，打通电力服务群众的“最后一公里”。

自供区电力改造升级后，电压低，不稳定，电灯像一根红丝，电视机、电冰箱等家电不能正常使用成为历史。2017年有了稳定电源，宝源乡5家竹片加工企业加工竹片4.2万吨。吸引上海岭硕农业科技有限公司入驻宝源乡宝源村，投资兴建年产 20 万吨优质矿泉水厂即将建成投产。赤水市最大的对虾养殖基地落户宝源乡联奉村，建成标准养殖虾塘 2.5 万平方米，年产商品虾 30 吨，年产值 270 万元。

赤水市各级党委、政府及其工作部门、各级干部深入基层，贴近群众，了解民情，增强为民服务的本领，保持与人民群众的血肉联系，夯实了长治久安基础。

2. 搭建平台 民声人人听

赤水市设立群众工作中心，各乡镇设立群众工作站，搭建群众工作平台，让群众信访“话有人听，事有人办”。实行市级领导轮班公开接访群众制度，乡镇党政班子、村支“两委”班子成员轮流值班接待服务群众制度。开通寻常百姓与党委、政府言路直通车，从市委书记和市长信箱、留言板、QQ 群、微信群、微博、微信公众号等平台，广泛搜集百姓心声，及时掌握百姓诉求，让每一位群众诉求知渠道、有门路。党委、政府做到群众有求必应，为民排忧解难。2017 年，全市各级党政部门接待群众来访 578 批 1570 人次，通过各类渠道累计收集掌握民情信息 4500 条，群众建议意见 3000 条，党委、政府做到事事有回音，件件有着落。

旺隆镇在修通组公路时，因边沟没同时修好，致使一户村民的农田被水冲毁。这位村民到镇上反映情况，镇党委时任书记王昌彬接访后，带领有关部门人员赶到现场查明情况，安排施工队伍修筑边沟，妥善解决水毁农田问题。周围村民见了，对党委的做法表示满意。

为了及时解决市民反映的问题，哪怕是一盏路灯坏了，有关部门都要立即做出回应。自 2016 年 6 月 5 日开始，市城管局机关党支部 10 名党员分成 3 队，每晚驾巡逻车到城区各条路线巡视，发现路灯损坏了，记下编号，及时维修。公路两旁的路灯检查完，打着手电巡视各条小巷，检查存在的问题。他们在炎热高温下巡查、在滚烫的灯杆上维修，衣服湿了干、干了湿，对每一盏损坏的路灯、每一根有隐患的灯杆及时修复。日久天长，市民亲切地称他们为“照明人”。

3. 部门联合 民忧户户解

党委、政府对搜集的群众诉求和意见，逐一梳理并建立台账，制定解决问题责任清单，交相关业务部门限期办理并答复群众，或现场办公解决。对于群众诉求中的重点、难点问题，及时向相关部门通报，组织公安、司法、信访及相关政府部门，深入现场，科学研判，把问题解决在源头，把矛盾化解在一线，让群众反映的问题和诉求及时得到满意解决。

大同镇两汇水村交通落后，基础设施薄弱，干群关系不融洽。挂帮干部入村后，多次召开院坝会收集群众意见，积极向挂帮单位汇报情况，协调交通部门落实项目，修筑10公里通组公路，硬化公路20公里，打通两汇水村发展“瓶颈”。协调农业部门发展食用菌、乌骨鸡等扶贫产业，与亿成公司合作发展食用菌，村集体经济收入达10万元，解决了15户贫困户的就业问题。群众生产生活条件明显改善，怨气少了，干群关系随之融洽。

2017年以来，全市各类群众诉求3900个，各相关部门通力协作，密切配合，受理率达99.58%，受理按期办结率达100%，受到广大群众好评。

三、敞开“民主门”

1. 开门议事 倾听群众意见

建立完善村民自治制度。实施阳光村务工程，敞开大门欢迎群众参与村级事务管理，涉及基层组织建设、基础设施建设、产业发展、制定村规民约等村级发展和村民切身利益的事项，严格执行“四议两公开一监督”（四议：涉及村发展和村民切身利益的重大事项，要经村党支部会提议、村支“两委”会商议、党员大会审议后，提交村民会议或村民代表会议讨论做出决定；两公开：实行村级重大事务决议内容公开和实施结果公开；一监督：村重大事项的决议和决议实施全过程自觉接受党员、村民监督）制度，让群众会各抒己见，集思广益，开门议事变成“发展论坛”。

在白云乡平滩村竹同组朱华清家院坝里，农民夜校开课了。乡、村、组党员干部、返乡农民工、农业产业大户、农民群众里三层、外三层围坐一起，乡村干部以摆龙门阵方式，提出村里想在平滩河谷搞生态旅游项目的话题，听取大家的意见和建议。老支书冯昌文说：“村里搞生态旅游，来耍的人多了，能提高群众收入，我认为是好事。”村民李生梅说：“我开过餐馆，旅游搞起来后我可以开农家乐，应该能赚钱。”村民韩勇问在场的乡农民服务中心主任、驻村组长朱邦盛：

实施阳光村务工程，涉及基层组织建设、基础设施建设、产业发展、制定村规民约等村级发展和村民切身利益的事项，敞开大门，欢迎群众参与管理。图为长期镇凤仪村召开院坝会，群众民主讨论产业发展。（苟炼炜 摄）

“村里有1500亩石斛基地，我有300亩石斛，发展旅游可不可以建一个石斛观光园？”120多名群众你一言我一语，摆4个小时的龙门阵，越谈越开心，越聊越热乎，越说心越近，形成“发展生态旅游、走共同致富路子”、绿水青山与金山银山融合发展的共识。

农民夜校阵地是让农民谈心说事有地方，群众有了话语权，调动了群众的积极性，拉近了党委、政府、基层组织与群众的距离，凝聚了民心。

2. 开门决策 让群众参与拍板

建立完善群众参与民主决策制度。通过召开群众会，公开评议建档立卡对象、拟脱贫对象和政策兜底户，公开透明决策村集体经济发展、产业选择、基础设施建设等事项，推动基层决策从领导拍板到充分酝酿、代表票决，从为民做主到让民做主，实现从“一人撑船”到“众人划桨”的根本转变。

全市通过群众会累计精准识别贫困户8984户28245人；脱贫出列7766户24865人；政策兜底1218户3380人。80个村500个村民小组通过现场公开决策，敲定村集体经济、产业发展路径，明确通组公路走向，评定低保户、“五保户”，实现群众从基层自治的“旁观者”变为公共决策的参与者。

市纪委、市委组织部从新形势下如何保障基层群众的利益出发，对全市 124 个村（居、社区）村务公开监督小组、民主理财小组、纪检小组等监督力量进行优化整合，建立村务监督委员会，监督除党务以外的各项村务，每月召开一次由村支“两委”成员、党员、村民代表组成的“议事恳谈会”，讨论政务、村务，反映群众意见，调解矛盾纠纷，评议“两委”工作和干部作风，就群众关心的难点、热点问题征求意见。各个村每季度召开的“勤廉双述”会议，村支“两委”成员向群众代表述政述廉，通报财务收支状况，接受群众质询。对财务、重要村务等群众关注的事项，实行“两会、一评议、一公开”。“两会”：村务监督委员会和议事恳谈会。重要村务由村支“两委”、“两会”成员共同讨论决定，较大宗财务支出经“两会”认可后才可入账；“一评议”：党员大会评议，将涉及群众利益的事项经党员大会评议；“一公开”：村支“两委”重大事项公开透明，阳光操作，将经过评议后的实施意见向村民公开。

3. 开门监督 让群众评议干部

建立干部考核评估重民意、选拔任用看民心、教育引导聚民力“三大保障”机制，始终把群众呼声作为第一信号，把群众口碑作为重要依据，把群众满意作为第一标准，让群众当“主裁判”、坐“评委”席。全市累计整顿 15 个群众对党支部和党员不满意、党群关系紧张的党组织，处置不合格党员 192 人，对基层工作能力强、群众认可度高的干部，仅 2017 年就向上级党组织推荐县处级干部 8 名，提拔乡科级干部 44 名，入选乡科级后备干部人才库 200 人。

四、敞开“玻璃门”

1. 全程代办 群众“零跑腿”

针对农村群众因病、因残致贫和离集镇远给生活带来不便等情况，由驻组干部或挂帮干部为群众全程代办新农合缴费、养老保险缴费、办理农村低保和土地确权证等事务，将代办的证件登门入户送到群众手中，让群众足不出户就能享受周到服务。全市全程为 7194 户 15780 名低保户代办相关手续；为 14.3 万人代办合作医疗、农村养老保险手续；为7万多户群众办理土地确权证。

在赤水市电视台开设“问政面对面”专栏节目，邀请17个乡镇党政“一把手”和市直机关有关部门负责人走进直播室，与群众互动交流，宣传解答城市建设拆迁补偿、农村合作医疗统筹、土地流转政策、城乡网吧监管、农业补助政策、公交线路运行布局等社会热点问题。每期节目120分钟，23名领导先后被问政，平均每期打进电话参与节目互动群众达30人次。17个乡镇均设立政务服务中心，实行集中办公、窗口受理，面对面开展全程代理服务，形成一条连接市、乡镇、村与企业、群众的办事服务链，让群众少进一次城，少跑一家门，少找一个人。目前，纳入乡镇政务服务大厅办理和受理的项目达5大类53项、市级政务服务大厅6大类583项，涉及财政、民政、交通、国土等部门。实施“温暖工程”，对贫困及老弱病残群众，由党员结对服务，全方位关心、照顾生产生活，一包到底。

2. 先办后补 办事“零等待”

围绕群众办理残疾证、高龄补贴、养老保险报销和到银行贷款、办理建房审批手续等事项，一切从方便群众着想，推行首办责任制、限时办结制和A、B岗位制，工作人员不断提高业务水平和办事能力，力求做到服务咨询一口清，承办材料一审准。简化办事程序，缩短办事时限，对资料不齐全的，采取“容缺办理，先办后补”方式方便群众。利用QQ、微信等新媒体办理事项，避免群众办事来回往返，做到让群众少跑路、少排队、少等待。近年来，全市18个政务服务窗口为群众办理惠民便民业务58.84万件，办结率达99.9%。

针对群众反映“办事程序多，查询都要排队，遇到人员不在，又要等两天”等问题，进一步简化市、乡镇、村、组各级党务政务服务窗口办事流程，提出以“3分钟办结单件事项”为目标，实行菜单式一次性告知，“1+N”多岗位配置，审批前台办结，查询机器操作，大大缩短群众排队时间，单人单次办结效率大幅提升。

赤水市除了要求党员领导干部和窗口服务人员落实自己的整改目标外，还要求各部门开通和公布群众服务热线，实现群众难事24小时来电直办。针对群众对提升医疗服务水平的期望，强化医疗队伍建设管理，实行基本药品零差价制度，切实解决群众“买药贵、就医难”问题，门诊次均费用同比下降6.5%，住院次均费用同比下降 3.6%。在加大投入、更新设备、外来交流、引进人才提升医疗水平的同时，开展窗口延时预约结账、患者打分、医风评估和拒送红包公告等多项服务措施和监督办法，赢得群众好评。

3. 兑现承诺 服务“零障碍”

从群众最关注、最需要、最期盼的问题入手，根据群众“点题”情况，责任单位及时制定具体工作措施、承诺事项、办理时限、工作要求、达到目标，确保服务承诺不走过场，让群众放心满意。在政务服务窗口，通过亮“先锋岗”、“示范岗”工作职责，亮党员照片、联系电话，亮规章制度、投诉电话，规范窗口服务，接受群众监督。开展回头看活动，对不兑现承诺、问题得不到解决、不落实事项等进行曝光。对发现问题不及时解决的责令限时整改，促使责任单位主动承诺践诺，做到群众最期盼什么，就公开什么、承诺什么，实现服务“零障碍”。

赤水市社保服务大厅，休息长椅、纯净水、纸杯等服务设施及用品齐全，咨询台工作人员的微笑服务，传递社会大家庭的亲切、友好、愉悦，办事群众报以同样的微笑。一些涉及人员广、业务多、人流量大的窗口，通过建立咨询专业服务，引导群众直接到具体窗口，随时可办、随时能办、随时办好。全市窗口单位推行服务事项菜单告知制，将 253 个办理事项分类制作成提示单，让群众一次性了解办理流程和所需资料，减少办事流程，群众满意度大幅提升。

五、敞开“发展门”

1. 共谋路子 做大产业

将群众会打造成共商共谋产业发展的阵地，聚焦“一镇一特”、“一村一品”，立足资源禀赋，选准产业，发展产业。两河口镇发展生态养鱼 2100 亩，黎明村发展猕猴桃 1200 亩；元厚镇桂圆林村发展桂圆 6000 亩；官渡镇玉皇村发展红心柚 4500 亩；天台镇凤凰村发展花卉苗木 6000 亩等，实现由单家独户单打独斗的传统农业向集聚发展的现代农业转变。全市发展竹林面积 132.8 万多亩，金钗石斛 9.1 万亩，生态水产养殖 3.1 万亩，年出栏乌骨鸡 1000 万羽，年产绿壳鸡蛋 1 亿枚。建成张家湾、生命谷、红岩洞天、白马溪、望云峰、黔北四季花香等 13 个农旅一体化现代高效农业示范园。

2016 年 4 月，长期镇五七村党支部会上，支部书记张麒提出一个问题："党员怎样带领贫困户脱贫致富？"村主任王国清说："还是要发展本地特产金钗石斛，我愿拿出今年石斛收入的 10%，帮助贫困户买种苗。"党员王怀成说："我们专业合作社的石斛面积不算小，也拿出红利的 10%，帮助贫困户发展。"党员纷纷发表意见后，张麒说："我建议从合作社总收入中拿出 15%，其中 10% 给贫困户买种苗，5% 给后期加入合作社的贫困群众，作为他们以土地入股的红利。"党员纷纷表示同意，每名党员结对帮扶三两户贫困户。村支"两委"决定分五月和十一月两次种植石斛，大家说干就干。

7 月 26 日，村党支部召集贫困户座谈，张麒问："你们愿加入合作社吗？如果加入，合作社从今年起给你们分红。"会场沉默了几分钟。"我愿加入！"贫困户白明才首先表态。"我愿意。"、"我也愿意。"30 户贫困户在专业合作社协议上签了字。当年户均分红 3500 元。

目前，五七村金钗石斛发展到 3000 亩，带动 2000 户 6800 人致富奔小康。

2. 共建家园 让乡村更美

通过帮助群众找路子、谋发展，激发内生动力，唤起对美好生活的向往。群众自愿集资筹款、投工投劳修路建房，参与美丽乡村建设，补齐水、电、路、房、讯五块短板。2014 年以来，全市完成乡镇人居环境改造项目 8 个，建成 15 个市级以上美丽乡村示范点，有效提升了农村人居环境质量。群众民主商议决定建立"道德评议团"，设立"乡风文明榜"，开展"星级文明户"评选活动。2017 年，1 户入选省级文明家庭、3 户评为遵义市级最美家庭，评出市（县）级星级文明户 2145 户。广大城乡居民学有榜样，赶有目标，自觉扫除陈规陋习，乡村文明蔚然成风。

3. 共享红利 让村民更富

通过群众会广泛宣传动员，引导农户以资金或将土地承包经营权、住房财产权、宅基地等资源入股合作社，按照"企业 + 合作社 + 村集体 + 农户"发展模式，创新"五统两分"经营管理模式，整合扶贫资金、"特惠贷"、"小康贷"，在

贵州红赤水集团有限公司推行“公司 + 基地 + 农户”模式，带动 3 万多村民发展竹产业。公司主要加工竹笋、菌菇、山野菜、腌腊制品等农产品，拥有“红赤水”、“桫椤妹”、“自然传奇”等核心品牌，年产值突破 1 亿元。图为农民工在车间生产竹系列食品。（刘子富　摄）

农业龙头企业、村集体、合作社、农户之间建立长效产权联结和利益分配机制，共享发展红利。截止到目前，全市共流转土地 12.05 万亩，林地 10 万亩，设立农民专业合作社 362 家，注册资本 4.63 亿元，注册成员 6026 人，覆盖 100% 的行政村和 100% 的贫困户。2017 年，农户通过各项利益联结户均增收 3000 元以上。

全市各级扶贫干部推行吃在村、住在村、工作在村“三在村”脱贫攻坚工作模式，创新敞开“五扇大门”、组织动员群众工作体系，遍访 701 个村民小组，走访 7.08 万农户，累计召开群众会 6211 场次，参会农户 15.3 万户次，参会群众 21.5 万人次，收集整改群众诉求 4900 条，实现与群众想在一起、干在一起、乐在一起，群众安全感、满意度分别达到 97.81% 和 97.51%，实现脱贫出列目标，探索出新时代不忘初心、执政为民的脱贫发展新路子。

第四节　构建全方位督查体系

习近平总书记强调：空谈误国、实干兴邦，一分部署、九分落实，实干才能梦想成真；没有督查就没有落实，要以更大的决心和气力抓好督促检查工作，形成全党上下抓落实的局面。他多次指出：如果不沉下心来抓落实，再好的目标，再好的蓝图，也只是镜中花、水中月。

督查是抓落实、促发展的“利剑”，是推动脱贫攻坚和经济社会发展不可或缺的手段，具有极端重要性和不可替代性。市委常委、市委办公室主任柳林同志针对全市脱贫攻坚工作进展情况、取得成效和出现的新问题、遇到的新挑战，有针对性地提出督查问题、督查重点，带队扎进脱贫攻坚第一线，展开全面督查，督导全面整改，改出成效。

坚持问题导向，强化督查督导功能，在实践中创新“四五六”（四级联动督查、五式督查、六个必访）督查模式。围绕“一达标、两不愁、三保障”目标，多层次、多形式、全方位开展脱贫攻坚工作督查。建立一线督查责任制，把脱贫攻坚作为检验干部作风和工作实绩的主考场，建立工作责任清单，实行“日搜集、夜研判”和“一日一督查、一日一通报”制度。强化督查问责，增强各级干部对市委、市政府脱贫攻坚战略部署的执行力。脱贫攻坚一线出现“人人挑担子、个个做实事”的崭新精神面貌和工作状态。

一、四级联动督查

赤水市大规模脱贫攻坚战全面打响以来，省、市、县、乡四级联动督查，共组建 142 个督查组，构建上下联动、横到边、纵到底、全覆盖督查体系，打出督查“组合拳”，织密真督实查网，确保脱贫攻坚不走过场，不流形式；确保按国家标准脱贫出列，不带水分，小康路上一个都不能掉队。

省级精准发力抓督查。省委、省政府有关领导，省扶贫办、省住建厅等“1+10”部门，组织力量多次深入赤水脱贫攻坚一线督查指导，协调解决扶贫系统中建档立卡贫困人口信息不吻合、建档立卡数据误录入等具体问题，深入了解贫困人口精准信息。省住建厅组织 4 批 175 人次赴赤水督查，对 51 个贫困村 6362 户建档立卡贫困户住房安全情况，进行全覆盖排查，查出交办农村危房整治存在的 782 个问题，以问题交办方式明确整改方向，提出整改要求。

市级不遗余力抓督查、督促。遵义市委、市政府有关领导多次深入赤水市脱贫攻坚一线督查精准扶贫、精准脱贫工作，为赤水市加油鼓劲，与赤水干部一道破解难题。抽调遵义市“1+10”部门工作骨干 37 人进驻赤水，蹲点督导，发现并交办 580 个问题。农村危房整治是脱贫攻坚的重中之重、难中之难，赤水危房整治缺少技术工人，建筑材料供应、运输成了大难题，连周边几个县的工人、“背兜”（搬运临时工）都被请光了，仍不能满足工程建设需要。遵义市住建局调度 18 支建筑施工队伍、1649 名施工人员支援赤水，确保全市危房整治按时、按质量标准全面完成任务。

赤水市（县）级集中力量抓督办。市委、市政府“一把手”亲自抓督查，深入一线、深入农户、深入群众督查 180 多次，走遍所有村组，走进旮旮旯旯，重点督查干部作风实不实和工作落实到不到位，示范带动各级干部下沉一线，真抓实干，克难攻坚。为强力推进脱贫攻坚，确保决战决胜，成立了以市委副书记任组长的脱贫攻坚督查工作领导小组，从市脱贫攻坚总指挥部抽调 77 名精干力量，组成 17 个督导组；挑选 30 名精兵强将，组成 7 个片区业务指导组，对所有乡镇进行全覆盖蹲守、全天候跟进、全过程指导、全方位督查。市督导组、业务指导组直接向市总指挥部和督查工作领导小组负责，定期召开市、乡镇联席会议，分析存在问题，研究整改方案，找准督查重点，编发《脱贫要情》442 期，为市委、市政府及市脱贫攻坚总指挥部决策调度提供依据，确保市级挂帮单位和乡镇执行决策无偏差。

乡镇级齐心协力抓整改。成立17个乡镇级一线督查指挥部，市级“四大班子”成员担任指挥长，督导脱贫攻坚，不脱贫不收兵。17个乡镇成立由纪委和扶贫办干部共85人组成的17个自查自纠工作组，对干部执行市脱贫攻坚总指挥部、乡镇脱贫攻坚指挥部的决策指令情况、工作作风、工作成效进行督查。

90个村级前沿指挥所组织驻村工作组、帮扶干部、村组干部1024人，对各级督查组发现交办的问题和自查发现的问题，实行整改台账式管理，督促逐一整改，对账销号，确保整改“零遗漏”。

二、“五式”督查

针对脱贫攻坚存在的突出问题，既督任务、督进度、督成效，又查认识、查责任、查作风，聚焦问题，较真碰硬，真督实改，确保市委、市政府脱贫攻坚决策部署落实到位。

拉网式排查。以防漏评、防错退为重点，从边边角角查起，从薄弱环节抓起，盯死角，查漏点，深入农户家中，对脱贫信息再排查、再核实、再精准。2017年，排查发现2106个各类问题，下发交办通知375件，督查通报24期，将“四有人员”和不符合条件的贫困对象移出建档立卡系统，共纠正返贫对象62户201人，实现贫困对象“零遗漏”、“零错退”。

开放式督导。17个乡镇督导组分别在各自督导区域成立接访室，开放式收集相关问题4531个，督导解决问题4443个，整改率达98.06%。对个别通过“哭穷”方式争当贫困户，想要扶贫优惠政策等情况，通过召开群众会，面对面交流沟通，宣讲扶贫政策，帮助提高对扶贫政策的理解，自己起来纠正错误做法，使广大群众对扶贫政策的知晓率、认可度大幅提升。

清单式督办。对市脱贫攻坚总指挥部下发的指令，逐一督促执行，确保政令畅通。对全市查出的7419个问题和市级党政主要领导督查发现的351个问题，建立问题清单，督促乡镇、村切实整改，逐一销号。

驻守式督促。遵义市、赤水市（县）两级共组建25支137人的督查队伍，实行驻守乡镇抓督促落实。旁站式督促完成10191户农村危房整治任务，收集完成10688户不需要整治的佐证材料；完成1256户贫困户安全饮水整治工作，实现农村公路“村村通”、“组组通”和联户路硬化目标；对841位“五保”老人实行集中供养，对238名辍学学生落实保学措施，对排查出因病疑似错退、漏评的537人，落实健康扶贫医疗帮助救助政策。大批关系群众切身利益的问题得到妥善解决。

反腐式督查。充分发挥督查“利剑”作用，对督查中发现的民生案件和干部作风不实等问题，一查到底。2016年督查中发现旺隆镇一位村支书对部分贫困户底数不清、情况不明，没有认真审核相关资料，审核过程流于形式，将贫困户“一户一档”资料集中统一签字，造成1个贫困户以不实资料拟脱贫出列，旺隆镇纪委给予党内警告处分。

2016—2017年，因脱贫攻坚工作不力或违法违纪问题，2名乡镇党委主要负责人被暂停职务、降职主持工作；1名副科级干部被撤职；党内严重警告干部4人、党内警告2人，查办民生领域立案272件279人，给予党纪政纪处分244人，移送司法机关18人。营造脱贫攻坚风清气正环境。

三、“六个必访”

督查组针对六类特殊人群进行全覆盖走访，精准查找问题症结，准确掌握第一手情况，第一时间交办，指挥部一抓到底，督查组一督到底，确保发现问题，立即整改，为脱贫攻坚保驾护航。

“建档户”必访。督查组对已脱贫的7495户24120人和计划脱贫的1605户4624人全覆盖走访，重点督查干部到位、政策落实、帮扶成效等情况，做到“堵点”及时发现、矛盾及时化解、问题及时整改。在解决大批群众最直接、最现实、最迫切利益问题的同时，确保干部不缺位、帮扶动真格、扶贫有成效。

“门槛户”必访。对乡镇级排查出的1000户收入“门槛户”进行全面走访，针对人均可支配收入处于贫困线边缘的已脱贫户和非建档立卡贫困户，落实产业覆盖、技能培训等增收措施，督促落实保洁员、护林员、监督员、护理员、水管员“五员”岗位，确保“门槛户”问题有解决、收入有增加、脱贫有保障。

集中整治扶贫领域腐败和作风问题，强化民生监督。市纪委、市监委干部在元厚镇利民村了解扶贫领域腐败现象和作风问题。（市纪委提供）

“兜底户”必访。2017年针对因低保动态调整而未及时纳入建档立卡系统的低保户，督查组累计走访3000户次，对未建档立卡“兜底户”家庭情况，进行精准研判、精准施策，对特困户督促落实帮扶责任人、帮扶措施，确保特殊困难家庭管理“零缺位”、帮扶“零遗漏”、生活“零顾虑”、脱贫“零掉队”。

“危房户”必访。针对2016年年底排查出的8215户农村危房，累计走访核查1.1万多户次，对房屋改造工程进度、工程质量等进行逐户核查；对有其他安全住房仍居住在危房内的群众，严格执行市委、市政府制定的农村危房“十不整治”要求，督促120户群众搬离危房，既确保住房安全有保障，又避免人为造成危房整治新的不公平。

“重病户”必访。针对卫计部门建档的1800户重病、大病户，重点查健康扶贫医疗保障救助政策落实情况，督促及时兑现重大疾病报销1851人次2974万元；对报销后自费仍超过5000元的困难农户，发放医疗扶助资金941户363.47万元，有效解决贫困群众的医疗保障问题。

“碰瓷户”必访。针对缠访、闹访要政策，甚至采取过激行为要挟政府的“碰瓷户”，坚守法治底线，及时将扰乱社会秩序的当事人，移交公安机关依法采取训诫、拘留等方式，进行教育引导和依法打击。2016—2017 年，公安机关共训诫 122 人，办理治安案件 12 件，治安拘留 9 人，治安罚款 3 人，刑事案件 1 起，刑事拘留 3 人。

脱贫攻坚督查坚持问题导向，紧盯贫困对象、帮扶责任、产业扶贫、基础设施扶贫、政策到位、思想脱贫、精准发力，在“扶持谁”、“谁扶持”、整合资源、小康“六项行动”、利益联结助农增收、转变群众观念上下足了功夫，推动脱贫攻坚向纵深拓展。

2016 年 7 月 2 日，赤水市委常委、市委宣传部部长王兰（右）到宝源乡联华村陈家坝新村登门慰问 1948 年加入中国共产党的百岁党员王世珍老人。（黄文文　摄）

第五节　构建法治保障体系

市委、市政府认真学习习近平新时代中国特色社会主义思想，贯彻落实党中央、国务院转发《中央宣传部、司法部关于在公民中开展法治宣传教育的第七个五年规划（2016－2020年）》和全国人大常委会决议，围绕全面依法治国总目标，按照全国普法办公室的安排和部署，市委、市人大、市政府、市政协“四大班子”，市公、检、法、司等政法机关，市直党政部门、各乡镇、村组及全市所有企事业单位高度重视，精心组织，建立健全脱贫攻坚法治保障体系。

一、建设法治赤水

各级党委、政府扎实开展法治赤水创建活动，坚持依法执政、依法行政、公正司法，推进全民学法、知法、懂法、守法、用法，人人争做守法公民。深化社会治理，不断提升法治化管理水平，提高法治文明程度。2018年6月5日，赤水市荣获全国普法办公室表彰，被授予“全国法治县（市、区）创建活动先进单位”称号。

1.“一把手”抓法治

市委、市政府统筹抓法治，合力推动法治建设，切实做到“一把手”抓法治，法治抓“一把手”，着力建设法治赤水。

做到组织有保证、经费有保障。成立由市委书记担任组长的市委依法治市领导小组及办公室。各乡镇（街道）党（工）委和市直部门（党组）相应成立依法治理领导小组及办公室。落实分管领导和具体负责人员，各成员单位根据人事变动情况，及时充实调整具体负责人员，构建横到边、纵到底的依法治市组织网络。市政府设立负责本级政府法治工作的专门办事机构政府法制办公室。依法治市工作实现全覆盖、零遗漏。

市委、市政府依法治市做好顶层设计，深入开展法治建设“681 工程”，即采取“6+X 措施”，落实“8 个保障”，实现“1 个目标”。“6+X”即落实 6 项措施和每项措施分解为 X 项具体工作：深入贯彻落实规范性文件；深入推进依法行政，加快建设法治政府；确保公正司法，提升司法公信力；开展普法宣传，增强全民法治观念；创新法治人才选拔培养机制，加强法治工作队伍建设；加强和改进党对法治工作的领导，为全面推进依法治市提供根本保证。6 项措施每项分解成多项具体工作任务。“8 个保障”：经济建设法治保障；民生权益法治保障；社会治理创新法治保障；和谐稳定法治保障；发展环境法治保障；科技创新法治保障；绿色城市法治保障；红色文化名城法治保障。“1 个目标”：实现严格执法、依法行政、公正司法，全市市民做到“一维两不”，即依法维护自身合法权益，不危害社会公众利益，不损害他人利益。

市委、市政府将依法治市工作经费列入财政预算，相对独立，保障依法治市各项工作顺利开展，做到法治赤水建设有人管事、有钱办事。给予市检察院司法体制改革经费保障，解决公用经费、办案补贴、绩效考核奖金、大案要案备用金和聘用制人员报酬等经费保障。市检察院将经费、资产上划市级管理，所有固定资产进行清理，配合市财政局做好资产核实和划转工作，完成所有票据清理、核销工作，完善非税收入收缴管理工作。

在市委、市政府的统一部署下，市委组织部、市财政局、人社局等有关部门，给予市人民法院改革后工资及绩效考核奖经费保障，支持完成 21 名员额制法官的工资套改工作并兑现到位。落实员额法官按等级应享受的待遇和保障，确保员额法官无后顾之忧，全身心投入办案工作，高质量、高效率履行员额法官职责。

中共赤水市委六届九次全体扩大会议通过《关于加强和改进依法治市工作的意见》，将依法治市工作纳入市委、市政府中心工作，强化宪法的主体地位，实行宪法宣誓制度，市委、市政府带头牢固树立法治意识，带领全市人民群众增强法治观念，打造名副其实的法治赤水。

2. 增强全民法治观念

弘扬社会主义法治精神。加强领导干部法治教育，建立完善国家工作人员学法用法制度，健全普法教育宣传机制，深入开展法治宣传教育，加大媒体公益普法力度，提高普法实效。建立完备的公共法律服务体系和构建城乡均等的法律援助体系。推进领导干部学法用法，落实“谁执法、谁普法”、“谁主管、谁负责”普法责任制。围绕社会矛盾化解、公正廉洁执法和社会治理创新，发挥法治规范、保障和促进作用。强化法律在维护群众权益、化解社会矛盾中的权威地位。

认真落实“六五”、“七五”普法规划，在对广大干部群众普遍开展法治宣传教育的基础上，组织法律服务队伍、法治宣传队伍、人民调解员队伍和社区矫正工作人员，重点深入乡镇、村组、农户中开展法治宣传教育，免费发放法治宣传资料，通过宣讲等形式和微博、微信、客户端等新媒体，有效提升群众法治意识。

强化法治宣传教育，以实施法治宣传“113581 工程”为总抓手，营造全域法治氛围。瞄准法治赤水建设一个目标；落实《赤水市法治宣传教育第七个五年规划（2016–2020 年）》一个规划；开展地方依法治理、行业依法治理和基层依法治理三项治理，推进依法行政和公正司法；抓住领导干部、公务员、青少年、企业经营管理人员、村居民等五个重点群体，强化学法、守法、用法；民主法治村（居）创建巩固面达 100%。采取多种方式开展法律援助宣传活动，组织村法律顾问上法治课，重点宣传《农村土地承包法》《劳动合同法》《工伤保险条例》《婚姻法》《老年人权益保障法》《妇女权益保障法》《未成年人保护法》《法律援助条例》和《贵州省大扶贫条例》等法律法规，引导城乡广大干部群众牢固树立法治观念，培养形成“办事依法、遇事找法、解决问题用法、维护权益靠法”的法治文化。

按照法律进机关、进乡村、进社区、进学校、进企业、进单位、进军营、进监所“法律八进”普法要求，深入基层向群众发放法律援助便民服务联系卡，宣传司法行政工作职能，宣传法律援助申请条件、对象、程序及所需资料，公布法律援助办公地点、办事流程、法律顾问人员信息和联系方式，为群众寻求法律援助提供方便。每年利用“3·15”消费者权益保护日、税法宣传月、“12·4”国家宪法宣传日等机会，重点开展宪法、消费维权、食品安全、环境保护、征地拆迁、禁毒、建设规划等各类专业法宣传。2017 年，全市开展各类法治宣传活动 2000 多场次，发放各类法治宣传材料 7 万多份（册），开展各类法律咨询活动 200 多场次，在公众场所张贴宣传标语、悬挂宣传横幅，营造法治氛围。

完善公共法律服务体系，组织普法宣讲团围绕“合法经营、依法维权”和《劳动法》《劳动合同法》等主题，深入开展法治宣传教育活动和法律咨询活动。重点宣传农村生产生活、社会治安综合治理的相关政策和法规。各单位通力协作，针对山林土地、征地拆迁、社会治安综合治理、禁毒防毒等热点、难点问题，开展行之有效的专项法治宣传活动，法治先行形成常态化治理机制。

创新社会治理。深入推进平安赤水建设，加强社会治安综合治理，推进防控体系建设，维护人民群众切身利益和生活秩序，提高人民群众的安全感和满意度。重视信访维稳工作，保持社会治安形势、信访形势和安全生产形势基本平稳。建立完善行之有效的矛盾排查、化解和处置机制。成立矛盾纠纷多元化调处中心，全面推进矛盾纠纷多元化解工作。加强社会建设，健全党委领导、政府负责、社会协同、公众参与的社会治理格局。强化群众自治组织建设，着力构建和谐社会。健全安全生产责任体系，实现安全生产责任全覆盖。突出抓好重点部位安全监管，防止发生重特大安全事故。健全社会应急管理体制，有效应对自然灾害、事故灾难、公共卫生、社会安全等突发公共事件，提高减灾、防灾和危机管控能力。

弘扬法治文化，崇尚法治精神，将法治理念根植于经济、社会、政治、文化等各个领域，组织动员全民加入法律执行者和捍卫者行列，建设法治赤水，构建和谐社会，展示新时代赤水新形象。发挥红色文化思想引导、文化感召、精神激励作用，凝聚决战贫困强大合力。每年开展全市领导干部和公务员、事业单位和人民团体干部、国有企业经营管理人员学法用法考试，向国家公职人员印发《赤水市国家工作人员学法用法考核手册》，要求公职人员必须学习《宪法》《民商法》《行政法》《经济法》《社会法》《刑法》《诉讼与非诉讼程序法》等法律法规，将学法用法与年终个人考核挂钩。各级党委、党组中心组落实法律法规学习任务，党校、行政学校把治法教育纳入干部教育培训内容，形成领导干部、公职人员学法用法长效机制。

法治文化与红色文化相结合，弘扬“四渡赤水”精神，传承红色基因。讲好红军四渡赤水故事，挖掘运用红色文化资源，在元厚建成红军一渡赤水纪念广场，在丙安设立红一军团陈列馆，以及中共赤合特支、红军烈士陵园等红色革命教育基地。打造赤水文化旅游法治创新区，将传承红色文化与打造“民主法治示范村”、

“法治示范社区”、“法治示范乡镇、学校、机关、单位”建设相结合，创建市（县）级 126 个民主法治村（社区），创建率达 100%。其中获省级“民主法治示范社区”1 个，省级“民主法治示范村”15 个，创建遵义市级民主法治示范村 23 个。红赤水生态食品开发有限公司在发展中应用法治保障，靠法治促发展，2016 年获得“全国法治宣传先进单位”称号。

市委、市政府领导班子会前学法形成制度，带头营造依法行政浓厚氛围。2017 年以来，市委、市政府班子成员共开展 30 多次集体学习党内法规、国家法律法规、方针政策等内容。通过学法，增强依法行政意识，确保依法决策、依法行政。为提高全市行政执法人员执法水平，组织执法资格培训考试，896 名执法人员参加申领和换发行政执法证执法资格考试，考试合格 875 人，合格率达 97.66%。全市 5873 名公职人员参加学法用法考试，考试合格率达 100%；4854 人获优秀，优秀率达 82.65%。

市委、市政府围绕大生态、大旅游、大健康三大优势发展全域旅游，从旅游产业井喷式发展的实际需要出发，推进全域法治文化建设。打造从赤水城区到元厚镇 100 里绿化工程，创建沿赤水河流域法治文化示范带，打造 100 里法治文化长廊、丙安“弘法驿站”等，建设法治文化阵地平台。

倡导法治与文明、法治与低碳生活，让游客在旅游中受到法治文化熏陶，让全社会成员切身感受法治是发展的重要保障。发挥“旅游 + 法治”功能，加大法律服务力度，宣传与旅游相关的法律法规，宣传游客权利和义务，为游客提供便捷的法律咨询和法律服务，切实维护游客的合法权益，让游客在愉快旅游的同时，弘扬法治精神，提高法律素养。

3. 建立健全法制机构

全面部署依法行政工作。加强政府依法行政工作领导，强化组织保障，成立由市长任组长，常务副市长任副组长，市政府相关部门负责人为成员的依法行政工作领导小组，负责安排部署和组织协调全市依法行政工作。

加强政府法制机构自身建设，推进政府法制机构正规化、专业化、职业化建设，充分发挥政府法制机构、法律顾问在推进依法行政中的综合协调、工作指导和检查督促作用，当好依法行政参谋和助手。

加强执法队伍建设，充实执法力量，市机构编制委员会办公室重新核定市政府法制办公室人员编制，下发《关于增加赤水市人民政府法制办公室领导职数的通知》，人员编制由2010年的2名增加至6名。市公、检、法、司机构设置科学合理，配齐人员编制，充分发挥在法制赤水建设和社会治理中的职能作用。

市政府法制办公室全面参与投资合作协议合法性审查、重大行政决策论证、清理依法履行合同情况等重要工作，发挥治法把关作用。2017年共审查合同38件、重要文稿115件、参与清理建设项目6个，为政府依法行政提供法治保障。

4. 提高执法人员素质

加强依法行政队伍建设，提高执法人员素质。强化领导干部学法用法，在依法治市干部队伍建设中，不断补充骨干力量，建立法治专家库、在学校设立法治副校长、举办专题法治培训班。各乡镇、市直各部门党（工）委（组）会前学法形成制度化、常态化。

市公安局坚持从严治警、依法管警，将党风廉政建设落到实处，打造高素质干警队伍。为深入贯彻落实党风廉政建设精神，增强全体民警廉洁自律意识，全面开展廉政文化和警示教育，筑牢拒腐防变思想道德防线。深入开展创建风清气正政治生态活动，保持清醒的政治头脑，在思想上、理论上、政治上、行动上始终与党中央保持高度一致，不阳奉阴违，不自行其是。

严格管理，确保队伍积极向上。以坚持不懈地执行各项警纪警规为重点，以队伍建设集中整顿为契机，以警示教育为动力，抓队伍思想政治教育、机关作风教育、党风廉政教育和治法教育。规范和完善日常督察工作机制，建立每月督察通报制度和每季度队伍管理点评制度，有效防止和严肃查处违纪违规行为。深入开展廉洁从警教育，以案明纪、防微杜渐，以案为鉴、警钟长鸣，提高党员和民警的党性修养，做到自重、自省、自警、自励。提高公安民警拒腐防变的意识与能力，树立公安民警公正、廉洁、忠诚、为民的良好形象。建设一支政治坚定、纪律严明、清正廉洁的人民公安队伍。

强化措施，增强民警意识。以正面教育为立足点，辅以反面教育，引导民警牢固树立正确的人生观、世界观、价值观、从警观、权力观，深刻认识人民警察的宗旨和牢固树立“立警为公、执法为民”观念。深刻认识公安机关肩负巩固共

法治文化与红色文化相结合，弘扬“四渡赤水”精神，传承红色基因。红色旅游经典景点丙安红一军团陈列馆是红一军团在全国唯一的陈列馆。1935 年 1 月 25 日，红一军团军团长林彪奉命率红一军团抵达丙安，将总指挥部设在丙安场上，展开著名的黄陂洞、复兴场之战。赤水市委将红一军团陈列馆辟为红色文化传承现场教学基地。（刘子富　摄）

产党执政地位、维护国家长治久安、保障人民安居乐业的重大政治责任、社会责任。深刻认识公安机关、人民警察在构建社会主义和谐社会中肩负的历史使命。通过组织观看廉政警示教育片、参观警示教育基地、开展廉政思想剖析大讨论、廉政教育征文等专项活动，做到民警教育全覆盖，使全体民警在心灵上受到洗礼，思想上受到震撼，认识上得到提升。以反面典型案例为教材，汲取教训，引以为戒，警钟长鸣，严格遵守党纪国法，牢固树立廉洁奉公意识，忠实履行职责使命。通过自己查找、召开座谈会谈心交心、“请进来、走出去”等形式，鼓励民警讲实话、透实情，从民警的真实思想中发现队伍教育、队伍管理中存在的薄弱环节，有针对性地改进工作方式方法，做好思想政治工作。对民警负面思想反应，面对面地进行教育帮助，以真诚、团结、实事求是的态度，帮助解开思想疙瘩，引导民警切实解决好为谁掌权、为谁执法、为谁服务的问题，提高人民公安为人民的自觉性，始终保持忠于党、忠于祖国、忠于人民、忠于法律的政治本色。

市检察院紧紧围绕市委、市政府中心工作大局，充分发挥检察职能，注重打击与预防职务犯罪并重，为大扶贫战略行动保驾护航。强化检力下沉，畅通群众诉求渠道，听民声、解民忧，打通检察工作服务民生“最后一公里”，延伸法律监督触角，保障民生政策和资金落到实处。在各乡镇成立检察联系点，在官渡镇、元厚镇成立民生资金保护检察联络室。聘任 17 名乡镇检察联络员，20 名村组、社区检察联络员，发展 70 名预防职务犯罪志愿者。对检察联络员、预防职务犯罪志愿者就《检察联络员工作职责》、惩治和预防脱贫攻坚领域职务犯罪、民生资金保护专项工作等相关业务进行系统学习培训。

强化调查研究。组织检察人员深入田间地头，开展走访座谈、问卷调查、现场交流等调查研究，重点对涉及群众切身利益的征地补偿、移民搬迁、退耕还林、救灾救助、农田水利、农村饮水等扶贫政策落实情况进行调研，摸清民生政策、资金底数，做到及时、全面、准确收集第一手资料，为有效开展监督提供真实准确的数据和情况。

开展督促起诉专项工作，办理脱贫攻坚领域督促履职案件 48 件，为国家追回土地出让金 1.7 亿元。开展立案监督工作，查阅市国土、环保、林业、农牧、市场监管局等与民生领域关系密切的行政执法单位案件 500 件，监督国土局移送公安局案件 1 件，要求公安机关说明不立案理由 5 件。开展申诉工作，受理涉及民生领域的申诉案件 2 件，初查 1 件，已立案审查 1 件。

市人民法院秉承“文化育警、人文兴院”理念，开展读好书、文艺汇演、专题讲座、拓展培训等凝心聚力、激发朝气的系列活动，形成崇尚学习、积极进取的文化育警氛围。法院文化建设的沃土，孕育出开拓创新、蓬勃进取、秉持公正、敢于担当的高素质法官队伍。人文兴院使市法院审判工作迈上新台阶，荣获“贵州省法院系统优秀人民法院”、“贵州省精神文明建设工作先进单位”，3 次被评为遵义市中级人民法院“全市优秀人民法院”，获得赤水市“政法综治维稳工作一等奖”和“赤水市宣传思想和精神文明建设工作目标考核一等奖”。

5. 构建法治监督体系

全市各级党委、政府形成齐抓共管依法治市工作制度。各级各部门在深入推进多层次、多领域、全方位依法治理工作中，坚持系统治理、依法治理、综合治理、专项治理、源头治理。在社会治理法治化进程中，建立健全法治监督体系，确保依法治市落到实处。

强化对诉讼活动的监督。建立完善保障法院依法行使审判权和检察机关行使法律监督权的法律规范和制度，全面履行诉讼法律监督职责，努力让人民群众在每一个司法案件中感受到公平正义。在刑事诉讼监督中，重点加强对限制人身自由司法措施和侦查手段的法律监督，完善重大案件提前介入侦查、引导取证、羁押必要性审查等制度，加强人权司法保障。严格审查批捕、审查起诉工作，全面落实非法证据排除规则，坚持疑罪从无，依法保障当事人诉讼权利，有效防范和及时纠正冤假错案。

强化对法院、检察机关职务犯罪立案、侦查、起诉等执法行为的监督，确保依法正确行使审判权、检察权。在民事诉讼监督中，突出加强对民事执行活动和调解书的监督，完善虚假诉讼、恶意诉讼的监督机制。在行政诉讼监督中，重点加强对法院受理活动、行政裁判执行活动的监督，坚持监督与查办职务犯罪相结合，杜绝关系案、人情案、金钱案等司法腐败行为，维护司法廉洁与公信。

开展行政执法监督。在依法行政中，构建行政执法与刑事司法衔接机制，建立行政执法机关与公安、法院、检察机关信息共享、案情通报、案件移送平台，实现行政处罚与刑事处罚无缝对接，切实解决有案不移、有罪不究、以罚代刑的问题。建立完善制度、机制，开展支持起诉、督促起诉和提起公益诉讼工作，促进依法行政、严格执法，维护国家利益、集体利益和社会公共利益。加大反渎职侵权工作力度，对行政机关及其工作人员在履行职责中不作为、乱作为给国家和公民造成重大损失的，依法从严查处失职、渎职犯罪，促进勤政廉政。市委、政府印发《关于建立乡镇街道党（工）委、政府市直部门推进法治建设责任制的实施意见》，明确各级党委、政府、市直部门负责人作为法治建设第一责任人的主体责任。明确具体职责，建立完善评议、考核和问责制度。

强化执法资格管理，落实行政执法人员持证上岗制度。强化行政执法人员教育培训、考核管理，提升行政执法水平。落实行政机关负责人出庭应诉制度，巩固提高行政机关负责人行政诉讼出庭应诉率。推动行政机关改进工作作风，展示法治政府良好形象，实现法律效果与社会效果的有机统一。

综合应用行政复议、行政诉讼和投诉举报受理三个主要监督手段，加大对食品药品、公共安全、资源环境、医疗卫生、劳动保障等关系群众切身利益领域的执法监督力度，解决行政执法中慢作为、不作为、乱作为问题，依法撤销和纠正违法的规范性文件，做到报备率、及时率、准确率达100%，切实维护人民群众合法权益。

二、建设法治政府

严格落实国务院建设法治政府的要求，政府活动全面纳入法治轨道。依法设定权力、行使权力、制约权力、监督权力。依法履行政府职能，完善行政组织和行政程序法规制度。依法调控和管理经济，推行政府权力清单、责任清单制度。严格规范执法，全面推进政务公开，强化对行政权力的制约和监督。全面推进依法决策，建立重大决策终身责任追究制度和责任倒查机制。

为确保中共中央、国务院《法治政府建设实施纲要（2015—2020年）》落实到位，市委、市政府制定《关于贯彻〈法治政府建设实施纲要（2015—2020年）〉实施方案》《赤水市2017年法治政府建设工作要点》等文件，明确建设法治政府的时间表和路线图，将加快转变政府职能、完善依法行政制度、推进依法科学民主决策、严格规范公正文明执法、强化行政权力制约监督、依法化解社会矛盾纠纷六大工作目标任务，分解落实到政府各部门，明确工作职责，强化保障措施。

推进行政管理体制改革，规范行政行为，严格依法办事，动态管理权责事项。实行规范性文件目录和文本动态化、信息化管理。落实行政执法部门“谁执法谁普法”第一人责任制。加大食品药品、安全生产、环境保护、社会治安等关系群众切身利益重点领域执法力度，及时查处违法行为。建设职能科学、权责法定、执法严明、公开公正、廉洁高效、守法诚信的法治政府。

1. 建立重大事项决策体系

坚持以人为本、执政为民理念，把建立健全和认真执行重大事项决策制度作为“党要管党、从严治党”的重要举措，通过建机制、严程序、抓关键、强监督，不断提升科学决策、民主决策、依法决策水平。

制定政府工作规则。结合政府工作实际，修订完善《赤水市人民政府工作规则》，规范政府重大决策规则和程序，对重大事项集体决策内容、标准、形式、程序、方法及考核监督等事项，做出严格详细的规定。制定《赤水市人民政府重大行政决策程序规定》《赤水市人民政府重大行政决策听证办法》等工作制度，完善行政决策公众参与、专家论证、风险评估、合法性审查、集体讨论决定等制度体系。以党组会、常务会、市长办公会、专题会等形式，集体研究决策重大事项。明确政府所有重大决策都要经过调查研究、征求意见、组织论证、会议讨论、做出决策、建立机制、责任追究等环节和程序，突出事前充分调查、咨询、论证、评估、听证、公示和审查。坚持常务会议邀请市政协联系领导莅会制度，自觉接受政协民主监督。广泛征求各方意见，扩大群众参与度，建立健全公众参与、专家论证和政府决定相结合的决策机制，确保民主决策、科学决策、依法决策。自2015年以来，市政府已召开党组会议19次、常务会议72次、市长办公会议72次，严格按决策制度办事，避免决策失误。

建立科学决策机制。一切从实际出发，运用科学方式，选择最佳决策方案，坚持科学决策，确保决策贴近赤水实际，符合经济社会发展规律。建立专家指导项目规划、审查项目机制。市城市规划委员会、市旅游发展委员会等职能部门参与审查5A级旅游景区创建、城市建设、基础设施建设等一批事关全市经济社会发展的重大项目。邀请中国科学院张义丰教授团队来赤水做全域实地考察，指导编制《赤水市长寿经济发展规划》《赤水市沟域经济发展规划》《赤水市城乡发展定位研究》和《赤水市生态文明建设规划》。聘请深圳大学领衔编制《赤水市城市总体规划（2017—2030年）》并通过贵州省规划委员会审查。

依法依规决策。政府决策严格遵循国家法律法规，把依法依规决策作为基本原则，坚持做到法定职责必须为、法无授权不可为，防止法律授权乱作为，切实做到依法行政，确保政府工作始终在法治轨道上运行。对专业性、技术性或风险性较强的重大事项，进行专家论证、技术咨询、决策风险评估和综合论证，最大限度地避免或降低决策风险。自觉接受人大法律监督、政协民主监督、社会监督和新闻舆论监督。严格落实生态文明建设和环境保护、安全生产、信访维稳、党风廉政等责任制度，对不符合安全生产、生态环保等规定的，坚持不上会研究。

民主集中决策。认真贯彻落实党的民主集中制原则，坚持“集体领导、民主集中、个别酝酿、会议决定”原则，对大额资金使用、人事任免、项目建设等，事先不充分酝酿不决策、不广泛征求意见不决策、不经集体研究不决策。坚持市财政局、审计局参与经济活动重大事项决策、执行、监督全过程，确保决策民主化、科学化。2014 年以来，对金龙水库、丙安水库建设、土地确权颁证等重大决策事项，均按程序作决策，各有关部门和单位按政府决策组织顺利实施。2018 年，市政府严格按重大事项决策程序决策，确定实施 303 个项目、总投资 822.8 亿元。其中续建项目 102 个、总投资 318.3 亿元；新建项目 127 个、总投资 166.9 亿元。截止到 2018 年 5 月，新开工项目 69 个，开工率 54.3%；预备项目 74 个，总投资 337.6 万元。

建立专家咨询制度。推进新型智库建设，建立市级重大决策专家咨询库，完善专家咨询制度，提高政府科学决策水平。先后制定《关于加强赤水市新型智库建设的实施意见》和《成立赤水市行政决策咨询专家库》等文件，聘任 29 名经济社会发展规划、经济开发管理、疾病预防控制、财政、审计等有关方面专业人才、高技术人才为市政府行政决策咨询专家库成员，聘期为两年，按专家咨询制度开展咨询工作。建立健全组织经费管理、成果评价和应用转化、交流合作等运行机制。

通过区域智库联盟、聘请专家团队、社会力量办库、职能部门组建等方式，打造政策研究和决策咨询队伍，先后推出一批有深度、有价值、有影响、有区域特色的决策咨询研究成果，为市委、市政府科学决策提供智力支持。

由北京大学宋峰教授牵头，中山大学彭华、黄进教授，贵州师范大学肖时珍、熊高林教授组成的智囊团队，帮助赤水市与中国著名的福建省泰宁、湖南省崀山、广东省丹霞山、江西省龙虎山、浙江省江郎山 5 个丹霞地貌风景区“捆绑”申报世界自然遗产获得成功，协助赤水市丙安水库等丹霞保护区域内的重大水利工程项目通过科学论证和建设审批。

2012 年，市政府与深圳大学专家团队签订合作协议，委托编制完成《赤水市城市总体规划修编（2016–2030 年）》。2014 年，聘请浙江远见专家团队到赤水开展旅游发展规划研究，编制完成《赤水旅游综合体规划》。2015 年，德安杰环球顾问集团为赤水旅游市场开展营销策划，确定“丹青赤水·康养福地”宣传口号，提升了赤水旅游影响力。邀请中国工程院宋宝安院士团队对赤水石斛种植方法和病虫害防治作科学指导，摸清了金钗石斛的主要病虫害种类和发生动态，对症下药，制定科学防控技术措施，确保金钗石斛产业健康发展、做大做强。

2016 年，邀请北京慧谷旅游规划设计有限公司指导编制国家 5A 级赤水丹霞旅游区创建方案，科学有序地开展创建工作。美国 PGAV 承接赤水三个半岛旅游转型升级项目策划工作，编制了《三个半岛项目总体规划》。聘请中南大学专家团队编制了《赤水市第三产业发展规划》。

推进行政执法体制改革。整合行政执法资源，提升综合行政执法水平，提高执法效率。在城市综合行政执法的基础上，整合市场监管、工业和能源等个 22 方面的执法权，成立综合行政执法局，负责全市综合行政执法，解决了多头执法、职能交叉、效能低下等问题。

深化行政审批制度改革。严格落实上级下放和取消的行政审批事项。2014 年以来，共取消 36 项行政审批事项，承接上级下放权力 130 项，清理规范 29 项行政审批中介服务事项。

完善权责清单。出台《赤水市行政权力清单动态调整和管理办法》，市编委办、市政府法制办共同对原权责清单进行调整并编制《赤水市政府工作部门行政权力清单责任清单（2017 版）》，在政府门户网站和贵州网上办事大厅公布，接受社会监督。

加强规范性文件管理。完善制度，严格审查。制定《赤水市规范性文件管理办法》，市政府法制办共审查规范性文件 11 件，通过合法性审查 8 件，改由一般程序发文 2 件，不予发文 1 件。及时报备，定期清理。2017 年，印发的 5 件规范性文件均在公布之日起 10 日内及时报送遵义市政府和赤水市人大常委会备案。根据法律、法规、规章和国家方针、政策的调整以及实际情况的变化，下发《赤水市人民政府关于公布废止、宣布失效、继续有效规范性文件通知》等文件，对规范性文件进行全面清理。全年共清理规范性文件 53 件，其中继续有效 37 件，宣布失效 3 件，宣布废止 19 件。

2. 严格依法行政

随着经济建设项目和投资的激增，征地补偿、拆迁安置、村民转移就业等引发的各种矛盾纠纷，不可避免随之增多，党委、政府处置稍有不慎，就会酿成影响社会政治稳定和经济发展的群体性事件。

市委、市政府高度重视维护社会政治稳定，为脱贫攻坚和经济建设提供法治保障。政府各部门组建法律团队，聘请法律顾问，为生产者、经营者、消费者提供法律服务，严格依法行政，公正司法，营造法治文明社会环境。

赤水以独特的地理环境，优越的自然条件，育孕了中国著名的“十大竹子之乡”“中国金钗石斛之乡”“中国长寿之乡”“赤水桫椤国家自然保护区”等令人神往的观光旅游、休闲度假目的地，政府严格依法行政，运用法治手段为经济社会发展保驾护航。为加快发展竹、金钗石斛、赤水乌骨鸡、农副产品加工等产业发展，加快脱贫攻坚、建成全面小康步伐，政府有关部门严格按照国家公司法、企业法、商标法、产品质量法等法律法规，扶持发展竹系列产品精深加工产业，重点发展竹炭、竹家居、竹系列工艺品及食品；扶持发展石斛、晒醋、腊肉、红赤水等旅游商品；扶持发展赤水乌骨鸡及天然饮用水等绿色食品，发展以石斛、晒醋为重点的系列养生、保健食品、茶饮品，实施年产 5 万吨晒醋生产项目，建成斛满堂等石斛系列产品加工生产线；扶持建设康养产业园区，培育扶持产业年产值超亿元、超十亿元的龙头企业，打造国家级康养示范区。

2017 年，赤水市着手创建法治景区，组建景区旅游法庭、景区调解室、景区法律服务室、景区工商管理分局，靠法治为旅游产业发展保驾护航。

市委、市政府从旅游产业跨越发展的需要出发，成立了旅游产业发展委员会，对全市旅游产业实行统一管理。制定完善《赤水旅游发展总体规划》，以及《赤水大瀑布景区（十丈洞景区）修建性详规》《竹海国家森林公园总体规划》等子规划，组建赤水旅游发展股份有限公司，按照实体公司、平台公司、龙头企业“三大定位”精神，率先在贵州完成旅游景区所有权、管理权、经营权“三权”分离改革，实现全市旅游资源统一规划、统一建设、统一经营，推动旅游业井喷式增长。

各景区外塑形象，提升文明服务，打造品牌效应。加强对食品卫生、虚假伪劣产品查处打击力度，加强对住宿和餐饮业的规范化管理，严格依法经营，诚信经营，杜绝欺客宰客现象。建立日常巡逻制度，保障游客人身、财产安全。开展旅游标准化培训 5 万人次以上，成立旅游业、住宿业、餐饮业等行业协会，发挥协会自我管理、自我约束、自我发展功能，促进旅游行业健康发展。

构建“党建 + 旅游”发展模式，成立景区党支部，充分发挥党支部的战斗堡垒作用和党员的先锋模范作用。设立安全文明劝导岗，开展“文明在行动 · 满意在赤水”活动，倡导文明旅游新风。举办道德讲堂、农民夜校等，提升全民素质，营造“人人是旅游形象、处处是旅游环境”的浓厚氛围。利用传统媒体和新媒体的辐射作用，拍摄宣传片，结合开展“送法进景区”和“创建法治景区”活动，开展法治宣传教育，以服务大旅游战略为目标，围绕加强法治宣传、社会矛盾化解、公正廉洁执法、社会治理创新，突出发挥法治的规范、保障和促进作用。倡导文明出行、健康出行理念，使法融入生活、融入旅游、融入社会，提升赤水法治景区的美誉度。

3. 建立法律顾问制度

建立健全法律顾问制度，防范政府法律风险。2017 年，出台《中共赤水市委 赤水市人民政府法律顾问实施办法（试行）》，市政府和市司法局、发改局、住建局、国土局、环保局、卫计局、农牧局等政府重点执法部门，聘请执业律师担任法律顾问。

法律顾问参与政府招商引资合同谈判、赤天化改制、赤水时新家具厂遗留问题、国有林场改革、城市出租车价格调整、城市公共交通行业改革、强制拆除违章建筑等重大事项及敏感问题的依法处置，充分发挥法律顾问的法律把关作用，确保政府依法决策、依法行政，有效规避和防范法律风险。

4. 建立行政调解制度

建立完善行政复议机制。制定《赤水市人民政府行政复议委员会试点工作实施方案》，建立健全工作制度，明确工作职责，规范办案程序。

制定《赤水市行政调解暂行规定》，建立人民调解、行政调解、司法调解协调联动机制，完善行政调解工作机制，形成大调解格局。2017 年共收到行政争议申请 2084 件，受理行政调解申请 1560 件，调解成功 1420 件，调解成功率为 91.03%，有效维护社会和谐稳定。

落实出庭应诉制度。为贯彻落实新《行政诉讼法》行政机关负责人出庭应诉的有关规定，制定《赤水市行政机关行政应诉暂行办法》，将行政机关负责人出庭应诉纳入年度依法行政考核重点，有效提高行政机关负责人出庭应诉率。2014—2017 年，全市产生一审、二审行政诉讼 90 件，其中开庭审理 61 件，行政机关负责人出庭应诉案件 52 件，出庭率 85.2%，败诉率 31.5%。其中 2017 年产生一审、二审行政诉讼 29 件，开庭审理 20 件，行政机关负责人出庭案件 18 件，出庭率 90%，比 2016 年提高 63%。2017 年败诉 6 件，败诉率 20.7%，较 2016 年降低 2%。

5. 实施“数据铁笼”行动

推进政府治理体系和治理能力现代化建设。实施“数据铁笼”行动计划，依托大数据产业优势，编制制约政府权力的“铁笼子”，实现网上办公、网上审批、网上执法，政府权力运行全程电子化，行政权力全部置于阳光之下，自觉接受纪检监察机关监督，人大代表、政协委员监督，报纸、电台、电视台、网络等媒体舆论监督，社会监督以及广大人民群众民主监督。靠政府治理体系的约束力，敦促全面提升民主决策、科学决策、依法决策能力、管理能力、办事效率和服务企业、服务人民、服务社会的能力。

建立健全政务信息公开制度，接受社会和人民群众民主监督，打造阳光政府。拓宽政府信息公开渠道，明确政府信息公开范围和内容，健全行政权力运行制约和监督体系，运用大数据技术和“云上贵州”平台，加强社会治理机制、能力、人才队伍和信息化建设，提高社会治理科学化和法治化水平。全方位监督，使损害合法权益的违法行政行为得到有效遏制和及时纠正，违法行政责任人依纪依法受到严肃追

究，切实做到依法行政、公平公正、阳光行政。

为加强政务信息公开管理，制定《赤水市政务服务中心进驻部门窗口及工作人员绩效考核实施细则（试行）》《赤水市政务服务中心服务对象回访制度》《赤水市全面推进政务公开工作的实施方案》等文件和制度，为全面推进决策、执行、管理、服务、结果“五公开”，扩大公众参与，为增强政务信息公开实效提供制度保障。

改版升级政府门户网站，强化政务信息公开，重点公开政策法规、政府公报、

赤水市人民法院巡回法庭向农村基层一线延伸，公开审理案件，以案释法，对农民群众进行活生生的法治教育。（市法院提供）

专项资金、“三公经费”、住房保障、惠民政策、提案建议等政务信息。2017年，围绕易地扶贫搬迁项目、5A级景区创建等市委、政府重大决策部署事项，以解决项目推进慢、干部作风不实等突出问题为抓手，在市电视台开办《电视问政面对面》栏目，累计举办电视问政84期，对185个单位“一把手”和255名科级干部进行问政，在《中国赤水网》《赤水发布》《赤水督查》等平台联动播出，扩大收视率、覆盖面和影响力，将党委、政府和干部的工作置于舆论监督、社会监督和人民群众民主监督之下，增强党委、政府工作的透明度，得到社会各界的支持和点赞，普遍认为“电视问政问出了干部的硬作风，问出了推动项目的新路子，问出了群众的满意度，问出了经济社会发展的加速度”。

建立健全行政执法监督机构，加强执法监督，规范执法行为。2016年7月，市政府法制办公室执法监督科加挂“赤水市行政执法投诉中心”牌子，负责受理、调查和处理行政执法争议投诉，强化行政执法监督。行政执法投诉中心成立以来，开展全市行政执法主体和行政执法人员清理、实施行政执法人员动态管理、公布行政执法人员执法资格变动情况等工作，2016年、2017年共收到投诉6件，办结6件。

建立完善行政执法监督制度。市政府先后下发《赤水市行政执法监督实施办法》《赤水市行政执法投诉举报等有关制度》和《市政府办关于开展行政执法案卷质量评查工作的通知》，采取各行政执法单位自我评查与市政府法制办集中评查相结合的方式进行案卷评查，2017年对27个执法单位报送58件案卷的执法主体、执法内容、执法程序、文书制作等事项进行综合评查，评出合格案卷37卷，占63.79%；不合格案卷21件，占36.2%。合格率较2016年提高10%。

完善政务服务大厅建设。按照“互联网+政务服务”的改革精神，全面梳理行政审批及公共服务事项，公布市政府权责清单及公共服务事项清单，以“最大限度精简办事程序，减少办事环节，缩短办事时限”为标准，编制《办事指南》，制定审批服务标准。督促政府各部门按照“应进必进，能进则进”的要求入驻政务服务中心，实行“一窗受理、一站审批”。2017年，完成全市17个乡镇政务大厅和124个村（居、社区）便民服务站统一挂牌，实现乡村实体大厅和网上大厅全覆盖，全市38个单位进驻政务服务中心，共办结事项51万件，按期办结率达100%。

强化考核评价，重点突出实绩评估。制定《赤水市2017年依法行政考核指标》，市政府常务会议专题研究部署依法行政工作。由市委依法治市办公室、市政府法制办公室共同牵头对各乡镇、各行政执法单位年度依法行政工作进行考核，将考核结果纳入年度绩效考核内容，激励、督促、鞭策全市各级政府部门严格依法行政。

三、推进公正司法

深化司法体制改革，建立司法权力运行机制，推进公正司法，确保依法独立行使审判权、检察权，完善人权司法保障制度，维护人民合法权益，提高司法公信力。

1. 深化司法体制改革

构建新型审判团队。市人民法院按照"1名员额法官+1名法官助理+1名书记员"的要求，组建审判单元；第一人民法庭按照"2名员额法官+2名法官助理+1名书记员"，第二、第三人民法庭按照"1名员额法官+2名法官助理+1名书记员"的要求，组建审判单元。调整审判组织架构，构建5个新型审判执行团队、17个审判执行单元。审判执行团队分别为第一审判团队（立案速裁）、第二审判团队（刑事+未审、行政非诉）、第三审判团队（民商事审判）、第四审判团队（人民法庭团队）和第五团队（执行团队）。实现雇员制书记员聘用常态化。新一轮13名书记员全部聘用到位，共聘用书记员25名。

市法院制定入额院长、副院长，入额庭长、副庭长办案规定，明确发回重审案件由入额院长、副院长，入额庭长、副庭长和团队负责人办理。入额院长、副院长及审判委员会专职委员重点办理重大、疑难、复杂、新类型案件。入额院领导带头办案，提高办案水平和质量，办理案件一审案件陪审率为100%，生效案件改判发回重审率为0，当庭裁判率为96.62%，法定正常审限内结案率为100%，为全院法官做出了表率。

推进内设机构改革。市检察院按精简、务实、效能和大部制的要求，坚持扁平化管理与专业化建设相结合，制定《赤水市人民检察院办案组织设置及人员配置方案》，2016 年 11 月对原 11 个办案组织和 3 个综合部门进行整合重组，共设刑事检察部、公诉部、民事行政检察部、反贪污贿赂局、案件管理办公室 5 个办案组织。2017 年 12 月，反贪污贿赂局职能和人员整体转隶市监察委员会，转隶后市检察机关办案组织由 5 个减为 4 个，设政工部、办公室、信息技术部 3 个综合部门。

坚持择优入额原则，通过报名、面试、笔试和考核等环节，市人民法院和市人民检察院首批分别遴选 21 员额制法官和 17 名员额制检察官。市检察院为充分调动各类人员的工作积极性，按照人岗相适、统筹考虑、自愿申请的原则，确定员额制检察官 13 名，检察辅助人员 16 名，司法行政人员 4 名。其中在刑事检察部下设侦查监督办案组、控告申诉检察办案组、刑事执行检察办案组，配备员额制检察官 5 名，检察辅助人员 6 名；公诉部下设未成年人检察办案组、职务犯罪专门办案组，配备员额制检察官 5 名，检察辅助人员 5 名；民事行政检察部配备员额制检察官 1 名，检察辅助人员 1 名，根据工作需要成立临时办案组；案件管理办公室配备员额制检察官 2 名，检察辅助人员 4 名，根据工作需要成立临时办案组。

建立健全配套制度。制定《司法体制改革方案》《审判团队职权配置规定（试行）》《专业法官会议工作规则（试行）》《违法审判责任追究办法》《瑕疵审判责任处理办法（试行）》《赤水市人民检察院关于完善司法责任制明确检察官权限的暂行规定》等多项司法改革配套制度，确保新审判权、检察权运行机制有效运转。

推进庭审实质化改革。实施以审判为中心的刑事诉讼制度改革，让审理者裁判，由裁判者负责。首次启动非法证据排除程序，参与办案的公安民警首次出庭作证。办理首起专家证人出庭案件，庭审中专家证人出庭解释与案件相关的专业问题，鉴定人和专家证人共同出庭开展质询与解答，使案件审理更加透明、专业和公正。

强化案件质效考核。结合法院、检察院工作实际，分别制定《绩效考核奖金分配实施细则》《员额制法官、检察官绩效考核暂行办法》《审判辅助人员、检察辅助人员绩效考核暂行办法》和《司法行政人员绩效考核暂行办法》，加大办案质效考核力度。建立员额制法官及审判辅助人员办案质效个人档案、员额制检察官及检察辅助人员司法业绩档案，为完善动态员额制、错案责任终身追究制打下基础。

2. 建立司法责任制

按照中华人民共和国最高人民法院、最高人民检察院相关文件精神，结合赤水市实际，市人民法院遵循司法规律，以审判权为核心，改革审判权运行机制，制定《赤水市人民法院审判团队职权配置规定》《赤水市人民法院法官联席会议工作规定》《赤水市人民法官错案问责办法》等规章制度。市检察院明确检察长、分管副检察长、检察委员会、独任检察员、检察官办案组的职权范围、责任界限，以及立案、批捕、起诉、抗诉、撤案等办案权限和程序。按照完善后的权限配置，按要求在统一业务应用系统中对检察官、检察官助理的权限进行重新配置。

建立完成各类人员司法业绩档案，完善相关管理制度。市检察院对照《赤水市人民检察院关于完善司法责任制明确检察官权限的暂行规定》，对办案人员权限进行明确，严格按照新的权力清单和办案模式开展各项业务工作。严格开展案件质量评查和案件流程监控，2017—2018 年 6 月，共评查案件 457 件，开展流程监控 1100 次，监控案件 698 件，及时对不规范司法问题进行整改。全面落实入额院领导办案要求，入额院领导和审判委员会专职委员均配置在业务部门参与办案。截止到目前，共办理案件 201 件，发挥了示范带头作用。

3. 建立公共法律服务体系

市委、市政府出台《赤水市公共法律服务体系建设实施意见》，将公共法律服务体系建设写入政府工作报告。市司法部门出台《赤水市公共法律服务体系建设指导标准》《赤水市关于建立法律顾问工作制度的通知》，将公共法律服务体系建设纳入小康监测指标。

依托律师事务所、法律服务所和法律援助机构等法律服务平台，建立市、乡、村三级公共法律服务组织网络。在市级层面，成立市法律服务中心，与市法律援助中心、市调解中心合署办公，形成资源共享、机制互动、集中受理、一揽子解决问题的综合性公共法律服务实体平台；在乡镇层面，依托司法所和法律服务所，建立乡镇法律服务工作站，由司法所人员、律师和基层法律服务工作者轮流值班，接待群众咨询、办理相关法律事务；在 17 个乡镇、90 个行政村和 26 个社区中，依托村人民调解委员会和法律援助工作站点设立法律服务工作室。全市已形成以市公共法律服务中心为龙头，17 个乡镇法律服务工作站和 126 个村（居、社区）法律服务工作室首尾相连、互为补充的实体服务网络，配备联络员，与工会、妇联、残联、老龄委、共青团、人武部、看守所、市法院、市侨联共同成立法律援助工作站，有效推动法律援助服务向基层延伸，形成城乡均等法律援助体系，为全市困难群体和特殊群体提供法律援助便捷通道，开展“零距离”法律服务。

构建公共法律服务立体平台。建立覆盖党政机关、企事业单位、村级组织纵横交错的法律顾问服务平台。聘请律师和基层法律服务工作者组建法律顾问团队，协助政府机关依法行政、帮助企事业单位依法规范社会和市场秩序、促进基层组织依法办事。

构建市、乡镇、村及专业性行业人民调解平台。建立三级人民调解网络、专业性行业人民调解委员会、人民调解工作室，注重抓好人民调解、司法调解、行政调解衔接联动，及时有效地预防和化解社会矛盾纠纷。

构建法律援助服务平台。降低法律援助对象审核门槛，建立健全点面结合、覆盖全市的法律援助网络，为维护弱势群体合法权益提供法律援助。

构建村、社区法律服务平台。依托人民调解委员会、法律援助工作站点建立法律服务工作室，安排律师和基层法律服务工作者定期为村、社区群众提供法律服务。

出台《赤水市法律顾问工作制度》，市政府聘请 8 名专职律师组建政府法律顾问团，为各级政府提供法律服务。建立“一村一顾问”工作制度，规范法律顾问工作。全市法律顾问工作逐步走上正规化、制度化和常态化。

建立法律服务定期坐班制度。法律服务工作站的服务律师和基层法律服务工作者，每半月到村开展 1 次法治宣传、法律咨询、纠纷调处和法律援助等法律服务。

政府购买法律服务，建立完善法律服务保障机制。对法律服务人员担任法律顾问，参与法治宣传、化解矛盾纠纷、接待信访、办理法律援助案件、参与村法律服务站点值班等活动，实行政府购买，列出购买目录，市级财政按人预算经费，年初一次性拨付到市司法局账户，用于市级公共法律服务体系建设。各乡镇人民政府通过向律师事务所、基层法律服务所一次性购买法律服务的方式，为辖区群众提供公共法律服务。

建立健全法律服务考评机制。制定《公共法律服务体系建设考核方案》，实行每月一督查、每季一监测、年终结总账的考评办法，通过查看台账资料、实地检查、走访村居、回访当事人等方式，检查各乡镇公共法律服务体系建设情况。月督查由市司法局公共法律服务体系建设指导小组办公室负责，对各乡镇法律服务工作站进行督导，每月编印一期《公共法律服务工作动态》，对全市公共法律服务体系建设情况进行通报。季度监测由市司法局公共法律服务体系建设指导小组办公室会同市小康办组织实施，按照全面小康统计监测指标体系标准要求，对各乡镇法律服务工作站开展工作情况进行监测。年终考评由市司法局牵头，市小康办、司法局相关科室、各乡镇政法委、司法所等部门参与，实地检查各乡镇开展公共法律服务体系建设的总体情况。

4. 提高司法公信力

党的十八大提出全面依法治国和提升司法公信力的要求，习近平总书记强调司法机关要顺应人民群众对公共安全、司法公正、权益保障的新期待，全力推进平安中国、法治中国、过硬队伍建设，努力让人民群众在每一个司法案件中都能感受到公平正义。赤水市建立审务、检务、警务公开制，体现司法为民和司法“公平、公开、公正”原则，市法院、检察院、公安局建立了院长、检察长和局长轮流接待日制度，设置征求意见箱和举报箱。市人大常委会对公、检、法工作进行公开评议并聘请监督员，对审判、检务、警务进行全方位监督，司法局探索建立公共法律体系，维护司法公正，提高司法公信力。

强化检务公开，接受社会监督。2017—2018 年 6 月，公开法律文书 398 份，公开程序性信息 657 件，3 次邀请人大代表、政协委员参加检察开放日活动，通过微信、微博、门户网站发布重大案件信息，建成“12309”检察服务中心，实现为人民群众提供法律服务“零距离”。

建立法律服务人才资源培养机制。每年有针对性地组织律师和基层法律服务工作者参加职业道德、业务技能和公共法律服务建设业务培训，提高法律服务人员综合素质。招聘具有一定法律知识的退休人员、大学生村干部为基层法律服务工作者。引导通过司法考试人员应聘律师和公证员，壮大公共法律服务队伍力量。

市法院力推“互联网+阳光司法”模式，强化庭审公开，群众可在“中国庭审公开网”实时收看和点播回放庭审全过程。为加快推进“智慧法院”建设，2017年11月30日，对一起商品房预售合同纠纷案件首次通过“中国庭审公开网”进行庭审直播，群众和当事人在线实时收看和点播回放庭审全过程。案件由立案速裁团队员额法官审理，经庭审调查后休庭进行调解，最后双方当事人达成调解协议。庭审直播从不同视角将原告、被告、审判员、书记员等的一言一行和庭审细节实时呈现和全程记录，体现阳光司法，提高司法公信力。

中国庭审公开网是最高人民法院继中国审判流程公开网、中国裁判文书公开网、中国执行信息公开网之后建立的司法公开第四大平台。市法院加快推进“智慧法院”建设，强化科技法庭软硬件建设，加大庭审直播培训力度，以实现庭审直播“可视化、规范化、透明化、便民化”为目标，全面推开庭审直播工作，除依法不公开审理的案件外，庭审一律直播，让审判权在阳光下运行，让人民群众了解、参与和监督司法活动，规范庭审行为和倒逼法官公正司法，推进构建开放、动态、透明、便民的阳光司法机制，让人民群众感受到公平正义就在身边。

突出服务重点，提升法律服务公信力和社会影响力。注重农民工讨薪维权工作，对农民工讨薪、工伤案件免予审查经济条件，做到应援尽援，依法为农民工提供及时优质援助服务。及时化解群体性矛盾纠纷，依法维护群众合法权益。对天台镇兴红村石头榜村民组原组长不当得利纠纷提供法律援助。6年来村民多次到市、镇信访，有关部门多次调解未果。2016年6月，市法律援助中心指派律师给予法律援助，经过一审、二审，群众权益得到法律维护。2017年5月8日，村民代表向市法律援助中心赠送一面锦旗，上书“热心为民，公平正义”八个大字。

四、创新法治扶贫模式

法治环境是首要发展环境。必须坚持走中国特色社会主义法治道路，运用法治思维和法治方式解决发展中遇到的新问题，坚持严格执法、公正司法，把经济社会发展纳入法治轨道，营造良好的发展环境，做到全民守法，才能实现精准扶贫、精准脱贫，建成全面小康社会的战略目标。

赤水市在扶贫开发、脱贫攻坚过程中，由于各级各部门对扶贫投入越来越大，扶贫政策越来越优惠，极少数群众眼红扶贫政策，想方设法法争当贫困户，有的“哭穷”、“晒穷”要票子，有的“分户”、“分房”要房子，有的缠访、闹访要政策，有的甚至采取过激行为要挟政府，不给好处不罢休，不但影响实现“一达标、两不愁、三保障”脱贫目标，而且使社会公平正义、传统美德受到冲击。市委、市政府、市委政法委、市委脱贫攻坚办、市扶贫办和公、检、法、司等各有关部门正视脱贫攻坚中出现的新情况，从法治教育入手，增强全民法治观念，创新法治扶贫模式，坚守法治底线，治理“靠着墙根晒太阳、等着别人送小康”、“要懒懒到底、政府来兜底”等歪风邪气，遏制不良风气，营造公平公正、风清气正的脱贫攻坚法治环境。

1.“地毯式”排查

遍访精准排查。市总指挥部、17 个乡镇指挥部、90 个村前沿指挥所组织市、乡镇、村各级扶贫干部深入每一个村民小组，对 5.6 万户、13.9 万人进行“地毯式”排查，逐家逐户摸排是否扶贫对象。

比对精准识别。对照《老年人权益保障法》《治安管理处罚法》《贵州省大扶贫条例》精神，全面收集村民房屋、就业、收入等信息，利用民生监督等大数据平台进行精准比对，对是真贫困还是争要扶贫政策以及是否一户多宅、干部家属、隐瞒收入等进行识别取证，结合实际，科学研判，实事求是，制定公平公正、科学合理、针对性强、可操作性强的危房“十不整治”详细规定，是否属于整治危房有章可循，农户自己都可“对号入座”。

评议精准确认。对排查出疑似骗取国家扶贫政策、钻政策空子等典型问题，由市司法部门牵头，组织 17 支律师队伍和 122 个法律服务站人员参加各乡镇、村组召开的群众会，由村民展开民主评议，广泛听取群众意见，精准确认是否应该享受相关扶贫政策。

2.“促膝式”调解

用活人民调解。针对部分群众用信访方式来表达诉求和意见的习惯，把“人民调解 + 司法确认”结合起来，一方面充分发挥人民调解组织人熟地熟、知根知底的优势，有效调解矛盾纠纷；另一方面注重提升法律的权威性和影响力，对调解达成的事项，及时进行司法确认，防止重访、缠访。

用好司法调解。建立由 30 名律师和法律工作者组成的专业团队，作为第三方参与扶贫乱象治理，登门说服教育群众，化解因家庭利益而想要扶贫优惠政策等原因引发的矛盾纠纷，参与成功调解家庭矛盾纠纷 12 件，43 户以种种理由伸手要扶贫优惠政策的群众，经调解懂得了政策，认清了事理，自愿放弃不合理要求，收到良好社会效果。

用强法治手段。对扶贫中发生的种种违法现象不姑息、不迁就、不手软，加大《治安管理处罚法》宣传教育力度，重点对农村缠访、闹访群众、恶意“碰瓷”和骗取扶贫优惠政策等扰乱社会秩序行为，由公安机关采取依法训诫、拘留等方式，进行教育引导或依法打击。2016 年以来，公安机关训诫 428 人，办理治安案件 58 件，治安拘留 59 人，治安罚款 4 人，刑事案件 5 起，刑事拘留 8 人。发挥法治威慑作用，净化了社会风气。

3.“公益式”服务

着力解决思想障碍。针对部分群众思想包袱重、不懂法、不会用法来维护合法权益的实际，成立赤水市法律援助中心、29 个法律援助工作站和 122 个法律援助联络点，共有执业律师 16 名、公职律师 6 名、公证员 1 名、基层法律服务工作者 28 名和律师志愿者 22 名。法律援助工作者深入群众，下到田间地头、村庄院坝、农户家中，开展法治宣传，无偿提供法律咨询和援助，引导当事人主动提出诉讼，破除群众怕丢面子不愿告、怕伤感情不敢告、怕增负担不想告的心理障碍。2016 年以来，市法律援助中心和法律工作站法律咨询 3000 多次，提供法律援助 719 起。

坚持有案必立、有诉必理。组建以法院干部为主的村级诉讼服务联络员队伍，开展上门立案、电话预约立案、赶集日巡回立案、网上立案、跨域立案等便民立案服务。在院机关诉讼服务中心建立法律援助岗、志愿者服务岗。人民法庭在辖区内设立 11 个乡级巡回审判点，村级诉讼服务联络员达 108 人，做到乡村两级诉讼服务全覆盖，使群众诉求第一时间得到回应，实现“零障碍”立案。对涉及先予执行、司法确认的案件，在 1 天内完成立案、审理等工作并转执行程序。加大对贫弱群体的诉讼费减、免、缓力度，2014 年以来，减、免、缓交诉讼费 127.76

万元，让老百姓打得起官司。

突出打击民生领域刑事犯罪。市检察院强化对涉及民生领域的盗窃、诈骗、抢劫等刑事犯罪打击力度，注重与公安、法院协调配合，对民生领域发生的刑事犯罪，实行快捕快诉，从严打击。针对民生领域可能判处3年以下有期徒刑的案件，充分运用轻微刑事案件快速办理程序，确保案件在10个工作日内审结，累计批捕涉及民生领域盗窃案78件127人，起诉72件91人；批捕诈骗案11件23人，起诉11件15人；批捕抢劫案5件5人，起诉2件2人。

强化涉民生案件的审理执行。以“决不能因为审判执行不当让一个困难群众错失脱贫良机，更不能因为审判执行不当让一个群众致贫返贫”为法官工作出发点和立足点，依法妥善审理教育、就业、医疗、社会保障等涉民生领域案件，依法快审、快调、快判、快执，维护贫困群众的切身利益。2014年以来，市法院共审理农民工薪酬案件3653件，已审结3625件；共受理1348件，已执结1232件，执行到位标的金额2326.1万元。2017年农历腊月二十九，市法院召开农民工工资执行兑付大会，现场集中向元厚镇奕景家园项目、回碎公路建设工程、陛诏至红樟公路建设工程、赤水明珠医院等拖欠劳务报酬案件的269位执行申请人兑付农民工工资241.83万元，取得良好社会效果。

着力解决主体障碍。针对部分群众家庭弄虚作假，骗取扶贫政策导致诉讼主体难定的问题，明确由村居“两委”、社会组织、驻村干部、党员群众、司法志愿者和民生监督员等作为监督主体，向人民法院和有关部门检举揭发，有效解决了“谁起诉”的问题。

根据扶贫工作实际，结合司法行政工作职能和贫困群众对法律援助的需求，制定《赤水市司法局法律援助精准扶贫工作方案》，改进工作措施和服务形式，使贫困群众法律援助申请便捷化、审查简便化、服务“零距离”。

简化办事程序，开通特殊群体维权快捷通道。扩大援助范围，降低援助门槛，把涉及民生的事项纳入法律援助，建立精准扶贫法律援助“绿色通道”，对扶贫对象涉及符合法律援助条件的当事人，只需提供所属扶贫户证明，不再提供经济状况证明，简化受理审查程序，为贫困户及老弱病残等弱势群体提供及时、公正、有效的法律服务。对扶贫户以及易地扶贫搬迁户中农民工、老年人、残疾人、军人军属、妇女、未成年人等重点服务对象，实行简化手续、优先接待、优先办理、优先回访服务，让困难群众就近快捷获得法律援助。

窗口前移，为贫困群众和弱势群体法律援助对象提供电话预约及上门服务。凡属扶贫户或老弱病残等特殊群体的法律援助，由所在法律援助工作站初审后直接以电话、工作QQ进行对接，援助中心当日受理、当日审查、当日指派承办人员跟进服务，及时提供法律援助服务。

全市司法部门竭诚提供法律援助服务，结对帮扶贫困户118户，进村入户3658次，开展扶贫政策及法律援助宣传2916次，咨询解答1367次，帮扶引导110次，法律援助事务对接45次。

4.“院坝式”普法

结合“法律八进”等宣传活动，组织全市各级党员干部以及公、检、法、司工作人员进村入户，宣讲法律法规，分析违法后果，在全市563个村民小组召开院坝会2782场次，广大农村群众受到教育，有关法律法规得到广泛普及。

“零距离”审理。在全市设立11个人民法庭巡回审判点，对有家暴的婚姻类案件、相邻关系案件以及其他影响农村和谐稳定、关系农业健康发展、涉及农民切身利益的案件，一律巡回审判，将法庭延伸到社区、村寨、农家院坝审理，将法律条文变成直观的现场情景，群众身临其境了解法庭审理全过程，感受法律威严，接受活生生的法治教育。天台镇新店村一户村民兄弟二人不赡养老母亲，法官决定在被告家门口开庭公开审理，邀请市、乡两级人大代表和政协委员、村组干部、人民调解员、司法所工作人员以及当地群众代表30多人旁听庭审，兄弟二人羞愧难当，双方达成调解协议，消除家庭矛盾，回归久违的亲情。旁听干部群众十分感慨，深受教育。2014年以来，深入纠纷地、案发地巡回审判案件1211件，收到“审理一案、普法一片、教育一方”的法治教育效果。

干警以院坝会方式宣传《婚姻法》《老年人权益保障法》等相关法律法规，与当事双方拉家常、说道理，调解矛盾纠纷，消除彼此怨气，促成双方握手言和。随后进行回访，巩固调解成效，使老年人等弱势群体居有定所、衣食无忧、家庭和谐、邻里和睦。

突出查办民生领域职务犯罪。市检察院与市扶贫办针对扶贫领域建立预防职务犯罪联席会议制度，建立重点工程项目专项预防和扶贫项目资金报备、公开、检查、线索移送等工作协作机制。对扶贫资金管理使用情况进行摸排，梳理建立台账，及时掌握每批次扶贫资金使用情况、扶贫项目审批实施、扶贫对象等情况，做好扶贫项目事前、事中、事后全程监督。

市检察院深入开展“惩治和预防脱贫攻坚领域职务犯罪”和“民生资金保护”专项行动，把维护民生民利、服务脱贫攻坚作为专项工作的出发点，把全市查办和预防职务犯罪工作重心转向扶贫和民生专项资金领域，聚焦精准扶贫，延伸监督触角，深入基层，贴近群众，拓展监督方式和平台，打通检察工作服务民生“最后一公里”，集中排查和查办一批涉农惠民政策和资金领域的典型职务犯罪案件。2014年以来，共立案侦查民生领域职务犯罪13件21人，涉及教育、医疗、卫生、水利等领域。2016年办理的交通系统挪用公款和玩忽职守案件，涉及公路建设和农村基础建设资金经手、监管人员和部门领导，涉案金额600多万元，引起强烈反响，震慑了职务违法犯罪。

市法院依法严厉打击脱贫攻坚领域有关犯罪活动，对涉及脱贫攻坚领域的贪污、受贿、挪用扶贫资金等严重损害贫困群众利益的职务犯罪，迅速审结相关案件，依法严厉打击，为脱贫攻坚提供司法保障。3年多来，共审理脱贫攻坚领域涉嫌职务犯罪案5件11人，被告人有脱贫攻坚工作职能部门的科级干部、普通公务员，也有村支书、村主任、国企工作人员等，被依法追究刑事责任，有效发挥刑事审判工作惩戒、警示和震慑作用。

通过报纸、电视、网站、微信、公益广告宣传等平台，宣传道德模范、贫困户自力更生脱贫、帮扶干部真帮实扶事迹。在赤水电视台开辟《榜样》栏目，宣传没有血缘关系却义无反顾地照顾孤寡老人11年，自己生活并不宽裕，依旧默默奉献、不求回报的市农牧局干部李东华的感人事迹。用身边人身边事教育村民，用正面典型激扬正气。

五、推动经济发展上台阶

“十二五”期间，赤水市突出“加速发展、加快转型、推动跨越”主基调，以科学发展为主题，以率先建成全面小康社会为目标，以提速转型、赶超跨越为抓手，推动全市经济社会持续、快速、健康发展，圆满实现经济社会发展规划主要目标。

2015 年，全市地区生产总值完成 84.11 亿元，是 2010 年的 2.5 倍，年均增长 17.0%；人均 GDP 达 34828 元，是 2010 年的 2.5 倍，年均增长 17.4%；全社会固定资产投资达 182.95 亿元，是 2010 年的 5.5 倍，年均增长 40.8%；规模工业增加值完成 30.56 亿元，是 2010 年的 2.5 倍，年均增长 19.7%；财政总收入突破 10 亿元，是 2010 年的 3.1 倍，年均增长 25.7%；一般公共预算收入完成 5.6 亿元，是 2010 年的 4.3 倍，年均增长 33.5%；社会消费品零售总额完成 22.4 亿元，是 2010 年的 2.1 倍，年均增长 15.3%。现代山地特色高效农业加快发展，竹、金钗石斛、乌骨鸡等特色种养业实现集约化、规模化发展。旅游景区品质、接待服务能力、品牌影响力显著提升，年游客接待量突破 700 万人次，旅游综合收入突破 75 亿元，成功承办贵州省项目观摩会和遵义市首届旅游产业发展大会。全面小康实现程度达 96% 以上，提前一年率先通过贵州省全面小康创建达标验收目标。全市"十二五"经济社会发展取得的成就，为"十三五"新时期、新发展、新跨越奠定了坚实的基础。

我国进入"十三五"以来，经济发展呈现速度变化、结构优化、动力转换新常态，经济长期向好的基本面没有改变，发展前景广阔。赤水市被国家列入乌蒙山集中连片特殊困难地区，仍然是国家政策倾斜的重点扶持区域，内外环境都有利于经济社会加快发展。中国以负责任大国的担当精神，实施习近平主席发出"一带一路"的倡议，在国内深入实施西部大开发、乌蒙山片区扶贫攻坚等区域发展战略。贵州省实施"加速发展、加快转型、赶超跨越"主基调和大扶贫、大数据两大战略，着力建设国家生态文明试验区、贵州内陆开放型经济试验区。国家、贵州从宏观上实施发展战略，营造了良好的发展大环境，给赤水市提供了脱贫攻坚、后发赶超千载难逢的战略机遇。

赤水农村致贫因素多，贫困程度深，但农业、畜牧、林业、水利、旅游等资源富集，开发潜力大，市场前景好，扶贫开发、脱贫攻坚既是严峻挑战，又是摆脱贫困、推动发展的重要途径。市委、市政府着眼于经济社会发展大局，坚持高起点谋划、高标准定位、高质量实施资源开发、特色产业发展和生态建设、环境保护、公共服务、民生保障工程，以下好"一子"带活"全盘"，把脱贫攻坚作为推动经济社会建设发展的抓手，众志成城建设经济繁荣、生态文明、环境优美、收入稳定、民生有保障、社会文明和谐、人民生活幸福的大美赤水。

产业扶贫与农业供给侧结构性改革相结合。产业是发展的根基，是脱贫的依托。赤水农业以传统农业为主，生产经营方式比较粗放，优质农产品较少，规模不大，产业链不长，竞争力较弱。各乡村在脱贫攻坚、加快发展的过程中，走山地特色高效农业之路，按比较效益原则调整农业种养结构，突出农业科技攻关，推动农业发展方式向质量效益型集约增长转变、发展要素向创新要素主导转变、产业分工向价值链中高端转变、产品结构向多样、优质、高效转变，既能有效促进贫困群众增收致富，又能扩大有效消费需求，形成新的经济增长点，为产业结构调整升级赢得时间、空间和市场。着力找准产业薄弱环节，实施重点突破，选准有市场需求、发展前景广阔、带动贫困户多、覆盖面广的产业，集中人力、物力、财力重点扶持，促进迅速裂变、做大做强。

精准培育和引进农业产业化龙头企业，实施重点扶持，吸引更多农业龙头企业向贫困地区聚集，加快提高优质农产品生产、加工能力。截至到目前，全市培育出贵州省级农业产业化经营龙头企业 8 家、遵义市级 28 家。2017 年规模以上农产品加工企业总产值完成 61.5 亿元，农产品加工转化率在全省县域经济考核第一方阵排名第一。以“企业 + 农户”、“专业合作社 + 农户”、“企业 + 专业合作社 + 农户”等模式，带动农民 5 万多人，其中贫困人口 2.7 万人。

以产业为平台，紧盯特色优势产业，发展壮大产业规模。选择具有市场优势的竹、金钗石斛、乌骨鸡、生态水产和旅游等特色产业，通过经营主体统一发展生产和统一经营，对产生的红利，群众和村集体通过入股、务工、分红等方式，打通企业、村集体、合作社、农民等利益群体之间的连接通道，建立健全各方利益联结机制，让群众从发展的旁观者变成参与者和红利获得者。

以市场为导向，紧盯经营主体，培育壮大龙头企业。对本村、本乡镇或本市范围内有实力、有能力、有意愿参与经济实体的农户，通过公开择优的方式确定经营主体，给予政策、资金支持，在发展产业的同时培育壮大龙头企业。

以金融为支撑，紧盯资金整合，保障发展后劲。把财政投入到农村的生产发展类资金、农业生态修复和治理资金、农村基础设施建设资金、支持村集体经济发展专项资金等进行有效整合，投入到经营主体，村集体和农户按股分红，通过资金变股金激活放大资金使用效益。

市委、市政府、市委政法委、市公、检、法、司部门，正视脱贫攻坚中出现的新情况，遇到的新问题，从法治教育入手，增强农民群众法治观念，创新法治扶贫模式，营造公平正义的脱贫攻坚法治环境。市公安局脱贫攻坚挂帮民警在复兴镇朝凉江村与贫困户交流。（王长育　摄）

推广“龙头企业 + 合作社 + 农户”模式，让贫困群众分享农业全产业链和价值链增值收益。推动一、二、三产业融合发展，立足赤水区位优势、人文环境和自然优势，精准实施一批农产品深加工和休闲观光农业、乡村旅游、民宿旅游等项目，发展农村电子商务，实现农业上接二产业、下连三产业。

把实施全社会扶贫战略行动、打赢脱贫攻坚战纳入“十三五”经济社会发展总体规划，明确指导思想、目标任务和保障措施。围绕脱贫攻坚总体部署和目标任务，市委、市人大、市政府、市政协及市直各部门、各单位纷纷制定切实可行的定点帮扶工作计划和帮扶措施，将结对帮扶工作落到实处，以开展“项目攻坚年”为契机，围绕国家、省、市扶贫政策投向，精心谋划中央预算内投资、产业扶贫子基金等项目，2017 年投入扶贫项目资金 4.37 亿元，同比增长 201.4%，创历史新高。

实施完成易地扶贫搬迁工程3个、以工代赈项目4个。以工代赈资金580万元，项目涉及道路改造、桥梁建设等多种基础设施。编制扶贫产业子基金项目112个，总投资157.7亿元。对全市脱贫攻坚工程、教育提升工程、社会保障兜底工程、农村危房改造工程、整治环境等重大民生工程开展自查整改，有效改善了贫困地区群众的生产条件，提高了群众的生活水平。

2017年，全市国内生产总值110.53亿元，比上年增长14.4%。其中第一产业增加值18.27亿元，比上年增长7.0%；第二产业增加值48.38亿元，比上年增长13.9%；第三产业增加值43.88亿元，比上年增长18.1%；三次产业结构比为16.5 ：43.8 ：39.7。全市人均生产总值45214元，城乡居民人均可支配收入分别为28606元、11134元，分别增长9.6%、9.0%。全年500万元以上固定资产投资总额150.46亿元，比上年增长23.2%。

促进区域经济大开发。脱贫攻坚、基础设施、教育医疗是赤水经济社会发展的三块短板。中央和贵州省部署实施补短板、强优势工程，赤水市赢来了补齐短板、后发赶超的历史机遇。

“十三五”开局以来，赤水市在中央、贵州省、遵义市的大力支持下，推动基础设施建设向全市农村边远地区延伸，形成从未见过的基础设施建设全覆盖、无死角格局。围绕解决区域性整体贫困问题，形成史无前例的脱贫攻坚全域贫困乡镇、民族村寨、革命老区、贫困村、贫困户、贫困人口全覆盖、无死角格局。强力推进全域经济大开发、经济社会大发展。

决战赤水
JUEZHAN CHISHUI
中国首批脱贫出列县

踏石留印　抓铁有痕

党的十八大以来，以习近平同志为核心的党中央把脱贫攻坚摆在治国理政突出位置，作出精准扶贫、精准脱贫战略部署。赤水市委、市政府遵照习近平总书记2015年6月18日在贵州召开部分省区市党委主要负责同志座谈会上，就加大力度推进扶贫开发工作提出“切实落实领导责任、切实做到精准扶贫、切实强化社会合力、切实加强基层组织”“四个切实”的具体要求和他在贵州考察期间作出“扶贫对象精准、措施到户精准、项目安排精准、资金使用精准、因村派人（第一书记）精准、脱贫成效精准”“六个精准”的指示精神，认真贯彻落实国家主席习近平2015年10月16日在世界有关国家元首、政府首脑、国际组织负责人、部分国家政府部长级代表、部分国家驻华使节出席的《减贫与发展高层论坛》上，首次提出“发展生产脱贫一批、易地扶贫搬迁脱贫一批、生态补偿脱贫一批、发展教育脱贫一批、社会保障兜底一批”“五个一批”的脱贫攻坚举措，扛起打好打赢脱贫攻坚政治责任，认真践行省委提出的政策设计、工作部署、干部培训、督促检查、追责问责“五步工作法”，自觉履行脱贫主体责任，以脱贫攻坚统揽全市经济社会发展全局，从赤水农村贫困现状出发，探索创新脱贫攻坚“九不”增“九感”“赤水经验”，找到“生态产业化、产业生态化”绿色脱贫发展路子，在中国脱贫攻坚主战场贵州省率先打赢脱贫攻坚战，得到国务院有关领导和贵州省委、省政府的肯定。

赤水市由于受地理、自然、经济、历史、人文等多种因素叠加的制约，在基础设施、产业发展、教育卫生、人口素质、公共服务等方面，仍然面临亟待解决的一些短板。为打赢脱贫攻坚战，到2020年消除绝对贫困现象，全面建成小康社会，市委、市政府在脱贫攻坚实践中，结合2017年9月国务院扶贫办在江西省井冈山市召开贫困县退出试评估检查工作会议提出“摘帽不摘责任、摘帽不摘政策、摘帽不摘帮扶、摘帽不摘监管”“四个不摘”和“工作力度只增不减、资金投入只增不减、政策支持只增不减、帮扶力度只增不减”“四个只增不减”的要求，率领全市各级干部和广大党员群众建立健全精准扶贫、脱贫攻坚、精准脱贫、巩固扩大脱贫成果长效机制，以“踏石留印，抓铁有痕”的精神状态和工作作风抓脱贫攻坚。进入新时代以来，全市脱贫攻坚实现向精准化、科学化、制度化、常态化的根本转变。

第一节　识贫不漏一人

能不能打赢脱贫攻坚战，关键在能不能精准扶贫；能不能精准扶贫，关键在能不能精准识贫；能不能精准识贫，关键在干部作风实不实。干部只有深入脱贫攻坚第一线，对贫困乡村、贫困农户、贫困“边缘户”、非贫困户做到遍访，到实地、看实况、问实情、听实话，对照国家规定的贫困标准，摸清贫困底数，杜绝把不是贫困的人口列入贫困来扶贫，让不该享受扶贫政策的人口享受扶贫政策，人为失去社会公平；杜绝漏掉贫困户，让应当享受扶贫政策的贫困人口失去政策扶持，人为造成社会不公，直接损害党委、政府形象。只有精准识贫，做到识贫不漏一人，从源头上解决“扶持谁”的问题，扶贫工作才能有的放矢，打破较长时期以来陷入“扶贫—脱贫—返贫—再扶贫”的恶性循环，打破“年年扶贫年年贫”的怪圈，实现扶真贫、真扶贫，公平公正，让脱贫摘帽代替“哭穷戴帽”，增强群众认同感。

一、精准识别

习近平总书记强调扶贫开发“贵在精准、重在精准、成败之举在于精准”。精准识别位于“六个精准”之首，是脱贫攻坚的“第一颗纽扣”，事关社会公平正义，事关政府公信力，事关脱贫攻坚成败。

市委、市政府率领市委脱贫攻坚办、市扶贫办、水库和生态移民工作局、发改、民政、林业、农牧、水务、旅游、卫计、住建等市直有关部门、各乡镇党委、政府及农村基层组织，按照精准扶贫首先要精准识贫的要求，严把贫困对象申请、群众评议、乡镇审查、市级复核、公示公告等关键环节，通过开展遍访、回访活动，对建档立卡管理贫困对象进行反复核查比对，对非贫困户进行动态识别。全市组织 3197 名各级扶贫干部，深入村组一线开展遍访农户活动，累计走访贫困户 14.9 万户次、非贫困户 34.5 万户次，实现贫困村和非贫困村、贫困户和非贫困户全覆盖，以过细、严谨的工作作风和实事求是的精神，在 2014 年识别出贫困户 10332 户 2.8 万人的基础上，实行市、乡、村、组四级动态核查，共核查出不符合建档立卡对象 3784 户 7580 人，对 3461 户 8324 人符合建档立卡的对象，本着实事求是和公平公正的原则，及时纳入建档立卡管理，达到市委、市政府提出“该进的一户不漏，不该进的一户不进”的高标准、严要求。

严格按照精准识别和查漏补缺的要求，结合国务院扶贫开发领导小组办公室扶贫系统开放时间，每年下半年开展一次动态管理查漏补缺工作。深入开展大走访和回头看，通过“一访、二看、三算、四评”（访对象不遗漏，看有无房粮、劳动力强不强和有无读书郎，算收入账、支出账、脱贫账，小组推荐、村级评议、乡镇审核、县级备案）分类进行核查，实现全市贫困村和非贫困村、贫困户和非贫困户核查全覆盖。对建档立卡对象，主要核查“四有人员”（有轿车、有商品房、家庭有公职人员、有工商登记）情况，综合考虑排他性因素，对“四有人员”、举家常年在外收入较高、家庭子女收入较高等不符合建档立卡的对象，严格清退；对非建档立卡对象，主要核查因灾、因病等导致贫困的农户，纳入建档立卡系统管理。对不符合贫困户条件，但家庭相对困难、抵御风险能力较弱、容易掉入贫困的对象，纳入贫困“边缘户”管理，落实帮扶措施，增加稳定收入，实行动态管理。

官渡镇龙宝村山坝组村民王金才，全家 4 口，2017 年实施贫困户动态管理时，他本人提出申请，村民小组评议通过后，扶贫干部入户核实，了解到该户 2015 年在官渡镇上购有一套商品房，房款未还清。2017 年年初，户主患肺癌，每月治疗费需 7000 多元，当时家庭经济非常困难，鉴于情况特殊，经村民代表大会评议通过，逐级审核备案，严格按“两公示一公告”程序办，将该户纳入建档立卡信息系统管理，没有因为该户有商品房就“一刀切”，确保动态识别，该进的一户不漏。

利用“数据云”平台展开识贫全扫描，实施精准、精细、科学管理。整合扶贫、民政、卫计、住建、医疗、教育、民生监督、车辆管理等相关部门的数据库，搭建数据共享平台，建立完善大数据扶贫研判机制，运用各个业务部门数据库资料，对贫困户实施科学严密的动态管理。定期开展大数据分析，对医疗费用支出高、出现重大伤残等对象，进行重点筛查核实，防止误判，杜绝错漏。每年开展一次动态识别和清查，将“四有人员”和不符合贫困条件的对象，公示无误后移出建档立卡管理系统；对符合贫困条件的遗漏对象，按严格程序纳入建档立卡管理。

常言道“家中有金银，隔壁有等称”。充分相信和依靠群众，由群众公开评议，对照“两公示、一比对、一公告”程序，召开群众会开展民主评议，由群众民主推荐，互相监督，做到公开、公平、公正。2014 年以来，全市共组织群众评议 4597 场次，截止到 2016 年年末，共确定纳入建档立卡系统管理贫困户 9100 户 28744 人。

各级各部门梳理本辖区、本部门的短板，找准“痛点”，全面摸清底数，建立问题台账，做到情况明、底数清，提高精准扶贫针对性、科学性、可操作性和有效性。坚持目标导向，围绕 2015 年市委、市政府出台《关于坚决打赢脱贫攻坚战的实施意见》，制定本部门、本单位具体实施方案，细化工作任务，明确工作步骤，制定具体帮扶措施，倒排时间节点，将实施方案报市扶贫开发领导小组办公室备案，逐级督促抓落实。

二、精准程序

市委、市政府在脱贫攻坚过程中，大胆探索，勇于实践，总结经验，制定符合赤水农村实际的“一承诺、一比对、两公示、一公告”精准识别程序，随即在全市普遍推行。

农户提出贫困户申请时，要对自家收入、住房、家庭成员就业等情况进行申报，对真实性做出公开承诺；政府对申请对象提出的申请进行比对，组织帮扶干部和驻村工作组入户核查，然后组织村级评议，评议结果在村公示；公示结果无异议，由村提交乡镇审核，审核结果在乡镇公示；公示结果无异议，由乡镇提交市级复审，市级复审无误，返回乡镇向群众公告，公告无异议，由政府集中录入国务院扶贫办扶贫对象基础信息管理系统。

丙安镇三佛村朝门口组袁家华一家 3 口，生活虽不算富有，但吃穿不愁。想不到天有不测风云，2017 年，他母亲突发急病，经医院检查为脑瘤，手术治疗费用花去 10 多万元，背上沉重的债务包袱。在贫困人口动态管理过程中，袁家华申请纳入贫困户管理，经村组干部和驻村干部入户核实，经群众会议、村民代表大会评议，均认为符合贫困户条件，经公示无异议后，镇审核通过并报市扶贫开发领导小组复审，2017 年 11 月纳入建档立卡管理。

科学严密、公开透明的精准识别贫困程序，确保贫困户进退科学规范，群众全过程参与，阳光操作，公平公正，进退结果群众心悦诚服。

三、精准施策

精准施策，一户一策。对建档立卡管理对象，针对不同家庭的不同情况，逐户制定帮扶措施。对有劳动力、有资源的对象，重点帮扶发展产业；对有劳动力、无资源的对象，开发就业岗位，重点帮助就业脱贫；对无劳动力、有资源的对象，重点指导将资源依法、自愿、有偿流转，实现利益联结，获取合法收益；对无劳动力、无资源的对象，重点采取政策扶贫，提供社会兜底保障；对致贫原因发生变化、帮扶成效不明显的对象，针对新的致贫原因，重新制定帮扶计划，及时调整帮扶措施，确保稳定增收、稳定脱贫；对贫困“边缘户”管理对象，重点开发护林员、保洁员、水管员等公益性岗位，帮扶就业和发展产业，实现利益联结，增加稳定收入，防止掉入贫困。

“发展才是硬道理。”把发展作为脱贫的根本，针对赤水市情，打好易地扶贫搬迁、产业脱贫、绿色贵州建设、基础设施建设、教育医疗脱贫、社会保障兜底“六大攻坚战”，提高精准扶贫的针对性、可操作性、实效性。

赤水农村山区，地形切割深，地貌破碎，土地贫瘠，农民生产生活条件差。党委、政府对生存环境恶劣、“一方水土养不起一方人”的地方，实施生态移民扶贫，精准到户，具体到人，确保实现“小康路上一个都不能少”。“十三五”以来，全市计划实施 3633 户 14398 人易地扶贫搬迁，其中建档立卡贫困户 2598 户 10091 人。2016 年，市、乡镇党委、政府依托城区、集镇和新村等条件较好的地方，组织实施移民搬迁安置，先后在赤水城区、大同镇大同大道、复兴镇阳山顶、天台镇天苑新城、旺隆镇创业大道、葫市集镇、元厚集镇、官渡镇萃华社区、

精准扶贫，精准脱贫。引入贵州富林电子科技有限公司，解决 2000 多人就业，其中建档立卡贫困户 326 户 557 人，人均月收入 2700—3500 元。图为大同镇两汇水村村民成了富林电子公司车间工人。（刘子富　摄）

长期镇箭滩、长沙集镇、丙安镇春天堡、宝源乡城门洞、石堡乡石堡大道、白云乡海富花园、两河口镇大坝新村等地，陆续建成 22 个集中安置点，实现赤水城区安置 1950 户 7402 人，其余集镇安置 1474 户 6195 人，新村安置 209 户 801 人。党委、政府创造条件扶持迁入人口转移就业，5524 人实现就业，分别为市内务工 2163 人，市外务工 1978 人，公益性岗位 275 人，园区就业 961 人，自主创业 147 人。2017 年完成易地扶贫搬迁 1036 户 3811 人，党委、政府工作重点转入扶持搬迁户转移就业，稳定增收，稳定脱贫。

第二节　帮扶不漏一方

赤水市委、市政府充分认识到“十三五”是脱贫攻坚、决战决胜、后发赶超、转型跨越时期。始终坚持以脱贫统揽经济社会发展全局，认真履行脱贫主体责任，在工作实践中提高领导经济社会发展的能力和水平。广泛动员和团结带领社会各界形成全社会大扶贫强大合力，切实做到帮扶不漏一方，增强扶贫社会责任感和历史使命感，全面展开脱贫攻坚大决战，全力攻克“基础设施建设硬仗”、“易地搬迁扶贫硬仗”、“产业扶贫硬仗”和“教育医疗住房‘三保障’硬仗”，以精准措施脱贫攻坚，以务实作风推动跨越发展。

一、脱贫摆在重中之重位置

面对艰巨繁重的脱贫攻坚任务，市委、市政府要求全市各级党委、政府、各有关部门、企事业单位、人民团体、各级干部和社会各界人士，切实把工作重心转移到脱贫攻坚上来，将脱贫攻坚这件头等大事和第一民生工程摆在重中之重位置，牢固树立抓脱贫就是抓发展的理念，不能把脱贫攻坚与发展对立起来，各项工作都要与脱贫攻坚紧密结合，使脱贫攻坚有利于发展，发展成效体现在脱贫攻坚上。

市委、市政府用精准脱贫战略思想指导脱贫攻坚，咬定脱贫战略目标不放松。构建脱贫攻坚机制和工作制度，围绕脱贫目标找准路子，在精准施策上谋良策，在精准推进上下实功，在精准落地上见实效。强化创新意识，发扬创新精神，靠创新推进发展，为打赢脱贫攻坚战奠定基础。

市委、市政府号召全市各级党委、政府、各级干部和党员群众，立足赤水市情，以脱贫为出发点和落脚点，坚持从群众中来，到群众中去，把人民利益放在最高位置，将党的初心转化为增进民生福祉的不竭动力和不懈追求。全市各级干部、党员群众积极投身扶贫开发，着力解决制约精准脱贫的关键性问题，在扶贫实践中探索创新脱贫举措。尽管脱贫攻坚已经进入啃“硬骨头”、攻坚拔寨的冲刺阶段，所面对的都是贫中之贫、困中之困、难中之难，但赤水市各级干部在市委、市政府的带领下，弘扬“坚定信念、知难而进、团结创新、务求必胜”的“四渡赤水”精神，勇于担当，克难攻坚，冲锋在前，牢记习近平总书记“保障和改善民生是一项长期工作，没有终点，只有连续不断的新起点，要实现经济发展和民生改善良性循环”的教诲，践行我们党“在经济社会不断发展的基础上，朝着共同富裕方向稳步前进”的庄严承诺，彰显中国共产党“让老百姓过上好日子是我们一切工作的出发点和落脚点”的价值追求。

市委旗帜鲜明地向干部群众亮明态度，公开承诺不做扶贫表面文章，不建扶贫形象工程，将求真务实的科学精神贯穿到精准扶贫的全过程和各方面。身体力行，肩负第一责任，在实践中探索，发现新问题，研究新情况，试验新方法，解决新问题。明确提出避免层层加码，不提不切实际的口号，不定达不到的高指标，防止形式主义，不搞花里胡哨的东西，坚持不要带水分的脱贫，杜绝“假脱贫”、“被脱贫”和“数字脱贫”。

在脱贫攻坚大决战中，“班长”的承诺就是一面旗帜，“班长”的行动就是无声的命令，各级干部、党员群众不忘全心全意为人民服务的宗旨，不忘共产党员的初心和政治本色，坚持“人民对美好生活的向往，就是我们的奋斗目标”。始终对困难群众格外关注、格外关心、格外关爱，千方百计为人民群众排忧解难，将实事办实、好事做好。

二、实施脱贫“十项行动”

发展是脱贫攻坚的根本。以脱贫规划为统领，立足赤水农村实际，突出抓好基础设施、产业和就业、易地扶贫搬迁、教育、医疗健康、财政金融、社会保障兜底、社会力量包干、特困地区特困群体、党建扶贫的“十项行动”，提高扶贫开发、精准扶贫的针对性、实效性。

实施基础建设脱贫工程，优先改善贫困乡村基础设施，扎实推进贫困乡村“四在农家·美丽乡村”建设和实施“小康六项行动计划”、通组公路、农村危房改造、饮水安全、农村电网改造升级、村庄整治和教育、文化、卫生等基础设施建设工程，推进农村电商销售和服务平台建设，着力解决贫困乡村水、电、路、讯等基础设施建设滞后、产业基础薄弱、公共服务能力不足等制约发展的“瓶颈”问题，从根本上改善贫困乡村生产生活基本条件，使人民群众在共建共享发展中有更多获得感。

把易地扶贫搬迁作为脱贫攻坚的重点，以缺乏基本生存条件和自然保护区的贫困农户为主，实施易地扶贫搬迁和生态移民，结合特色小城镇建设、贵州省“5个100”(100个产业园区、100个现代高效农业示范园区、100个示范小城镇、100个城市综合体、100个旅游景区)工程建设和农村危房改造，精心挑选吸纳人口容量大、能力强、发展前景好的环境条件，统筹规划建设一批移民搬迁安置点，突出抓好“建房、搬迁、就业、保障、配套、退出”六个关键环节，培育后续产业，建立搬迁移民发展增收与生态保护长效机制。

天台镇兴红村檬梓树组村民陈益林一家4口，由于地处高山，交通不便，生存环境条件差，加之两个孩子上学，家庭经济困难，2015年纳入建档立卡贫困户管理。2016年，陈益林申请易地扶贫搬迁，获准后当年入住统筹规划建设的新房，帮扶干部主动协调，安排他妻子到赤水经济开发区富林电子厂务工，有了稳定收入，达到“一达标、两不愁、三保障”目标，实现顺利脱贫。

实施产业扶贫工程。立足山地农业资源优势，实施竹产业、草地生态畜牧业、蔬菜、水果、石斛等产业扶贫工程。抓好一批扶贫攻坚示范乡镇、扶贫特色优势产业、扶贫产业园区。重点打造大同镇华平村的乡村旅游、宝源乡回龙村的乌骨鸡生态养殖、元厚镇石梅村的竹产业与生态养殖、丙安镇三佛村的金钗石斛种植、长期镇凤仪村和两河口镇马鹿村的生态冷水鱼养殖、官渡镇玉皇村和五里村的精品水果种植等8个扶贫攻坚示范村。拨亮一盏灯，照亮一大片。全市每个贫困村随后都形成一个特色主导产业。

实施绿色赤水建设脱贫工程。用好国家生态补偿等专项资金，在贫困乡镇实施退耕还林、植树造林和封山育林生态建设工程，支持贫困乡村围绕生态建设发展竹产业、石斛产业、林果业和林下养殖业等绿色经济。

大规模开展农村劳动力就业技能培训、岗位技能提升培训、创业培训、新型农民培训、能人培养以及“两后生”（初、高中毕业未能继续升学的学生）技能培训，开展“1户1人”职业教育培训，鼓励支持返乡农民工就业创业，实施“雁归兴赤”行动计划。

20世纪80年代以来，随着改革开放的深入推进，赤水农村大批青壮年农民为了摆脱贫困，离开贫穷落后的故土，外出到江苏、浙江、广东等东部沿海地区打工，活跃在餐饮、建筑、种植、养殖、运输、加工等多种行业岗位上，一方面为中国东部城市繁荣和工业崛起做出了贡献；另一方面，人口长时间、大规模单向流动，西部欠发达地区农村留守儿童、留守妇女、空巢老人、劳动力缺乏和社会治安等问题日渐凸显。赤水市委、市政府着眼区域经济协调发展，推进赤水新型工业化、新型城镇化、旅游产业化、农业现代化建设，大力发展农村经济，加速改变农村贫困落后面貌，从根本上解决城乡快速、协调、健康发展问题，实现和谐发展、可持续的科学发展战略目标，制定实施《赤水市全民创业行动计划》，出台综合配套政策，通过网络和招商洽谈等形式，向赤水外出务工农民宣传和推介投资少、见效快、效益好、具有一定市场前景的创业发展项目，提供相关项目咨询、信息服务，指导选准选好创业发展项目。对回乡创业农民工申报的项目，优先予以立项审批，给予政策扶持：对从事生产经营需占用土地的，固定资产投资规模达200万元以上的农副产品加工企业，优先审批建设用地，征用过程中产生的各种规费，属市本级收取的采取即征即返方式予以减免；从事养殖业发展、兴办农家乐需占用农用地的，按农业用地相关政策审批，免收相关规费；通过租赁等流转方式取得集体土地承包经营权用于种养殖业生产的，经营年限可适当放宽，具体年限由双方约定；开发荒山、荒丘、荒滩、荒沟的经营年限可放宽到30年；在承包期限内，承包经营权可以继承，可依法采取转让、转包、出租、互换、入股等方式进行流转。

市委、市政府召唤“雁归兴赤”，竭诚为农民工回乡创业解决实际困难，提供政策优惠，鼓励返乡创业。全市外出农民工具有回乡创业意愿的逾400人，其中300人到市就业局参加SYB创业培训。计划投资100万元以上的20人，投资50万—100万元的45人，投资50万元以下的235人。回乡创业农民总投资达8000多万元，自有资金5690万元。创业项目主要集中在养殖业、种植业、观光休闲农业、餐饮、农家乐、旅游、宾馆、酒店等领域。投资地点主要分布在赤水城周边及复兴、大同、丙安、天台、长沙、长期、官渡等乡镇。经营养殖业57户，占19%；种植业、观光休闲农业、旅游业79户，占26.33%；新办企业259家，提供就业岗位1968个，新增就业1189人。“雁归兴赤”助推赤水农村经济发展，带动父老乡亲走上脱贫致富路。

实施教育脱贫工程。优先改善贫困乡村小学、卫生计生服务室等公共服务设施。实施贫困家庭子女“圆梦行动”和“助学工程”，对贫困家庭学生从小学到大学的学费“应助尽助、精准资助”。

建立贫困人口基本医疗保险、大病保险和医疗救助保障制度，推进新农合和大病保险全覆盖，从根本上解决因学、因病致贫和返贫问题。

健全贫困地区农村社会保障制度，实行政策兜底，实现农村低保标准和扶贫标准“两线合一”，把符合条件的农村贫困人口全部纳入保障范围，对“两无”人口和暂不能脱贫人员实现应保尽保、应助尽助。建立失地农民养老保障制度，扩大农村居民养老保险试点，逐步提高最低生活保障标准。

实施财政金融扶贫工程。加大财政扶贫资金投入力度，建立市扶贫专项资金，整合全市金融机构资源，深化农村信用工程建设，增加金融扶贫贷款，实施精准扶贫“特惠贷”、“小康贷”，扩大贫困地区融资规模，加大扶贫力度。

三、构建全社会大扶贫格局

开展“千企帮千村”扶贫行动，打破行业、层级、地域界限，构建全社会大扶贫格局。倡导市级党建示范点非公有制企业与贫困村结对帮扶，鼓励非公企业、非公人士参与脱贫攻坚。发挥市场主体在项目建设、创业就业、教育培训中的示范引领作用，促进一、二、三产业健康协调发展，助推贫困群众脱贫致富。

抓住国家号召东西部对口扶贫协作的契机，用好用足上海市对口援建项目、世界银行援助项目等资源，加强沟通对接，在产业发展、旅游推介、招商引资、智力扶贫等方面，加大对赤水帮扶力度。上海市普陀区对口帮扶援建41个项目，累计投入资金 3064 万元，帮助突破产业发展和基础设施建设“瓶颈”。

党政统筹协调，帮扶不漏一方。做到“全动员参与、全天候服务、全方位覆盖、全过程督导”。市委统战部牵头，市发改局、农牧局、旅游局等 6 个科局全程参与，组织协调 42 家具有代表性的非公企业按养殖、种植、旅游、康养业分成 4 个调研团队，历时两个月，深入全市 17 个乡镇调查研究，对每个乡镇的区位特点、资源优势、产业现状、适合发展产业、发展潜力、市场前景等进行全面调查、综合分析、科学论证，集思广益，凝聚共识，帮助每个乡镇、每个村形成产业布局、产业发展新思路。

市委统战部、市工商联、市发改局等市直各有关部门，充分运用各个调研团队的调研成果，组织引导全市非公企业、非公人士投身脱贫攻坚主战场，帮扶贫困乡村因地制宜地发展产业，助推打赢科学治贫、精准扶贫、有效脱贫攻坚战。引进市场主体参与扶贫，深入开展结对帮扶。

赤水信天石斛有限公司依托赤水拥有发展金钗石斛得天独厚的自然资源优势，以名贵中药材、国际公约二类濒危保护植物——金钗石斛种苗繁育与栽培、产品开发与销售为主营业务，承担的赤水金钗石斛产业化建设项目被列为国家“十五”期间重点科技攻关项目、国家农业综合开发产业化经营项目、国家科技惠民等重大专项，成为贵州省农业产业化经营龙头企业。

信天药业公司为把金钗石斛产业做大、做强、做精、做深，打造金钗石斛“绿色工程”，不断提升石斛品质与质量，成立生产技术部、质量管理部等 9 个部门，相继聘请国内 4 位知名教授担任技术顾问，通过对金钗石斛产地环境、种子种苗、生产技术规范、产品质量指标、病虫害防治等进行全面科学研究，制定了赤水金钗石斛生产标准操作规程，把金钗石斛生产的每一个环节都纳入标准化管理，从源头保证金钗石斛药材质量，实现追溯管理，打造规范化种植示范基地，确保金钗石斛“安全、有效、稳定、可控”。

科技是第一生产力，创新赢得发展。信天药业公司先后从省内外引进 15 名专业技术人才，与北京中医药大学等教学科研机构合作，充分利用科技力量和先进设备，加大对金钗石斛的基础研究和应用研究，开发以金钗石斛为主要原料、利用不同部位、不同配方的系列新产品，建立金钗石斛精深加工厂，2017 年获药品生产许可证和《药品 GMP 证书》，实现金钗石斛标准化生产，填补赤水地区无药业企业的空白。

依托旅游资源优势，利用广播电视、报纸杂志、互联网、客户端、高速公路及市区周边广告牌等媒体媒介和现代信息技术，与历史典故、中医药文化相结合，传播金钗石斛文化，营销金钗石斛品牌，展示赤水金钗石斛独特的生长环境和品质。开办金钗石斛交流会、产业论坛、参展等交流活动，开展多层次、多地域、多形式宣传促销活动，打造中国绿色生态金钗石斛之乡乡村旅游品牌。截止到目前，公司先后获国家发明专利授权 2 项、省市级科技成果 3 项，授权商标 25 个，获高新技术企业、科技型企业等称号。

信天药业公司立足金钗石斛特色优势产业，抓好基地建设，完善基础设施，采取“公司 + 农户”模式，村民土地按 20% 入股，按股分红。推行订单种植，与农户建立产销合作，形成稳定购销关系，实现利益共享。公司通过租赁土地、与专业合作社合作等方式，建成 90 亩现代化金钗石斛种苗组培中心，年生产种苗 2500 万丛，建立野外种植基地两万多亩。带动 13 个乡镇 68 个村 192 个村民小组 9700 户 3.39 万人增收致富。金钗石斛逐渐成为赤水农民的“绿色银行”，干部群众在实践中感悟了“绿水青山就是金山银山”的真谛。

赤水市仁岸集团有限公司、红赤水集团有限公司、元甲光电有限公司、林强电子科技有限公司等企业，结合自身用工需求，对当地村民进行岗前就业培训，已培训 2000 多人，帮助掌握生产技术，拓宽就业门路，村民既可到企业上班，又能实现自我发展。

实施以企带村扶贫，采取保农、扶农、强农措施脱贫攻坚。赤水科苑农业科技有限公司在天台镇凤凰村投入 3000 万元，恢复建成凤凰湿地，美化、亮化、绿化、彩化湿地环境，修通公路，吸引观光、休闲、度假游客，带动村民开办 30 家农家乐，促进贫困农民增收脱贫。

赤水白马溪旅游开发有限公司在复兴镇凯旋村建成玻璃桥、水滑道、溜索、游船等乡村旅游项目，带动村民开办 10 家农家乐，每年与周边村民签订蔬菜、家禽订单金额 20 万元，扶持群众发展生产，走上脱贫致富路。

各界人士纷纷主动担当脱贫社会责任。党外知识分子、民主党派成员发挥各自所长，积极投身教育、医疗卫生扶贫。教育界统战人士以扶贫先扶智为目标，帮助贫困学生家庭算清致富账，谋划“金点子”，引导脱贫增收。医疗卫生界统战人士组建义诊医疗组，奔走乡村农家，3年来为贫困群众免费义诊2200人次。

少数民族代表人士发挥在少数民族群众中德高望重的凝聚力、影响力，积极配合党委、政府宣讲政策，调处民族矛盾纠纷，营造脱贫攻坚和谐环境，协助落实各项扶贫惠民政策。

新经济组织、新社会组织等新兴业态以及新的社会群体人士，发扬中华民族扶贫济困的传统美德，自觉履行脱贫攻坚社会责任，积极宣传扶贫先进典型，形成人人支持脱贫攻坚的良好环境氛围。

港、澳、台及海外人士以为脱贫攻坚奉献力量为荣。遵义市侨联主动牵线搭桥，上海市侨联、上海宇兴爱心基金会、上海华商会、上海华侨基金会、上海市东方红公益基金会、香港希望之友教育基金会和香港慈恩基金会有限公司等，三年多来，在赤水援建学校、改善教学设施、捐资捐物累计折合资金超过1000万元。

实干赢得民心。各级党委组织党员干部深入基层组织薄弱的地方宣传教育群众，通过召开多种形式的群众会和上门入户交流，广泛宣讲扶贫惠民政策，真心与群众交朋友、换真心、结真情，激发贫困群众内生动力，让群众全过程参与建设、参与管理，发挥扶贫开发主体作用，共享发展成果。全社会大扶贫发现和解决农村实际问题4816个，以苦干实干换来农民群众看得见、摸得着的深刻变化，有效地提升了群众对脱贫攻坚的认可度和满意度。

第三节　扶贫政策不漏一项

各职能部门认真梳理中央和贵州省的扶贫政策，把专项扶贫、以工代赈、财政“一事一议”奖补、农村危房改造、通村公路建设、人饮安全、农村低保、精准扶贫、易地扶贫搬迁、就业扶贫等以及农村文化、教育、卫生等政策有效整合，合力推进脱贫攻坚，建立扶贫政策台账，一项不漏，不折不扣地落实各项政策规定，形成“组合拳”，发挥叠加效应，靠政策威力推进精准扶贫，精准脱贫。

一、抓政策落地

为了将中央和地方的各项扶贫政策落到实处，建立“1+10”部门联席会议制度，完善扶贫政策统筹推进机制，明确市扶贫开发领导小组及其办公室职责：在市委、市政府领导下，落实精准扶贫指导、调研、总结、督促、考核工作，负责精准扶贫牵头抓总和领导小组日常事务；制定精准扶贫规划，指导各乡镇、市脱贫攻坚“1+10”工作部门拟定扶贫开发工作计划，督促按扶贫规划和年度工作计划开展精准扶贫；采取挂图脱贫攻坚、按图销号方式，扎实推进脱贫攻坚工作；对精准扶贫进行业务指导，深入基层调研，及时掌握扶贫工作进展情况和存在的问题，制定解决问题的措施和办法，向市委、市政府提交工作建议；发现总结各地、各部门脱贫攻坚经验，树立典型，宣传推介，营造脱贫攻坚良好舆论氛围。市扶贫开发领导小组办公室下设综合协调组、业务指导组和信息宣传组，由扶贫办主任、副主任分别兼任各组组长，制定《综合协调工作制度》《业务指导制度》和《信息宣传工作制度》，有条不紊地推进精准扶贫牵头抓总工作。

强化项目管理。2017 年，获得上级财政专项扶贫资金 7790 万元，资金拨付率达 100%，报账资金 7355.5 万元，报账率为 94.42%。组织实施 155 个扶贫项目，项目备案率达 100%，涉及 17 个乡镇（街道）、90 个行政村，实现建档立卡贫困户全覆盖。

强化制度建设。根据《贵州省扶贫办关于组织开展 2016 年度强化监督重点工作的通知》和《遵义市精准扶贫 精准脱贫建章立制情况检查工作实施方案》，结合赤水实际，制定《赤水市财政扶贫项目管理暂行办法》等 13 个配套制度。

强化利益联结。探索产业扶贫“五统二分”（企业统一提供种苗、统一制定标准、统一技术指导、统一规范管理、统一销售运行，分段和分户种养）经营模式，引入市场主体参与脱贫攻坚。

创新“127”（村集体经济收益 10% 用作项目管理费、20% 留作村级积累、70% 用作贫困户分红）利益联结机制和“小康贷 + 特惠贷”金融扶贫模式，全市 2017 年分配项目红利 1400 万元，建档立卡户产业扶贫人均增收 500 元以上，拓宽了群众增收渠道。

完善资金直补兑现通道和政策兑现方式，对贫困户实施多项政策保障，采取召开群众会、张贴标语、举办宣传栏、印发“明白卡”等多种方式，使扶贫政策家喻户晓，深入人心。乡镇、村抓好政务、村务全过程、无死角公开，切实做到落实扶贫政策阳光操作。

建立扶贫资金监督检查联动机制，确保财政扶贫资金使用安全有效。建立扶贫政策落地监督问责机制，对落实慢、落实差以及不按要求落实等行为，一律问责。从严查处政策落实中吃拿卡要、贪污侵占、虚报冒领等侵农害农行为，确保各项扶贫政策落地见效。

20 世纪 90 年代初期，赤水全面进入低生育水平以来，市委、市政府把人口与计划生育工作的目标同扶贫开发有机结合，有效抑制“越生越穷、越穷越生”现象。人口红利持续释放。目前，全市人均耕地面积 1.18 亩，高于全省平均水平 0.67 亩；森林覆盖率超出全省、全国平均水平。

1972 年，赤水县总人口 21.17 万人，2017 年增加到 31.4 万人，实行计划生育 45 年，净增人口 10.23 万人，增幅低于全省 25 个百分点。1972 年，全县人口自然增长率为34.63‰，2017年降为5.35‰，按1972年的人口自然增长率推算，45年少生人口25万人，为保护资源环境、生态文明建设和脱贫攻坚奠定了坚实基础。

2016年，为解决计生“两户”因病致贫、因病返贫问题，赤水市新增加农村计生“两户”及未成年子女住院合规费用减免个人负担部分50%、计生特殊家庭城镇养老保险补助、代缴计生特殊家庭城镇医疗保险三项扶持政策。当年兑现16项政策，审核确认各种奖扶政策对象65973人次，兑现金额1548.71万元，其中医疗费减免补助惠及1941人次，兑现金额23.29万元。2017年兑现16项政策，审核确认各种奖扶政策对象60095人次，发放资金1845.37万元，其中医疗费减免、补助惠及4223人次，兑现金额175.53万元。

加大对计划生育家庭脱贫致富的扶持力度。从2015年起，依托贵州省人口福利基金，开展“博爱名城·圆梦大学”公益助学活动，凡当年度被全日制高等院校本科专业录取的赤水户籍计划生育困难家庭学生，均可申请资助，建档立卡精准扶贫家庭、农村独生子女户、二女户家庭优先，经审核符合资助条件的每名学生一次性资助5000元。2015年8月至2018年8月共帮扶3批84人，帮扶资金42.2万元。

开展计生工作与发展农村经济相结合、与帮助群众勤劳致富奔小康相结合、与建设文明幸福家庭相结合“三结合”帮扶和“万千才富”帮扶活动。扶助资金标准为：小学生每人每年600元；初中生每人每年800元；高中生（含职高和中专）每人每年1200元；大学生每人每年2000元。帮扶对象为贫困村内建档立卡的独生子女户、二女户，计生特殊困难家庭、“计生两户”家庭。符合帮扶条件的，各帮扶单位帮扶至该学年段结束为止。2017年，全市“三结合”帮扶1100户，“万千才富”帮扶120名，投入帮扶物资价值48万元。

对计生家庭成员到工业园区就业实行补助。2016年，市卫计局规定从2017年1月1日起，计划生育独生子女户和二女绝育户家庭成员到园区规模企业就业连续6个月以上，每人给予500元一次性补助。2017年，全市有40人获得就业补助。

将计生特殊家庭的关爱和扶助作为卫计部门的重点工作，开展一系列帮扶救助工作，确保每一户计生特殊家庭都能实现脱贫致富，同步小康。2013—2018年，贵州省三次将失独家庭的特别扶助金标准从每人每年4800元提高到8400元，特别扶助金虽有大幅提高，但计生特殊困难家庭生活仍然存在困难。2013 年，赤水市将计生特殊困难家庭慰问、疾病救助等写进生育关怀基金管理使用办法，明确对新失独家庭申请生育关怀资金给予一次性 2000 元抚慰金，全市共有 163 户失独家庭享受一次性抚慰金共 32.6 万元。2015 年，卫计局联合民政局、财政局、人社局等 11 个部门下发《关于进一步做好计划生育特殊家庭扶助工作的实施意见》，从经济支持、养老保障、医疗健康、社会关怀四个方面，对计生特殊家庭实行重点扶助。2016—2018 年，累计为 628 个计生特殊家庭成员做了免费健康体检。全市计生特殊家庭未成年子女已全部纳入“万千才富”帮扶行动。

二、抓政策完善

围绕国家现阶段“一达标、两不愁、三保障”脱贫工作目标，不断完善易地扶贫搬迁、政策兜底、教育、医疗、结对帮扶等政策措施，切实做到政策全覆盖，不漏一项一人，为脱贫攻坚、决战决胜提供政策支撑。

市直各职能部门和各乡镇根据现行各项扶贫政策的落实情况，及时总结经验，采取措施，堵塞漏洞，完善政策。对现有政策细化不够的，制定出台相关实施细

将“易地扶贫搬迁脱贫一批”政策落到实处，一户至少保障一人就业，确保搬得出、能就业、稳得住、能致富。2014 年以来，全市实施易地扶贫搬迁安置 3963 户 16424 人。图为天台镇易地扶贫搬迁集中安置点。（袁伟俊　摄）

则和具体操作方案；对现有政策没有明确界定的安全饮水、吃穿不愁和贫困“边缘户”认定标准等，政府相关职能部门结合实际，在扶贫实践中总结经验，研究制定和完善相关标准和具体规定，扫除政策“盲区”，确保各项扶贫政策阳光操作，公平落地。

在易地扶贫搬迁中，明确规定一户至少保障一人以上就业，确保搬得出、能就业、稳得住、能致富。在饮水安全方面，按照贵州省“小康水标准”推进农村安全饮水工程建设，做到农村安全饮水全覆盖。医疗卫生保障推行贫困群众“先诊疗后付费”政策，有效防止群众因病致贫、因病返贫。

丙安镇艾华村艾坪组秤砣滩位于赤（水）习（水）公路旁，居住的50多户村民，大多是2008年建新村时从山上搬下来的。由于扶贫政策落实不到位，基础设施未解决好，群众意见大，多次闹访，成为当地干部的“心头痛”。脱贫攻坚以来，镇党委、政府多次到秤砣滩召集村民开院坝会，认真听取群众意见，妥善处理集体林权纠纷等群众反映强烈的问题，兑现当年民居风貌改造修雨棚补助等遗留问题，对通村公路做了硬化，对一时解决不了或不能解决的问题，从政策上做了合情入理的宣传解释，化解了17个矛盾纠纷，将“心头痛”转变成政策落实、群众满意的样板。秤砣滩建成脱贫攻坚示范点，省内外前往观摩互动的干部逾2000人次，展示赤水脱贫攻坚中全面落实政策的社会效果。

三、抓政策创新

市委、市政府结合脱贫攻坚中出现的新情况、遇到的新问题，抓住旅游业迅猛发展，工业持续壮大，竹产业、金钗石斛种植、乌骨鸡养殖等山地特色农业蓬勃兴起的机遇，乘势而上，鼓励和支持旅游产业扶贫、工业产业扶贫、山地特色农业扶贫，解放思想，拓宽视野，创新机制，创新政策，有针对性地制定《推进工业“百千万”工程落实“工业强市”战略的实施意见》《加快推进第三产业发展的意见》《产业化扶贫利益联结机制指导意见》《支持发展壮大村级集体经济政策落地的十二条意见》《建立“三定”机制推动党建脱贫攻坚行动的实施意见》《残疾人同步小康就业创业行动实施方案》和《景区林地土地资源入股分红工作实施方案》等10多项具体政策规定。

产业扶贫需要大量资金投入，金融部门发放扶贫“特惠贷”对象为贫困户，旨在提供适量资金支持，帮助解决发展缺资金困难。赤水农村贫困户与贫困“边缘户”之间收入差距不大，人均少十几元、几十元就纳入建档立卡贫困户管理，高出十几元、几十元也就不能享受贫困户“特惠贷”，而贫困“边缘户”经济脆弱，与贫困户生活差别并不大，稍遇“风寒”就“感冒”，一不小心就掉入贫困境地。

市委、市政府通过调查研究，明确脱贫攻坚既不能违背现有扶贫“特惠贷”政策，又要从赤水农村经济发展状况和贫困“边缘户”的实际情况出发，合情合理地解决贫困“边缘户”发展缺资金的难题。为切实加强领导，成立由市长任组长的“特惠贷”工作领导小组，创新“特惠贷＋小康贷”金融扶贫模式：由政府贴息向贫困“边缘户”发放“小康贷”，扩大贷款覆盖面，扩大贷款用途，延长贷款期限，指导防控风险，扶持发展生产，逐步形成规模、形成产业。全市金融扶贫有序推进，已向4211户贫困户、贫困“边缘户”发放“特惠贷”、“小康贷”扶贫资金2.12亿元，政府兑现贴息资金1156.38万元，扶贫户均年增收3000元以上。金融扶贫发挥了支撑作用。

为了解决部分贫困户、贫困“边缘户”、特殊困难户稳定增收问题，用足、用活国家关于“生态补偿脱贫一批”的政策，以政府购买服务方式开发护林员、保洁员、监督员、护理员、水管员等公益岗位，让贫困户、贫困“边缘户”、特殊困难户中有劳动能力的人员参加生态管护和社会事业管理等公益岗位工作，实现就业，稳定增收，最大限度地实现帮扶“零遗漏”、管理“零缺位”、服务“零距离”、生活“零顾虑”、脱贫“零掉队”的“五零”目标。

市委、市政府敢于创新、敢于担当，出台针对性强、接地气的脱贫攻坚新政策、新举措，为决战决胜提供强有力的政策保障，帮扶农村贫困群众有效脱贫，增强了群众的满意感。

第四节　产业扶贫不漏一家

“授人以鱼，不如授人以渔。”中国古人主张给别人一条鱼，不如教会他捕鱼的方法。较长时期以来，各地习惯对农村贫困户采用无偿救济式扶贫，被称为“输血式”扶贫，虽然也能解决贫困群众一时半会儿的温饱，但无偿救济的钱花光了，粮吃完了，衣穿破了，被盖烂了，重新沦入衣食无着的贫困境地，陷入“年年救济年年穷”的怪圈。

市委、市政府和奋战在扶贫第一线的广大干部，逐步从实践中清醒过来，形象地说“救济式扶贫好比给一碗水，喝光就没了。开发式产业扶贫好比帮挖一口井，世世代代有水喝”。认清只有产业扶贫才是有效脱贫、稳定脱贫、奔向小康的根本办法。市直各部门、各乡镇纷纷立足实际，着眼发展，着眼未来，抓产业扶贫，推动“输血式”扶贫向“造血式”扶贫转变，“漫灌式”扶贫向“滴灌式”精准扶贫跨越，实现资源开发、传统产业、新兴产业与贫困乡村、贫困农户利益联结全覆盖。

一、农业扶贫促增收

实施乡村振兴战略，充分体现党的执政理念。农业是全面建成小康社会的基础，农民是农村工作的主体。赤水市全面展开脱贫攻坚战，在全市乡村掀起振兴农村经济的产业革命，创新农村、农业和农民“三农”工作，精准落实“产业选择、培训农民、技术服务、资金筹措、组织形式、产销对接、利益联结、基层党建”

农村产业发展“八要素”，优化农业内部结构，促进传统农业绿色化转型，逐步实现生产资源利用节约化、生产过程清洁化、废物处理资源化、无害化和产业链接循环化。合理确定农业开发强度，推广节地、节水、节肥、节种等农业适用技术。推行农牧结合循环模式，提高农业资源利用率，构建现代农业产业体系，走产出高效、产品安全、资源节约、环境友好型山地特色优质高效农业现代化之路，促进农村发展、农业增效、农民增收，从根本上改善农业生产和农民生活条件，打赢脱贫攻坚战。

土地历来是农民赖以生存的命根子。深化农村土地制度改革，认真贯彻落实国家农村第二轮土地承包到期后再延长30年的重大决策，稳定农村土地承包关系，完善土地所有权、承包权、经营权分置办法，引导、鼓励、支持土地、林地依法、自愿、有偿流转，坚持土地资源优化配置和土地同其他生产要素优化组合的土地流转基本原则。截止到2018年6月底，全市农村已经规范流转土地、林地12.05万亩。其中流转入企业、合作社、大户等面积9.29万亩，农户之间自行流转2.76万亩。加快构建集约化、专业化、组织化、社会化相结合的新型农业经营体系。

立足赤水自然资源优势，转变传统农业生产方式和经营方式，强化农业园区的引领作用，推动传统农业向现代农业转变，因地制宜地发展山地生态农业，重点发展山地特色高效农业，促进适度规模经营，提高综合生产能力。

赤水属于中亚热带湿润季风气候，年平均气温18.1℃，年降水量880—1700毫米，气候温和，雨量充沛。境内分布种子植物种类数量在中亚热带地区位居前列，其中拥有中国特有属21属25种，赤水特有植物27种，代表植物有五桠果亚纲、山茶科植物小黄花茶，金缕梅科、蕈树属植物赤水蕈树等。植被类型分属中亚热带常绿阔叶林、针阔叶林混交林、针叶林和竹林四个群纲，2116种高等植物、1668种野生动物相互依存，代代繁衍。这个古老神秘的绿色王国，不仅为被植物学界称为“活化石”的中生代孑遗植物——桫椤提供了理想的天然避难所，还为商业价值高、日益受市场青睐、号称“九大仙草之首”的金钗石斛，以及唾手可得的楠竹、斑竹、水竹、苦竹等提供了天然大棚。

竹种植面积突破132.8万亩，以“赤水竹海国家森林公园”闻名于世的竹海自不必说，不到花期不惹眼的金钗石斛，在我国现存最早的药学著作《神农本草经》中被列为上品。现代医学和中医药理研究表明，石斛在提高人体免疫能力、抗衰

号称中国“九大仙草之首”的金钗石斛，多年生草本植物，因形象酷似古代女子头上的发钗而得名，被我国药学巨著《神农本草经》列为上品，被国际公约列为二类濒危保护植物，赤水市已发展到 9.1 万亩。种植金钗石斛不与粮争地，将荒山坡培植成大花园，石旮旯变成“钱袋子”，“点石成金”的神话变成了现实。（刘子富　摄）

老、补五脏虚劳等方面，具有明显疗效，被民间称为“救命仙草”。金钗石斛为多年生草本植物，因形象酷似中国古代女子头上的发钗而得名。植株一般高 10—60 厘米，选择温暖潮湿、半阴半阳的小生境繁衍。赤水金钗石斛是名贵中药材，具有根茎粗伟、色泽鲜明、肥满多汁、药效显著等特征，是道地药材。走进赤水丹霞地貌山区，林荫下、溪水边、披覆苔藓的石头上、岩缝中，随处可见一蓬蓬金钗石斛。笔者五月初走进赤水复兴镇山区，适逢花期，紫白淡雅的朵朵花儿，

金钗石斛自然生长对大气、土壤、水质条件和温暖、湿润气候要求苛刻，喜高温高湿，怕严寒，要求年平均气温高于摄氏 18 度，冬季气温高于摄氏 3 度，全年无霜期大于 350 天。中国药材种植资源普查结果显示，目前国内唯有赤水符合金钗石斛野外种植环境条件。凭借得天独厚的自然条件，赤水建成中国“金钗石斛之乡”。图为官渡镇附着在岩石上茁壮生长的金钗石斛。（刘子富　摄）

点缀万绿丛中，未闻芳香心已醉。

2012 年，市委、市政府根据赤水拥有的地理环境、自然条件和生物资源禀赋，立足市情，科学规划，重点实施能覆盖农村千家万户的“十百千万”农业产业工程——10 万亩金钗石斛、100 万亩商品竹林、1000 万羽赤水乌骨鸡，以及 3 万亩生态水产、1 万亩花卉苗木。全市先后投入资金 25.8 亿元，着力打造竹、金钗石斛、赤水乌骨鸡三个现代高效农业园区，将特色生态农业办成农民增收致富、永续利用的“绿色银行”，办成生态工业的绿色原料库和“第一车间”，为绿色旅游业撑起绿色巨伞。

市委、市政府“一班人”坚持一张蓝图绘到底，特色现代农业产业工程已经覆盖全域农村千家万户，建成“山上栽竹，石上种药，林下养鸡，水中养鱼”的

赤水市竹林面积突破 132.8 万亩，农民人均竹地面积达 6.6 亩，竹海成为农民脱贫致富、永续利用的“绿色银行”。（刘子富　摄）

山地高效特色现代农业产业体系，建成农民脱贫致富、永续利用的“金山银山”。全市农民人均竹林面积达 6.6 亩以上，居全国前列。仅此一项，20 万竹农人均年收入 3000 元以上。

打造高效农业、外向型农业、生态农业和观光农业，持续大规模实施农业产业化扶贫工程。各乡镇在切实稳定粮食生产、确保赤水人民饭碗里装满赤水产粮食的前提下，调整农业内部结构，提高经济作物在种植业中的占比，强化高效农业示范园区建设，建成以高效、特色、生态和外向为特色的现代农业示范园区。依托生态农业示范点和旺隆镇新春、复兴镇张家湾等生态农业基地，推进无公害水稻、蔬菜、龙眼产地认证。

市委、市政府看中龙头企业有效延长生态农业产业链，企业上游连接农村千家万户，农村山地变成企业绿色原料库，村民就近生产，变成企业“第一车间”工人，对脱贫攻坚和建成全面小康贡献大，着力构建以重点企业为龙头、农户家庭经营为基础、专业合作社为纽带、社会化服务为支撑的立体式复合型现代农业经营体系。重点扶持金钗石斛产业龙头企业信天药业（集团）、赤水金钗石斛产业开发有限公司、贵州仙草生物科技有限公司和赤水国礼金钗石斛产业发展有限公司 4 家现代医药企业；竹产业龙头企业赤天化（集团）纸业股份有限公司、红赤水集团公司、赤水市新锦竹业有限责任公司、黔源笋业有限公司和赤水市竹韵贸易有限公司 5 家以竹为原料的大中型骨干企业；赤水乌骨鸡产业重点扶持贵州奇垦农业开发有限公司和贵州竹乡鸡养殖有限公司两家龙头企业；生态水产重点扶持龙头企业月亮湖生态渔业有限公司。

建立健全龙头企业、农民专业合作社、家庭农场等经营主体与贫困户的利益联结机制，推行“公司 + 合作社 + 贫困户”经营模式，推进“127”利益联结机制和财政扶贫资金项目市、乡镇统筹分配机制，充分发挥产业发展在脱贫攻坚中的支撑作用，实现贫困户、贫困“边缘户”与产业扶贫利益联结全覆盖。

丙安古镇地处赤水中西部山区，地域面积 134.2 平方公里，辖 3 个村（其中 2 个贫困村）1 个社区 16 个村民组，总人口 6742 人，其中贫困户 251 户 767 人。境内山高林密，沟壑纵横，富有竹木和红色乡村旅游资源。村民以种植经营竹材和耕种有限土地为生，紧紧巴巴过日子。

元厚镇五柱峰村农民采伐自家种植的毛竹，在通到家门口的“组组通”公路上装车销往赤天化纸浆厂，一车毛竹能卖 5000 多元。（刘子富　摄）

2014年全面展开脱贫攻坚以来，丙安镇获准实施财政扶贫项目22项，累计投入财政专项扶贫资金1240.9万元，其中基础设施项目7项、投入资金440万元，产业扶贫项目15项、投入资金800.9万元。兰溪公司等龙头企业实施原生态石斛和佛手（中药材）等种植、竹笋加工销售和乡村旅游等“长短结合”产业扶贫项目。2017年年底，丙安镇将财政扶贫资金注入各专业合作社和企业，对“短效”项目按照股份分红，对暂无收益的“长效”项目，采取业主垫资提前分红的方式，将所有项目的分红资金集中到镇财政专户，由政府调配分红。全镇共筹集分红资金30.54万元，按照“1 ：2 ：7”利益联结方式，农户分红资金21.38万元、集体经济分红滚动发展资金6.1万元、提取管理费3.05万元。220户贫困农户户均分红近1000元。

赤水市杜鲜燕财中药材种植专业合作社利用财政扶贫资金，带动丙安镇农村贫困户116户295人发展佛手基地1500亩，2018年产佛手鲜品30多吨，户均收入2500元以上。

培育多种形式的农业经营组织，构建覆盖全程、综合配套、便捷高效的农业社会化服务体系。充分运用社会和农村资源，推进资源变资产、资金变股金、村民变股东“三变”改革，整合城乡生产力要素，激发农村发展活力，解放提高农村生产力。培育龙头企业、家庭农场、种养大户、养殖能手等新型农业经营主体1600个。加快家庭农场、家庭林场、家庭养殖场、家庭手工场、家庭连锁商场（店），家庭旅馆、家庭餐馆和农村集体经济合作社、农民专业合作社“五场两馆两社”建设，目前全市已发展到2700个。各乡镇强力推进，大有方兴未艾之势。

推进农业规模化、集约化、标准化发展。鼓励能人领办专业合作社，支持市属企业、平台公司投入农业产业扶贫，推行公司、合作社承接订单、组织生产、统一销售经营。注重“长短结合，以短养长”，确保有基本劳动能力的低收入农村人口“一长两短”（一个长效产业、两个短效产业）产业全覆盖。开展农产品“风行天下”和建国家级出口食品农产品质量安全示范区、生态原产地产品保护示范区、国家有机认证示范区“三区”活动，整合财政扶贫、涉农项目、扶贫产业子基金、金融扶贫、社会扶贫等资金投入农业，做到农业产业扶贫精准发力，全市农村所有贫困户家家参与产业项目，实现“户户有增收项目，人人有脱贫门路”，确保产业扶贫不漏一家，增收致富不漏一户。

赤水丹霞地貌山区，林荫下、溪水边、披覆苔藓的石头上，随处可见一蓬蓬金钗石斛。五月花期，紫白淡雅的朵朵花儿点缀万绿丛中。图为复兴镇凯旋村山野里鲜花盛开的金钗石斛。（刘子富　摄）

市委、市政府牢固树立“绿色、优质、健康、安全”的农业发展理念，出台《赤水市现代山地特色高效农业发展实施意见》，着力抓品种、品质、品牌建设，提升无公害农产品、绿色食品、有机农产品和农产品地理标志“三品一标”产品比重，增强生态农业发展后劲。依托优势资源，借助市场导向，扶持基地建设、品牌创建、产品研发。推进农业科技进步，逐步建立健全可追溯农产品质量安全体系，确保市内市外广大消费者和中外来赤水游客舌尖上的安全。

创建金钗石斛一条街，注册集体商标和证明商标，打造区域公用品牌，完善种植基地年限标牌标识，建立可查、可验、可追溯的产品信息体系，提升特色产业品牌信誉。已注册“信天”“丹霞仙草”“赤斛情”“斛满堂”“丹霞石”等17个商标，先后获得“国家级金钗石斛生产基地”“地理标志产品”“中国绿色生态金钗石斛之乡”“国家林下经济示范基地”“第七批国家级农业科技示范园区”“农业部农产品地理标志产品认证”“国家金钗石斛种植综合标准化示范区”“国家GAP认证”和“贵州省100张优强品牌”9个品牌，获省市级科技成果3项、各种专利82项，其中发明专利授权5项。2013年，赤水金钗石斛产业示范园区首批列入贵州省级农业示范园区，连续3年列入引领型重点产业示范园区。创新品牌、维护品牌、经营品牌、保护品牌。品牌提升了产品价值，激发农民致富的内生动力。金钗石斛产业持续发力，做大做强，推动农村贫困户脱贫致富。

发展金钗石斛产业不与粮争地，种植区将荒山坡培植成大花园，将石旮旯变成“钱袋子”，将“点石成金”的浪漫神话变成脱贫致富的现实。为改变金钗石斛产业建设资金投入不足、面积扩展缓慢、产量不稳定、质量控制难的状况，达到“安全、有效、均一、稳定、可控”的目标，推行“政府平台公司+专业实体公司+村集体+农户”的经营模式，推进金钗石斛基地建设健康发展，各方入股占比依次为42 ∶ 28 ∶ 5 ∶ 20 ∶ 5（风险基金）。2017年以来，实施“政府平台公司+N”模式，融合发展金钗石斛产业，实行“任务集中、项目集中、资金集中、人力集中”经营管理，在旺隆、长期等乡镇发展3个集中连片种植基地，总面积逾5000亩，支持龙头企业带动农户发展，壮大集体经济，达到“实施一个乡镇、成功一个地方，惠及一方百姓”的预期目标。

赤水乌骨鸡是在“中国丹霞·贵州赤水”世界自然遗产地优越环境中长期自然选择的地方特色品种。为充分发挥赤水乌骨鸡原产地优势，当地养殖户摸索创新“林地生态放养＋原粮补饲”养殖方式，利用丰富的竹林、森林、果园资源，种植与养殖相互促进，本地产原粮不含添加剂，原粮补饲能保证乌骨鸡生长速度，生态放养能保持乌骨鸡肉质独特风味和营养价值等特点，确保纯天然、绿色、健康。赤水乌骨鸡林下生态养殖技术获国家专利。

赤水乌骨鸡 2010 年获得国家农产品地理标志登记保护，2011 年获“消费者最喜爱的 100 个中国农产品区域公用品牌”，2015 年获“贵州生态农业 100 张优强品牌”，2016 年贵州竹乡鸡养殖有限公司的“丹青竹乡鸡及图”商标被评为“贵州省著名商标”，“丹青竹乡鸡绿壳蛋”同时被确认为贵州省名牌产品，2017 年获“贵州十大优质禽产品”称号。奇垦公司旺隆新村养殖示范基地通过“有机产品认证”，生产的乌骨鸡获“中国长寿之乡养生名优产品”称号。赤水现有注册商标 5 个，发明专利 1 项，家禽“三品一标”认证 9 个，其中地理标志认证 1 个，有机认证 1 个，无公害认证 7 个。赤水市 2017 年 9 月获“国家级出口食品农产品质量安全示范区”命名，10 月列入第七批“国家有机产品认证示范创建区”名

赤水乌骨鸡是在丹霞世界自然遗产地长期自然选择的地方特色品种。当地创新“林地生态放养＋原粮补饲”养殖模式，生态放养能保持肉质细腻和独特风味，原粮不含添加剂，补饲能保证鸡的生长速度，这项养殖技术获国家专利。全市乌骨鸡年出栏量突破 1000 万羽，产业覆盖贫困户 4560 户 1.4 万多人。图为官渡镇和平村农民罗西明林下养殖的乌骨鸡。（刘子富　摄）

单，11 月启动创建“国家农产品质量安全县”。2018 年 1 月，获国家质量监督检验总局“生态原产地产品保护示范区”命名。全市累计完成投资 1.18 亿元，建成 30 个标准化养殖示范场，1 个种鸡场，配套建成饲料厂和产品加工厂，打造黔北川南地区肉鸡产业化示范企业。

从官渡镇出发，驱车沿翠竹掩映的通村水泥路蜿蜒前行，不一会儿就来到龙宝村一栋典型的黔北民居农家，刚过而立之年的主人陈其龙和他的妻子谭乐脸上堆满笑容，打开堂屋接待客人。笔者表明来意后，主客一边品茗，一边聊了起来。

2001 年，16 岁的陈其龙因家境贫寒，被迫辍学，选择到广东、云南等地打工。因年纪小，读书少，没少吃苦头，凭勤劳肯干，积攒了人生的“第一桶金”。2011 年，与一同打工的傣族姑娘谭乐结婚后，夫妻商定回官渡老家创业，选择发展林下养殖乌骨鸡。

他说：“赤水乌骨鸡在外名气大，现在的人喜欢原生态食品，这里生态好，发展林下养鸡，一定能找钱。”

开头只能做小本买卖，在镇农业服务中心技术员帮助下，首批购进 100 只鸡苗，在精心照料下，存活率达 90%，半年后出栏，赚了 1000 多块钱。尝到甜头，第二批购进 500 只鸡苗，可存活率下降到 70%，加之禽流感爆发，不仅没赚钱，还亏本 1 万多元。

他没气馁，继续接着干，但由于缺乏技术，出栏率始终提不高，渐渐地，不仅打工挣的积蓄贴进去了，还欠下不少债。养鸡失败，加上孩子刚出生，父母年老多病，陈其龙一家深陷贫困，被纳入建档立卡管理。

2014 年，全面打响脱贫攻坚战，陈其龙成了市长谭海结对帮扶对象。谭海利用周末到他家了解致贫原因、脱贫门路、本人意愿，当找准发展养殖遇到的主要障碍后，帮他出主意，建议继续发展养鸡产业。他获得 5 万元“特惠贷”，修建 1080 平方米鸡舍，购进两万只鸡苗，出栏后获纯收入 6 万元。

谭海看到陈其龙发展养殖虽有一定规模，但缺技术、缺市场，周转资金不充裕，抗风险能力弱，推介他对接奇垦公司，采取“养殖专业公司 + 专业户”经营方式，由公司提供技术指导、防疫药品、饲料和鸡苗，出栏鸡由公司按合同收购、负责包销，帮助化解缺技术、少资金和缺市场的风险。有龙头公司提供技术、资金帮扶和销售保障，陈其龙第一年出栏两批商品鸡，获利 12 万元，一举脱贫。

陈其龙掌握了乌骨鸡养殖技术和管理办法，发动村里的农户一道养殖乌骨鸡，一道脱贫致富。乡亲们发展乌骨鸡，收入稳定增加，到2016年，全村贫困发生率从2015年的6.0%下降到1.72%，实现全村脱贫。村民推选陈其龙当村委会副主任。一上任，他就谋划建立一家自养、自供、自销企业，采取“大户＋产业扶贫户＋农户”经营模式，统一技术、统一管理、统一销售，带领大家共同致富。

各乡镇摸索总结出“公司＋基地＋农户”、“公司＋村集体＋贫困户”经营模式和“五统一分”经营方式，建立“利益共享、风险共担”机制，由龙头企业与养殖户签订代养合同，将鸡苗、饲料、防疫消毒药品等物资赊销给饲养户，给予资金、物资、技术扶持，派技术人员到农户养殖场指导技术和管理，定期组织养殖人员到公司示范养殖基地参观、学习和培训，农户出栏鸡公司按合同保底回收，化解市场风险，促进贫困户稳定增收脱贫。赤水乌骨鸡销往贵阳、重庆、成都、昆明等城市，产业覆盖贫困户4560户1.4万人，年出栏710万羽，年人均增收420元。

赤水市将生态水产养殖业培育成集淡水养殖、精深加工、冷链物流、康养体验、餐饮连锁为一体的新业态，满足城乡居民和中外游客日益增长的生活需求。按照“山地、高效、特色、安全”总体规划，布局山地生态特色水产全产业链建设。长期镇七里坝水库月亮湖生态渔业有限公司投资4.6亿元，兴建集高山湖泊有机鱼、稻田综合种养、连片池塘改造、内循环、溪谷特色水产、鱼种苗繁育繁殖场、养生餐饮连锁和渔文化博物馆，打造全产业链生态水产扶贫模式，引导扶持贫困农民脱贫致富。月亮湖基地饲养的鲤鱼、鳙鱼等5个品种通过有机产品认证，2016年获“中国长寿之乡名优养生（老）产品”称号。2017年，赤水生态水产业通过贵州绿色农产品评价认定，引领贵州生态水产业健康持续发展。全市水域养殖面积达12255亩，总产量3316吨，产业覆盖贫困农户660户2109人，人均年增收340元。

建立健全营销体系，引导农产品生产企业畅通销售渠道，依托农村电商网络平台，开展金钗石斛产品、竹木制品、乌骨鸡及绿壳蛋、生态水产品、晚熟龙眼等特色农产品网络销售。信天药业集团在广州、上海等地开设了专业销售公司。赤水竹木制品、竹笋、竹纸浆板畅销国内大中城市，远销东南亚市场。2017年农林牧渔业总产值29.16亿元，比上年增长7.0%，其中农业产值11.49亿元，比上年增长6.9%；林业产值8.46亿元，比上年增长6.7%；牧业产值7.34亿元，比上年增长 8.0%；渔业产值 0.97 亿元，比上年增长 4.8%；农林牧渔服务业产值 0.88 亿元，比上年增长 7.1%。全市农业产业快速、协调、健康发展，有力助推赤水脱贫出列。

二、工业扶贫稳增长

新型工业化是赤水实现跨越发展、后发赶超的战略重点，是做大经济总量、做优发展质量的关键。市委、市政府实施“工业强市”发展战略，坚持走新型工业化道路，组织实施大数据战略行动，促进工业化与信息化深度融合，推动新兴产业高端化、传统产业生态化、特色产业规模化，培育竹木加工、特色轻工、电子信息与装备制造、新医药大健康等百亿级产业集群，形成优势突出、特色鲜明的生态工业体系。

改造提升传统产业。加快发展特色轻工产业，重点打造富有赤水特色的竹、药、醋、鸡、酒“五张名片”。完成竹浆林纸一体化项目技术改造，建成 12 万吨生活原纸和终端纸制品大项目。发展特色食品、优质晒醋、品牌白酒、天然饮用水、新型石材、包装印刷和旅游商品，形成一批有较强影响力的赤水品牌。促进特色产业规模化、现代化、集群化发展。推进新型化工产业、生物化工产业发展，改造提升天然气化工产业，加快资源深度转化和产业集聚，打造黔北重要天然气综合利用化工基地。为满足竹加工业迅猛发展的需要，加快发展竹业专用设备等特色装备制造业。

高端定位，优先突破。把新兴产业作为促增长的着力点，培育成主导产业。重点发展纸制品、家具产业、特色食品药品、竹集成材料、新技术新材料“五大产业”，带动当地 3000 多人就业，人均年收入 3 万元以上。到 2017 年，全市规模以上工业企业发展到 102 家、工业总产值突破 110 亿元，实现“双百”目标，新增就业岗位 6400 个。

按照竹业循环经济工业园区、食药品产业园、白酒产业园、旅游商品加工产业园、高新技术和电子信息产业园、装备制造产业园“一区五园”的产业功能布局，扶持发展竹木、石斛、乌骨鸡等特色加工业和白酒、晒醋等特色酿造业。“十二五”期间，市财政每年投入 3000 多万元，设立新型工业发展资金，推进工业聚集发展、

赤水晒醋采用固体发酵繁殖天然醋酸菌，醋坯和成品醋在阳光下长久暴晒工艺而得名，具有色、香、酸、醇、浓的特点。1930年获“贵州省物产展览会甲等奖”，1988年获“中华人民共和国商业部优质产品奖”，2015年获得国家地理标志产品保护，跻身赤水“竹、药、醋、鸡、酒”“五张名片”之列。（王茂祥 摄）

循环发展。实施工业企业退城进园、供排水设施集中处理工程。黔北年产30万吨竹浆林纸一体化项目纳入全国循环经济试点。11家竹业规模以上企业，做到竹根、竹枝、竹叶全部加工转化利用。水泥粉磨站等企业，利用建筑废弃物生产新型建筑材料，每年消化废弃物10万吨以上。

引入现代高科技，走产研结合道路，拓宽产研结合领域。南京林业大学教授张齐生将高科技注入竹木产业，新上的竹塑复合环保板材生产线已建成投产，新产品投放市场供不应求，实现年产值8000万元。

培育发展以大数据为引领的电子信息产业，引进电子信息终端产品配套企业。实施“互联网+”行动计划，发展城乡电子商务，推进大数据与生态工业、生态农业和以生态旅游为重点的服务业融合发展。培育发展以大健康为目标的新医药产业。针对中国“未富先老”的国情和人们越来越重视健康养生投入的消费趋势，利用赤水优越的自然环境，加快发展康养产业，成功打造出天鹅堡度假区和天岛湖森林公园等一批健康服务、健康产品品牌。培育发展以节能、环保、低碳、可持续为主导的新型建筑建材产业，扶持培育一批建筑业龙头企业，发展一批中小型建筑企业。加速升级现代服务业，推动现代物流、商贸商务、金融服务、科技信息等生产性服务业向专业化发展和价值链延伸。针对市场需求，健康养生、休闲娱乐等生活性服务业向精细化和高品质转变。优化投资硬环境和软环境，合理规划，科学布局，培育发展新业态和绿色消费增长点，合理布局和打造服务业集聚区。

提升产业聚集水平。初步打造出竹木加工、特色轻工、新医药大健康和电子信息装备制造 3 个百亿级产业集群，农民生产的竹木、金钗石斛等大量农产品，就近成为工业精深加工原材料，农村富余劳动力就近进厂就业，拉伸产业链。以信天药业公司、红赤水公司和富林电子公司为代表的 32 家新医药大健康和电子信息装备制造企业，主要分布在赤水经济开发区电子信息产业园和天台食药园区。以赤天化纸业公司和西南（赤水）家具产业园为代表的 63 家竹木加工企业进驻赤水经济开发区家具产业园和纸业园区。以金水源环保公司为代表的 21 家特色轻工企业进驻赤水经济开发区电子产业园。进驻赤水的产业集群充分发挥龙头和经济技术辐射作用，带动全市经济快速、稳定、健康发展，实现弯道超车，跨越发展。

市委、市政府营造良好的政治生态和投资环境，竭诚为入驻赤水的企业服务，引导工业反哺农业，助推脱贫攻坚和地方经济加快发展。外来企业看重赤水清新的政治生态、一流的投资环境、丰富的原材料资源和人力资源，与当地党委、政府心往一处想，劲往一处使，积极参与地方精准扶贫、脱贫攻坚，将竹木、石斛等原料生产基地建设重点向贫困乡镇、贫困村倾斜，将贫困农民转变为企业原料生产基地工人。强化农村劳动力转移就业培训，提供就业岗位，扶持符合用工条件的贫困人口实现就近就业，增加务工收入，实现稳定脱贫。赤水工业园区企业年用工 1.2 万人，共吸纳建档立卡贫困户和易地扶贫搬迁户 1136 户 4451 人就业，人均月工资 3000 元左右，技术岗位、管理层人员工资高出 1 倍以上，实现“一人就业，全家脱贫”的目标。地方为企业提供充裕的劳动力资源，满足企业用工发展需要，实现地方脱贫攻坚和企业发展双赢。

实施贵州工业“百千万”（省级重点抓 100 户企业立标杆，市级重点抓 1000 户企业强骨干，县级重点抓 1 万户企业夯基础）工程，促进赤水生态工业发展。实行市级领导挂帮规模生态工业企业和重点工业项目，每个规模工业企业都由一名市级领导挂帮，帮助企业解决生产发展中存在的问题和遇到的困难，促进企业正常生产，加快发展。以实施“千企改造”为契机，帮助生态工业企业理清发展思路，优化改造方案，促进传统工业向生态工业转型升级。已完成所有规模工业企业向生态工业转型改造任务。实施“双培育”工程：培育纸制品、家具产业、特色食品药品、竹集成材、新技术新材料等科技型、生态型企业；培育新的经济增长点，坚定生态工业发展思路，坚持“生态产业化、产业生态化”发展道路。

加大招商引资力度，在改善投资硬环境的同时，有针对性地改善投资软环境。精准服务招商引进企业，做到一企一策，提供精准服务。针对引进企业遇到的困难和实际需求，制定具体服务方案，逐一明确具体责任单位、责任领导和责任人，实行台账管理，做到问题不解决不脱钩，助推引进项目快落户、快建设、快投产、快见效，实现地方与企业互利双赢。

开展产业链精准招商，一方面围绕给现有企业搞好产业链配套，按图索骥，开展精准对口招商；另一方面针对重点企业、重点产业产业链短板和空白点，研究已引进企业的产品在现有产业链中的位置，穿针引线，协助主动出击，千方百计引进协作配套企业，实现以商招商，补齐加固产业链。

2016年，赤水市引进中国·赤水西南家具产业园，项目总规划占地5000亩，一期工程2000亩，二期工程3000亩，总投资30亿元，年产竹木家具2000万件（套）。到2018年5月，已建成标准厂房30万平方米，在建40万平方米。西南家具产业园利用已经形成的产业链关系，协助赤水引进配套企业签约200多家，已入驻65家，涵盖家具、家居、板材、五金、玻璃、包装、环保、物流等企业，形成完整产业链。目前，园区工人2000人，其中赤水农民（含贫困户）占三分之一以上。

市委、市政府为帮助西南家具产业园解决落户建设面临的问题和困难，使企业尽早建成投产，专门成立西南家具产业园企业帮扶领导小组，由赤水经济开发区园区服务中心主任任组长，市投资促进局副局长任副组长，成员包括经济开发区园区服务中心所有人员、投促局项目代办科全体人员和西南家具园园区服务中心人员，领导小组下设办公室，由办公室负责统筹协调和对外联络等工作。

赤水经济开发区园区服务中心、市投促局项目代办科和西南家具产业园园区服务中心联合为入驻园区的所有企业协调办理行政审批手续，本着提高效率、方便企业的原则，简化、优化办事程序，减少审批环节，实行公开承诺制、限时办结制，急事急办，特事特办，提高服务质量和水平。深入企业召开现场调度会，全面掌握企业生产建设情况和需要帮扶事项，制定切实可行的帮扶方案，落实帮扶责任，对一个单位能帮助解决的及时加以解决；对具有共性和需要多个单位共同解决的由市招商专项行动领导小组协调解决，各方通力协作，高效、快捷地为入驻企业解决遇到的问题。

赤水市对引进企业全力帮扶，切实解决企业建设发展中遇到的实际问题，营造良好的发展环境，使企业感到温暖。市委、市政府严明工作纪律，强调不能借帮扶之机接受企业宴请和收受礼品，决不能给企业正常经营活动添麻烦、增负担，杜绝吃、拿、卡、要行为。对帮扶积极、成效显著的给予通报表扬，对不落实扶持政策、帮扶不积极主动、敷衍了事的一律严肃处理。

中国·赤水西南家具产业园董事长梁莹深有感慨地对笔者说，赤水为了给引进企业营造良好的发展环境，市委、市政府为引进企业做了七件大事、实事：解决了过渡厂房，先修路后招商，金融政策灵活快捷，解决原材料配套难题，“一条龙”综合式服务，环保无忧，提供人力资源保障。他说，赤水自然生态好，政治生态好，企业选择赤水，赤水接纳企业，已经结成命运共同体。他表示中国·赤水西南家具产业园扎根赤水，立足西南，面向全国。企业今年可实现产值 12 亿元，按现在的发展势头，3 年内入驻园区的企业可达 300 家，员工可达 3 万人，年产值可达 150 亿元，可向国家纳税 5 亿元。

精准引进优强企业。聚焦资源精深加工、高端装备制造、现代特色高效农业、大数据电子信息、大健康新医药等领域，有针对性地出击，到发达地区引进高新技术企业、农业产业化龙头企业和转型升级后的企业。贵州青禾竹业发展有限公司董事长尤军对笔者说，入驻赤水的青禾竹业项目总投资 1.2 亿元，2018 年 6 月底投入试生产。公司是江苏尤佳竹木科技有限公司投资的国有混合股份制企业，主要生产集装箱木质地板，与南京林业大学合作，打造新型节能环保高品质集装箱，与中国中集集团、丹麦马士基、韩国 HNK 等大型企业结成长期合作贸易战略伙伴，国内在深圳、上海、天津、大连、青岛、宁波等港口发展有固定客户。青禾竹业在赤水主要研发集装箱竹木复合地板，更新升级主要产品。他预测说：公司 3 年内年产值可达 10 亿元。

实施供给侧结构性改革，把降成本作为突破口，精准降低企业用电、物流、融资、税费和制度性交易等成本，有力、有度、有效地抓好“去产能、去库存、

赤水经济开发区打造金钗石斛产业开发公司、红赤水集团公司、竹韵贸易公司、新锦竹木制品公司、黔老翁晒醋公司和曾氏晒醋等 6 个富有赤水特色的工业旅游观光点，年接待游客 100 万人次，收入 1 亿元，解决 1060 人就业，走出旅游城市绿色工业发展新路。赤水竹韵公司是竹、木、藤结合生产家具等产品的专业公司，农民工在车间编织竹制桌面。（刘子富　摄）

去杠杆、降成本、补短板”五大任务，确保改革朝着预期目标和方向发展。着力抓住降低企业用电成本这个“牛鼻子”，精准启动电网输配电价改革，深入推进电力市场化交易，激发企业生产潜力和活力，刺激用电需求，用电大户生产经营逐步向好。增强投资吸引力，市场主体和产品种类增加、产品质量提高。

加大基础设施建设力度，不断完善配套设施，把工业园区建设成为拉动经济增长、优化产业结构、增强综合实力和助推脱贫攻坚的平台。赤水市有 102 家企业和项目列入贵州“百千万”工程，实行市级领导挂帮责任制，扎实推进服务企业、服务项目“双服务”行动。

加强融资担保体系建设，降低实体经济企业成本，培育一批龙头企业。赤天化纸业公司列入省级“千企改造”龙头企业。深入实施提高民营经济比重行动计划和“万户小老板工程”。积极参与成渝经济区和“一带一路”产业分工，承接产业转移，发展一批关联度高、辐射性强的产业集群。依托主导产业，吸引上下游产品和配套企业，延伸产业链。

赤水经济开发区内 126 家工业企业带动 3000 多人就业，人均年收入 3 万元以上，贫困家庭人员实现就业脱贫。投入 1.2 亿元，建成 103 个农村淘宝和“云上赤水”电商综合平台，推动“赤货出山”，带动 4000 多贫困人口就业，人均年收入 1000 元以上。2017—2018 年 5 月城镇新增就业 15578 人。

园区实施产业连接扶贫，助推贫困农民脱贫致富。赤水丰富的竹资源为竹产业全面发展提供必不可少的原材料，闽兴竹业发展公司、川友家具公司、云泰家具产业园、中竹新宇竹业公司等 23 家规模竹木加工企业，开发的纸浆、原纸、竹地板、竹家具、竹工艺品、竹笋系列特色轻工产品远销欧美及港澳地区。2017 年，竹木产业实现工业产值 49.96 亿元，增加值 12.16 亿元，消耗竹原材料 120 万吨，直接支付当地村民原材料款近 5 亿元。

园区上接一产扶贫。2017 年，赤天化纸业股份有限公司向当地 20 多万竹农

农民工在竹韵公司竹木家具车间编织竹木藤椅子。（刘子富　摄）

收购竹原料 82.6 万吨，支付 4.34 亿元，竹农人均收入 2030 元；红赤水集团、黔源笋业等企业向农民收购竹笋等产品 2.5 万吨，支付 1.28 亿元，竹农人均增收 1112.5 元；闽兴竹业、新锦公司等企业采购楠竹 500 万根，支付 600 万元，竹农人均增收 333 元；赤水金钗石斛产业公司、国礼金钗石斛公司、信天药业公司等新医药大健康企业向农民收购鲜石斛等农产品 2800 吨，投放资金 1.55 亿元，石斛种植户人均收入 5040 元。园区企业担当起脱贫攻坚重任。

园区下连三产扶贫。打造金钗石斛产业开发公司、红赤水集团公司、竹韵贸易公司、新锦竹木制品公司、黔老翁晒醋公司和曾氏晒醋 6 个富有赤水特色的工业旅游观光点，年接待游客 100 万人次，收入 1 亿元，解决 1060 人就业，走出旅游城市绿色工业发展新路。

推进“大众创业、万众创新”是发展动力之源、富民之道、公平之计、强市之策。营造良好的创业环境，鼓励“大众创业、万众创新”，促进经济繁荣，推动社会发展。落实全面创业行动计划，实施就业创业促进工程。开展创业型城市建设，培育创业型企业、创业型员工。加大创业政策扶持力度，鼓励以创业带就业。促进充分

赤水工业园区企业主动担当脱贫攻坚社会责任，将原料生产基地建设重点向贫困乡村倾斜，将农民转变为“第一车间”工人。图为赤天化纸业公司生产的竹浆板外运下游产业链厂家。（刘子富　摄）

就业，做好返乡农民工、高校毕业生、城镇困难人员、退役军人、易地扶贫搬迁移民等重点群体就业工作。推进终身职业技能培训制度，完善就业服务体系，构建和谐劳动关系。

为营造良好的创业创新税收环境，促进企业快速健康成长，在企业初创期，除了普惠式税收优惠外，重点行业的小微企业购置固定资产，高校毕业生、失业人员、退役士兵、残疾人等特殊群体创业或者吸纳特殊群体就业的企业，享受特殊税收优惠。对扶持企业成长的创新创业平台、创业投资企业、金融机构、企业和个人等，给予税收优惠，帮助企业聚集资金，加快发展。

立足“双创”实际，出台了一系列税收优惠政策。2017 年 7 月 3 日在网上发布《赤水市“大众创业、万众创新”税收优惠政策指引》，用税收优惠政策帮助企业不断增强转型升级动力。对研发费用实施所得税加计扣除政策。对企业固定资产实行加速折旧，尤其是生物药品制造业、软件和信息技术服务业等 6 个行业、4 个领域重点行业企业，用于研发活动的仪器设备不超过 100 万元的，可以一次性税前扣除。企业购买用于科学研究、科技开发和教学的设备，享受进口环节增值税、消费税免税和国内增值税退税等税收优惠。帮助企业和科研机构留住创新人才，鼓励创新人才为企业提供智力支持。

赤水经济开发区创业创新示范和助推脱贫攻坚取得的成就，先后获得“全国第一批小型微型企业创业创新示范基地”“第三批全国创业孵化示范基地”“贵州省新型工业化产业示范基地”“贵州省大众创业、万众创新示范园”和“贵州省农民工创业示范园”等称号。

结合赤水生态工业发展实际，在招商引资和项目备案时，严格把关，拒绝高耗能、高污染企业入驻落户。加快淘汰落后产能，支持生态工业发展。2010 年以来，淘汰了鸿锐电冶公司 6300 千伏安电石炉、赤水市水泥有限公司水泥生产线和小砖厂等落后产能，用实际行动向全社会表明发展生态工业的信心和决心。

实施资源综合利用。引导企业利用竹渣、竹屑等剩余物、废弃物，生产竹塑、竹炭、竹工艺品、生物有机肥等，科学有效地提高资源利用率。

加大工业污水处理设施建设。在工业园区修建 3 座污水处理厂，集中处理工业污水，监督企业科学治污，切实保护环境，坚持绿色生产，文明生产。

市委、市政府以一鼓作气拼到底的勇气，推进工业园区跨越发展。赤水经济开发区实现从无到有、从小到大、从弱到强。截止到 2017 年，已发展到 5.5 平方公里，建成 188 万平方米标准厂房，比 2012 年扩大 10 倍以上，入驻园区企业 217 家，提供就业岗位 1.8 万个，完成工业总产值 110 亿元，同比增长 20.22%，其中生态工业占 87.5%。规模工业企业 102 家，其中生态工业占 90.36%；完成工业产值 98 亿元，其中生态工业占 93.48%。完成工业增加值 32 亿元，其中生态工业占 95.6%。工业增加值能耗下降 4% 以上，圆满完成工业节能目标任务。前往赤水考察研究的工业、环保、城市规划、党政官员和到工业园区观光旅游的中外旅客，赞叹赤水成功探索出“旅游城市生态工业绿色发展新路”！

三、旅游扶贫带就业

2014 年以来，在实施脱贫攻坚战略和推进全面小康进程中，市委、市政府和市发改、财政、扶贫、文化、旅游、林业、交通、水务、司法等政府相关部门，以国际视野、战略思维、市场眼光谋划发展全域文化旅游产业，注重空间突破、项目突破、产业突破、营销突破，着力做靓景区、做优服务、做响品牌、做火市场，致力于将赤水打造成国际旅游城市。推行组织定责、目标定位、工作定项“三定”机制，充分发挥旅游稳增长、惠民生、消贫困的引领作用，将发展全域旅游与精准扶贫深度融合，积极探索“旅游 + 扶贫”模式，将绿色旅游产业扶贫蓝图落到实处。

组织定责机制——成立由市委书记和市长担任“双组长”的市旅游产业发展领导小组，明确由市农牧局负责引导贫困乡镇旅游资源开发与利用，协同促进贫困乡镇发展乡村旅游、红色旅游和休闲度假旅游等，从组织上给予保障。为适应旅游产业发展需要，组建旅游发展股份有限公司，专门负责抓旅游产业集聚发展，发挥龙头企业引领作用，保障旅游产业做大、做优、做强。

目标定位机制——将旅游产业扶贫定位为富民工程，制定《赤水旅游“十三五”发展规划》《赤水市推进国家全域旅游示范县创建工作实施方案》《脱贫攻坚同步小康实施方案》等文件，全面加快旅游设施建设，推进旅游与城市、工业、农业、文化、体育等产业融合发展，在每个乡镇打造 1 个以上 3A 级景区，确保到 2020 年全市建成 17 个以上 3A 级景区、6 个以上 4A 级景区，建成 1 个 5A 级景区，带

依托独特的自然景观、人文历史、生态、气候等旅游资源，打造“百里翡翠长廊”“红色文化”“古镇文化”“生态文化”和“高山休闲度假”等六大特色旅游带，构建全域旅游大格局。赤水“中国侏罗纪公园”是我国唯一以“侏罗纪”命名的国家级公园。园区自然分布的桫椤被植物学界称为“活化石”。侏罗纪（距今约2.05亿—1.44亿年）时代，桫椤是唯一的木本蕨类植物，有“蕨类植物王”之称。（刘子富　摄）

动 10 万农民增收致富，实现农村贫困人口全部脱贫。

工作定项机制——充分利用得天独厚的旅游资源，把乡村旅游产业作为发展重点，将全市旅游基础较好的 20 个村建成乡村旅游发展示范点，6 个村作为乡村旅游发展先行先试重点村，规划布局 4 条乡村旅游发展带。以国际视野审视赤水旅游资源和旅游产业，着眼打造中国一流、世界知名旅游目的地。

2013 年以来，聘请美国 PGAV、日本隈研吾建筑都市事务所、德安杰环球顾问、浙江远见等国际知名、国内一流的旅游策划团队，把握新时代大众旅游、山地旅游、康养旅游、全域旅游等发展大趋势，高起点定位赤水旅游产业，不断丰富完善旅游发展规划，重点提高品质、营销品牌、提升服务。制定完善《赤水旅游发展总体规划》，以及《赤水大瀑布景区（十丈洞景区）修建性详规》《竹海国家森林公园总体规划》等子规划，确保旅游产业发展蹄疾步稳。

注重将旅游扶贫与“十三五”旅游产业发展规划有机结合。在“十三五”旅游规划中将大同镇民族村申报纳入全省 38 个旅游扶贫规划重点村，两河口镇盘龙村、元厚镇桂圆林村、宝源乡回龙村、官渡镇金宝村、长沙镇白田村等 10 个村纳入省级 1000 个乡村旅游重点村；复兴镇凯旋村、丙安镇丙安村纳入全市 100 个乡村旅游示范区。邀请高层次旅游专业规划团队进行设计规划，支持大同、元厚、官渡、宝源和丙安等乡镇编制实施具有本土文化旅游特色的“十三五”旅游发展规划。

赤水紧靠黔北大娄山北麓，扬子准地台西部，属四川台坳、四川盆地分区泸州小区，与四川为同一沉积湖盆，境内出露地层为侏罗系、白垩系红色建造，是贵州省侏罗系、白垩系地层发育最好、出露最齐的区域。

赤水丹霞为亚热带湿润区丹霞及高原峡谷型丹霞，发育成丹霞崖壁、方山、石柱、沟谷、凹槽、穿洞等典型的丹霞个体形态，景观以地势高兀、谷地深狭、悬崖飞瀑为主要特色。独特优越的地理环境和自然条件，加之有史以来受人类活动干扰较少，赤水丹霞得以发育并保存了“赤水桫椤国家级自然保护区”“赤水竹海国家森林公园”“赤水燕子岩国家森林公园”“赤水亚热带常绿阔叶林自然保护区”等保持原生性、古老性、多样性、完整性和独特性自然生态系统，是贵州、中国乃至世界理想的丹霞地质地貌、丹霞自然生态系统、丹霞文化科研基地、教学基地和观光旅游胜地。

赤水旅游资源得天独厚，极为丰富，拥有自然景观、人文景观、民俗风情、传统饮食、红色文化、地域文化、手工艺品、都市风光、田园风光、度假旅游和生态旅游等各具风采的旅游资源。拥有 1 个世界自然遗产地、1 个国家级风景名胜区、1 个国家地质公园、1 个国家级旅游度假区、2 个国家级自然保护区、2 个国家级森林公园、2 个中国历史文化名镇（村）、5 个 4A 级景区等，手握国家级及以上旅游名片 40 余张。赤水是令人神往的文化旅游、观光旅游、休闲度假、康体养生、农耕体验等能够找回乡愁记忆的目的地。

2012 年，赤水市人民政府着眼把大自然赐予赤水的世界级自然遗产，精心

赤水桫椤国家自然保护区拥有世界上数量最多、分布面积最大的桫椤天然林，2010 年与世界接轨，纳入世界生物多样性和世界自然遗产保护，成为国际间自然环境保护网区、科研教学基地、宣传教育中心和生态旅游胜地。（刘子富　摄）

打造成世界级风景名胜区，奉献给人类，当机立断，收回景区经营管理权，决定由政府主导发展旅游产业，选派精兵强将主管旅游产业，切实加强管理，把文化旅游产业做大做强，培植成一大支柱产业，为景区各族农民和赤水人民提供就业岗位，吸纳群众参与经营旅游，获得经济实惠，共享发展成果，让国家旅游资源对国家多作贡献。第一年景区收入实现 1260 万元，第三年达到 1.36 亿元，第五年突破 3.7 亿元，是 2013 年的 29.37 倍，国家财政税收同步增长。旅游接待突破 1600 万人次，旅游综合收入达 185 亿元，被业内人士称赞为“贵州山地旅游井喷式增长的一面旗帜”。

生态旅游全域化。坚持“在保护中开发，在开发中保护”。按照“全景赤水·全域旅游”理念，抓住贵州打造赤水河千亿级文化旅游产业带和遵义创建国家全域旅游示范区的发展机遇，以旅游综合体建设为抓手、以智慧旅游建设为导向，依托良好的气候环境和生态优势，按国家 5A 级标准提升赤水八大主景区品质，使国家 4A 级旅游景区增加到 5 个。推进高山休闲度假旅游、美丽乡村建设等旅游业态布局，突出湿地、彩林、花海等新型生态景观建设。促进传统景区与乡村旅游、休闲度假旅游融合发展，让赤水既养眼、养身、养生、养心，又宜游、宜居、宜业、宜养，实现传统旅游向生态旅游转型升级。

依托独特的自然景观、人文历史、生态、气候等旅游资源，以旅游综合体建设为载体，总投资 210 亿元，打造百里翡翠长廊、红色文化、古镇文化、生态文化和高山休闲度假等六大特色旅游带，构建全域旅游大格局，完善景区基础设施建设，提升旅游接待能力。着力将赤水河流域打造成国内一流、世界知名的旅游精品线，实现从传统观光旅游向跨界数字旅游转型的跨越。已建成“中国丹霞赤水世界自然遗产地”“赤水国家级风景名胜区”“赤水竹海国家森林公园”“赤水燕子岩国家森林公园”“长江上游珍稀特有鱼类国家级自然保护区（赤水段）”“赤水丹霞国家地质公园”“赤水桫椤国家级自然保护区”和赤水大瀑布、燕子岩、佛光岩、竹海国家森林公园和四洞沟 5 个国家 4A 级景区。

桫椤被植物学界称为“活化石”。侏罗纪（距今约 2.05 亿年—1.44 亿年）时代，繁茂的蕨类植物桫椤是恐龙重要的素食来源。植物学将桫椤列为桫椤科，桫椤属蕨类植物，是唯一的木本蕨类植物，有“蕨类植物王”的赞誉。桫椤茎直立，高 1—6 米，胸径 10—20 厘米，树冠酷似凤尾，具有很高的观赏价值。我国早期公布的

214 万亩林海绿满赤水，涵养水源，滋润大地，空气清新，城区空气负氧离子含量每立方厘米 3.2 万个，林区、景区含量更高，摘取了“中国天然氧吧”桂冠。天鹅堡森林公园森林覆盖率高达 99%，打造集生态旅游、避暑度假、养生养老、森林运动等功能于一体的国家 4A 级复合旅游景区。来自重庆、成都、泸州、遵义等地休闲度假的游客，在湖边悠闲垂钓。（刘子富　摄）

保护植物名录，将桫椤与银杉、水杉、秃杉、望天树、珙桐、人参、金花茶等一道，列为国家一级保护珍贵植物。

1983 年，贵州省人民政府组成“贵州省珍稀濒危植物考察组”，科考人员深入赤水县金沙沟一带高山河谷中，考察贵州珍稀植物——小金花茶，无意中发现世界珍稀濒危保护植物桫椤。赤水有大面积桫椤分布被首次发现的新闻，轰动了全国乃至世界植物学界。

1984 年，赤水县人民政府建立了“赤水桫椤自然保护区”。1992 年，国务院批准“赤水桫椤自然保护区”升格为“桫椤国家级自然保护区”。赤水桫椤国家级自然保护区是世界上以桫椤及其生存环境为保护对象的唯一国家级自然保护区。保护区面积 133 平方公里，拥有世界上数量最多、分布面积最大的桫椤天然林区。1993 年，赤水桫椤保护区被纳入“中国生物圈保护区”。2000 年，经国家旅游局批准，在赤水桫椤国家级自然保护区内，建立地球爬行动物时代标志植物桫椤及其生存环境游览观光园林，正式命名为“中国侏罗纪公园”，这是中国唯一一个以“侏罗纪”命名的国家级公园。

贵州省人民政府批准建立赤水桫椤国家级自然保护区管理局，依法保护桫椤自然生态资源和自然环境。2010 年，赤水桫椤国家级自然保护区与世界接轨，纳入世界生物多样性和世界自然遗产保护，成为国际间自然环境保护网区、科研教学基地、宣传教育中心和生态旅游胜地。

市委、市政府为了把大自然赐予的世界自然遗产和绚丽多彩的自然风光奉献给中外旅客、奉献给全人类，同时造福赤水各族人民，为贫困农民谋福祉，举全市之力，夯实旅游产业扶贫基础，为发展全域旅游筑牢“三大”基础设施：

——确保交通畅通

采取政府投资、社会融资和村级“一事一议”筹资筹劳方式，突出扶贫路、产业路、小康路、断头路、旅游路建设，在打通景区连接通道的同时，带动周边基础设施建设。截止到目前，全市实现“村村通”、“组组通”公路交通扶贫目标，100% 的建制村通硬化路，累计改扩建旅游环线 160 公里，建成绿色通道 64 公里，在赤水河谷高标准建成旅游公路，实现 6 大景区交通互联互通，畅通内部“毛细血管”，有效解决 20 多万农民群众出行难、竹原料运输难等问题，为发展乡村旅游、乡村客栈、农家农庄奠定了必不可少的交通基础。

——完善配套设施

以创建国家 5A 级旅游景区为载体，推进旅游交通、游览、安全、卫生、邮电、购物、综合管理、资源和环境保护等设施提档升级，按照国家级旅游度假区标准建成集游客接待中心、旅游交通枢纽、主题公园、养生养老、健康体验、文化演艺、运动休闲、商务会议等配套功能为一体的文化旅游创新区。投资 7 亿元建成赤水游客中心及各大景区停车场10余万平方米。建成智慧旅游系统、新能源交通系统、标识系统等工程。建成半岛酒店、金黔嘉华、同盛、巨洋等8家高星级酒店，全市商务酒店、风情客栈、乡村旅社等累计628家，接待床位3.1万张。推进旅游厕所革命，建成星级公厕62座。布局9个高品质山地休闲度假区，其中天鹅堡、天岛湖等已建成投入使用。打造独具赤水特色的40个驿站、茶庄、醋庄、渔庄、酒庄等，开办农家乐600多家，建成并投入使用竹海、张家湾、赤水大瀑布景区等5个汽车露营基地。构建集健康养生、特色餐饮、文化娱乐、运动健身等于一体的“快进慢游”旅游服务体系。

——美化靓化环境

实施“增彩添色”工程，在高速公路、河谷旅游公路、景区沿线实施美化、绿化、亮化、油化、文化“五化工程”，建成景观林8000亩，完成遵赤高速公路沿线52.6公里、赤水河谷旅游公路沿线64公里景观带绿化、美化和沿线房屋立面改造，完成沿线2600户危房整治。整合生态移民、农村危房改造、“四在农家·美丽乡村”等项目资金，打造出复兴镇张家湾、旺隆镇新春村等80个新村和赤水城区杨梅山等22个生态移民安置点。依托景区景点开发农家乐、旅游商品店、景区保洁等就业岗位，实现村容环境美与群众致富双赢。

旅游业号称“无烟工业”，与传统工业相比，废弃物排放少，对环境污染小，游人对景观资源一般不会明显损耗。这是相对而言，事实上，旅游业同样会带来资源环境的一定损耗。各级党委、政府、旅游、林业、水务、环保等相关部门、有关专家和有识之士，极力倡导生态旅游，主张强化环保理念。赤水全域范围内采取科学有效的措施，切实加强环境保护，将日益兴旺的旅游业对环境资源的负面影响降至最低。

打造“丹青赤水·康养福地”旅游品牌，塑造良好的全域旅游形象，继承弘扬本土生态文化、红色文化，推进建设国际知名林城、丹霞城、休闲旅游、度假体验城，丰富生态旅游文化内涵和业态，推进旅游从观光型向“观光+休闲度假体验型”转变。

打造文化旅游集聚区。赤水文化旅游集聚区位于赤水市中心城区南部，北至五洲商贸城、南至四洞沟、东至复兴大桥、西至大同新区，包含长江半岛、凉江半岛、庙沱半岛和复兴、大同等9个乡镇，规划用地26平方公里。

文化旅游集聚区以“一核、八节点”布局空间，突出核心区的龙头带动和支撑作用，集中力量重点突破。“一核”：文化旅游集聚主体核心区。以长江半岛、庙沱半岛、凉江半岛、文华新城、大同镇、复兴镇等区域为载体，构建文化旅游集聚核心区，规划面积24平方公里，打造以城区为依托，集文化旅游、水上运动、健康养生、展示体验、信息、电商、金融等产业于一体的文化旅游服务业高地和核心区域，辐射整个赤水和周边区域；“八节点”：依托主要景区和重点旅游乡镇，以服务周边景区、景点为重点，建设长期—官渡、天台、旺隆、元厚、葫市、丙安、长沙、宝源—两河口8个文化旅游服务节点，形成与全市旅游核心区联动配套的节点服务区，每个节点服务区占地面积约为375亩。其中长期—官渡为东部片区旅游服务次中心区；长沙、元厚、长期—官渡为成渝、合江及綦江方向、遵义、习水方向进入赤水旅游的入口服务节点；天台、旺隆、葫市、丙安、宝源—两河口为特色服务节点。

农旅融合发展。凭借得天独厚的自然资源优势，依托迷人的田园风光、厚重的农耕文化，发展休闲观光农业，吸引中外旅客。采取“公司＋基地＋农户”、“专业公司＋合作社＋农户”等模式，发展山地生态特色现代农业，扶持水产养殖、精品水果、蔬菜基地等特色优势产业，强化独具赤水风味特色的乌骨鸡（蛋）、金钗石斛、竹笋、虫茶、腊肉等加工和包装，推动农村电子商务、农村淘宝形成产业，实现旅游商品线上线下持续热销。已建成100个国内直销网点，实现年销售收入6.2亿元，农民人均年增收1600元，人均可支配收入由2014年的8357元提高到2017年的11002元。以农业为主的特色产业实现贫困村、贫困人口全覆盖。

两河口镇黎明村地处赤水大瀑布国家4A级风景区核心区，虽然苍山如海，遍野是竹，风景如画，游人如织，但地处深山，居住分散，交通闭塞，全村222户797人，贫困发生率高达26%，无所事事的多达43人，光棍汉多达37人，失学儿童多达28名，人称“穷三多”，被戴上“富饶的贫困”帽子。随着脱贫攻坚的全面推进，黎明村依托赤水大瀑布风景区的旅游资源优势，政府抓交通扶贫，扶持发展乡村旅游、民宿旅游，开办农家乐，帮助解决就业问题，村民有了稳定收入来源，成为赤水市农旅融合发展脱贫的缩影。

黎明村党支部书记、遵义市人大代表王廷科对笔者说，这里苗汉杂居，地广人稀，交通不便，科技落后，满山都是竹子，但运输困难，烂在山上，农民仍然

2017 年，赤水大瀑布国家 4A 级风景区接待中外游客 204.7 万人次。 （翁永学 摄）

贫困。2012 年，随着旅游业的兴起，组织村民投入市里实施的“组组通”交通扶贫项目建设，修建通组路 87 公里，实现“组组通”。村党支部、村委会动员村民组建黎明生态乡村旅游有限责任公司，经营漂流、农家乐、民宿等项目，实现 126 人就近就业，其中贫困户 15 户 17 人，从事旅游业人均年收入 2.3 万元。针对旅游市场需要，发展猕猴桃 1260 亩，其中集中连片种植 760 亩，实现水果产业全覆盖。全村人均年收入从 2013 年的 4000 多元，2017 年增加到 13481 元，70 户贫困户已有 64 户脱贫。2018 年有 1 户可脱贫，其余 5 户有残疾人，用社会救济解决。村集体经济已达 89 万元，摘掉“空壳村”帽子，由“穷三多”村变成产业多、小老板多、收入多的“富三多”村，实现整村脱贫。

工旅融合发展。按照“园区景点化、工厂花园化、产品商品化”的发展理念，立足赤水特色工业，建成一批集生产加工、产品展示、购物销售、观光体验、文化娱乐为一体的工业旅游企业。已建成工业旅游网点6个，带动红赤水、神雕竹艺、黔老翁等特色食品加快发展，工艺品加工企业发展到133家，新开发红赤水桫椤妹、黔老翁晒醋、石斛浸膏、竹韵等旅游商品1500多种，旅游商品商标注册368件，实现年销售收入12.05亿元，带动农村10万村民增收致富，3000多人实现就业脱贫。

文旅融合发展。深入挖掘红色文化、古镇文化、盐运文化、美食文化、康养文化资源，拓展红色旅游、数字旅游、智慧旅游、夜间旅游、体验旅游新业态。已建成沿赤水河谷旅游公路红色文化带、红一军团陈列馆、中共赤合特支遗址、红军烈士陵园等红色革命教育基地，举办重走长征路、弘扬长征精神活动。打造贵福金街美食一条街、美食城和茵特拉根、黔北明珠文化娱乐城。举办国际山地音乐节、主题音乐季、灯光节和露天影院、水上冲关、模拟飞行等体验项目。开展魔术、相声、万人健步走、快乐骑行等活动。创作《赤水印迹》《赤韵》等舞台剧、梦幻娱乐城和“苗人部落”文艺演出节目。在大同苗寨、大同古镇、玫瑰小镇等地组建10个民间艺术表演团，当地200多名民间艺人和文娱爱好者踊跃参与，年表演100多场次，人均年收入达2.8万元。文旅融合推动旅游业态由单一向多元转变。

市委、市政府及旅游、扶贫、农牧、林业、国土等各有关部门，充分利用丰富的旅游资源，着眼一头联结日趋做大、做强的旅游产业，一头联结农民群众中蕴藏巨大的旅游文化发展潜力；一头联结景区景点旅游资源大开发、产业大发展，一头联结周边千家万户充裕劳动力就近就业脱贫致富；一头联结旅游产业井喷发展大趋势，一头联结让广大农民群众共建共享旅游业持续释放的红利。聚焦富有赤水特色的旅游扶贫“三联”机制，实现旅游产业、周边村集体、农民群众多赢目标，实现旅游扶贫效益最大化。

聚焦产业联结机制。瞄准都市人群崇尚田园生活、山水旅游、农耕体验、乡土怀旧的需求，挖掘古村文化、黔北民俗文化、苗族风情文化，利用农村闲置房屋、闲置农田、闲置劳力的潜在价值，鼓励村民发展民宿旅游、乡村客栈、风情客栈和开办农家乐，注重在乡村旅游的“游”上下功夫，在农家旅居的“居”上做文章，在休闲体验的“乐”上动脑筋，促进吃在农家、住在农家、游在农家、乐在农家，增加农民财产性收入和工资性收入。已建成15个乡村旅游点、450家乡村客栈、床位达1.2万张。种植桃树、李树、龙眼、核桃等经果林2万多亩，建立集中连片花卉苗木基地 2000 亩以上，发展特色养殖 22 家。4 万农民群众共享发展乡村旅游产业红利，4200 多贫困户围绕旅游实现创业就业，人均年增收 1.85 万元。

2018 年 5 月 6 日，笔者来到葫市镇金沙村，这里拥有享誉全国的赤水国家级桫椤自然保护区和赤水竹海国家森林公园，与元厚镇享有“世界丹霞之冠”美誉的佛光岩景区（又名五柱峰景区）山水相连，被誉为赤水旅游资源“皇冠”上的明珠，每逢黄金周，景区游人如潮。旅游业蓬勃兴起，为金沙村带来发展机遇，村民在家门口找到了增收脱贫、发展致富的新途径，全村一半以上村民直接或间接从事与旅游业相关的服务业，人均年增收 3900 多元。

走进退伍军人张云才回乡创办的大五里农庄，犹如置身“世外桃源”：群山

2016 年 10 月 14—16 日，赤水市成功举办中国赤水 · 国际山地音乐节。国内外艺人同台演出，将流行、摇滚、民谣、电子音乐等多种音乐混合搭配，互相了解彼此混合型音乐。7 万多观众如约而至，欣赏中外音乐文化的碰撞。（喻德江　摄）

环抱，飞瀑如帘。小桥流水，清水池塘。楼台亭阁，翠竹掩映。人来客往，鸟语花香。

主客在池塘边品茗。张云才透出军人的爽直，自我介绍起来。原本在赤水城谋生计，看到家乡旅游业火起来了，当机立断，回乡创业：餐饮可同时接待300人就餐；客栈有50个房间，有标间、套房供选择；冷水喂养的优良品种青驳鱼，年产6万斤，全部用于餐厅供应游客，确保货真价实。几项业务解决12个乡亲的就业问题，其中贫困户1人。员工月工资2800—3000元，白天来农庄上班，晚上回家照顾老人、小孩，全部办了保险，有稳定收入，无后顾之忧。

聊起农庄对周边村民的带动，张云才不假思索地说，不算村民直接挑到景区去出售的石斛、干笋、水果、腊肉、香菇和其他土特产，农庄收购村民的蔬菜、竹笋、猪肉等农产品，年投放资金10多万元；收购村民专门为农庄林下散养的三黄鸡，年投放资金20万元以上。

聊起农庄的经营情况，他不忌讳富有，爽快地说，年营业额少说也有200万元。在他看来，服务业生存发展之道是依法经营，照章纳税；诚信第一，服务至上。他经营的大五里农庄被葫市镇评为“十佳企业”。

聚焦就业联结机制，实现大景区带动大发展。10年前笔者自驾游来过赤水、复兴、元厚、葫市、大同一带景区，这次旧地重游，顿生“天上人间”之感！在景区、景点和公路沿线，商业网点、农家乐、小客栈、酒吧、网吧、茶庄、停车场，各种名特产、名小吃、全竹“熊猫宴”的招牌比比皆是。政府引导群众从事民俗旅游小手工生产、旅游商品制造、旅游产品销售，通过开发餐饮业、住宿业、娱乐业、交通业、商业等行业中的服务性岗位，仅6大景区沿线就达1.2万个。各景区景点提供安保员、检票员、讲解员等“五员”岗位1000多个，6000多名贫困人口在家门口实现就业，人年均收入突破两万元。

两河口镇黎明村一组贫困户罗秀英就是其中之一。顺着“组组通”硬化公路来到她家庭院，走进宽敞明亮的堂屋，罗秀英抑制不住摆脱贫困的喜悦，细数她家的收入账：全家3口，2个劳动力，她在赤水大瀑布景区酒店打工，月收入2000元；她丈夫在景区从事漂流，年收入1.7万元；她家的30亩竹林，年伐竹收入5000元；漂流公司组建时，村党支部、村委会和公司动员入股经营，她家入两股共1万元，年分红5000元；一部分竹林入股景区做风景林，景区一年补偿2000元。各项相加，一年总收入至少6.6万元，全家人均2.2万元，2017年摘掉戴在头上多年的贫困帽。罗秀英说，现在路通了，电通了，自来水拉进家，方便得很。她边说边走进厨房，将水龙头一拧，清澈的水流注入水缸。她的满足感溢于言表，反问笔者："你看现在的农村生活还愁哪样？"

罗秀英的邻居万青先同样依托大瀑布景区，办起农家乐，吃上旅游饭，发了旅游财。她说，把700平方米房屋布置成客房，可为旅客提供18个床位；腊肉、豆腐、鱼肉、竹笋、蔬菜这些农家菜，城里人边吃边夸奖。庭院搭成的宽敞餐厅，旅游旺季可接待100人同时就餐。农家乐开办以来，城市来的游客喜欢换口味，常来光顾生意。为维持供吃供住正常运转，常年聘请3个乡亲帮助操持。旅游旺季用工增加到10多人。她家入股5000元参与漂流公司经营，每年按股分红。100多亩竹林自家顾不过来，只好转包出去。她家一年纯收入至少10万元。她开朗地问笔者："你看算不算'一达标、两不愁、三保障'？"万青先爽快地说："虽说我家不是贫困户，提起2014年以前过的日子，不怕你笑话，就一个字'穷'！"

聚焦利益联结机制。实施"旅游+扶贫"行动，采取"旅游+村集体+公司+农户"、"旅游+合作社+农户"等模式，开发建设景区周边、景区沿线村庄，群众将资金、土地、林地、房屋等资源入股旅游发展公司或合作社，直接参与旅游开发，由旅游发展公司实施整村包装打造和建设，推进景区自然风光与村庄人文风情融合发展，实现利益联结，景区与农户共建共享，带动20个贫困村脱贫出列，累计减少贫困人口3.17万人，30个村集体经济平均达40万元。实现旅游公司、村集体、村民共享旅游产业发展释放红利的目标。

按照"创新、协调、绿色、开放、共享"五大发展理念要求，依托现有产业基础和有利条件，以赤水发展全域旅游、建设国际旅游城市和打造国际旅游目的地为契机，实施"高端引领、资源整合、产业集聚、品牌塑造"发展战略，推进文化旅游服务业加速发展、融合发展、集聚发展、创新发展、联动发展，促进旅游要素集群化、产品特色化、服务个性化，构建以主题文化旅游为引领，旅游消费服务业为核心的产业集群。

赤水市通过5年持续开发建设，初步形成文化旅游产业集聚区重要平台和对外开放重要窗口，成为优势明显、产业集聚、配套齐全、功能突出的现代服务业集聚区，成为带动服务业发展的重要增长极，大步迈向文化旅游全域化、国际化发展的示范区和展示区，迈向全省文化旅游集聚区前列。2017年，集聚区固定资产投资100亿元，基础设施和配套服务设施基本完善，基本形成文化旅游特色产业体系，吸引1000家以上各类文化旅游服务企业入驻赤水，带动3万人就业，实现营业收入100亿元，综合税收6亿元。

文化旅游集聚区按照“1+2+N”的总体结构进行布局。一个主导产业：主题文化旅游产业。按照产、城、景结合，文、体、旅一体的要求，围绕深度开发赤水特色文化，打造一批有品牌、有影响的主题文化体验、文化展示、文化创意、文艺演出、文化节事等特色文化旅游产品，形成集聚区的引领性主导产业，打造成为高端文化创意体验和特色文化展示区，建设文化城、文化旅游创新区等项目；两个支撑产业：一是旅游综合服务产业：围绕区域市场和游客消费需求，重点发展酒店住宿、特色餐饮、会议会展、旅行社、信息服务、金融服务、文化娱乐、旅游交通、旅游购物、电子商务、旅游房地产等旅游综合服务业，形成完善的旅游消费服务产业集群；二是休闲健康养生产业：依托集聚区内的大健康产业园、度假酒店和休闲度假基地、户外运动基地、健康产品加工基地等，培育发展休闲度假、健康养生、户外运动、医疗保健、健康产品等休闲健康养生产业，打造休闲度假和健康养生产业集聚示范区。N个配套产业：包括旅游商品、商业零售、旅游培训、汽车维修、汽车救援、中介租赁、物流配送、物业管理、交通服务、清洁卫生、园林绿化等众多配套服务业。

提升景区品质。树立“全景赤水·全域旅游”理念，围绕赤水河千亿级文化旅游产业带，规划布局和全面实施赤水旅游综合体建设。加强旅游资源一体化开发、一体化建设、一体化利用。按照国家5A级标准，整合提升赤水大瀑布、竹海国家森林公园、燕子岩国家森林公园、中国侏罗纪公园等八大主力景区品质。致力于建设国家级文化旅游创新区，力争建成贵州第一、国内一流、世界知名的国际山地休闲旅游目的地。充分挖掘运用本地特色文化，加大赤水古城和大同、复兴、丙安、官渡等古镇的保护、开发利用力度，推动文化与旅游深度融合。加快完善交通、通信、电力、供水、餐饮、宾馆等配套基础设施，科学合理布局和丰富发展旅游业态。

打造赤水河流域国际旅游精品线。随着G93成渝环线高速公路及蓉遵高速公路的建成通车，赤水旅游交通得到极大改善。充分发挥快速交通优势，着力构建连接周边区域、覆盖全市重点景区的赤水河流域国际旅游精品线路。充分利用贵广高铁、沪昆高铁、成渝高铁、渝黔高铁、成贵高铁等快速铁路交通，吸引北京、上海、厦门、广州、桂林等域外游客到赤水旅游。依托贵阳、重庆、成都等城市的国际旅游公司，建立良好合作关系，提供便利条件和优惠政策，吸引这些公司来赤水建立分公司，将现有成熟的国际旅游热线延伸至赤水。

打造培育跨区域精品旅游线路。利用高速公路及低空航空等交通方式，开通贵阳、重庆、成都等城市至赤水的旅游专线及空中巴士。开通重庆至赤水的旅游航运专线。积极与国内各大城市旅游公司建立良好合作关系，努力培育贵阳—赤水醉美之旅、重庆—赤水避暑之旅、成都—赤水生态之旅、成渝环线自驾游之旅等国内特色精品旅游线路。

完善市域内旅游线路。优化组合旅游产品，推出赤水大瀑布景区、四洞沟景区、佛光岩景区等多条特色鲜明、吸引力强的精品旅游线路。完善市域内旅游公路环线，建设小火车观光游览环线，充分发挥赤水游客接待中心的功能，开通接待中心通往各景区的公交车、专线车、包车、出租车、观光车服务线路。开发赤水河城区夜景休闲游、小火车观光游、直升机空中观光游等精品线路。尽量满足不同游客需求，推出赤水一日观光游、赤水二日深度游、赤水三日度假游、夏季避暑度假游等。

提升接待能力。推进旅游产业与三次产业深度融合，发展“旅游＋产业＋X”模式，拓展旅游新业态，满足旅游深度消费需求。按照旅游“吃、住、行、游、购、娱”的“老六要素”和“商、养、学、闲、情、奇”的“新六要素”的需求，建成全省首家智慧旅游车服务中心和大瀑布、张家湾两个汽车露营基地，旅游停车场面积达2.2万平方米。建成大瀑布游客中心，提档升级佛光岩、燕子岩等游客中心，构建集智慧导览、全域实时监控、电子商务等为一体的赤水丹霞旅游区智慧旅游系统。实施智慧旅游工程，培育建设智慧旅游景区、智慧旅游企业。培育具有较强竞争力的大型旅游企业，助推赤水旅游发展有限公司成功上市。鼓励旅行社集团化、专业化、网点化发展，提升旅行社的核心竞争力。加强对旅游行业管理人员和从业人员的业务培训，全面提高管理水平和接待服务能力。有效构建集健康养生、特色餐饮、文化娱乐、运动健身等于一体的“快进慢游”服务体系。建立完善与国际通行规则相衔接的旅游服务标准体系，用中文、英文等文字标识全域

赤水市建成贵州省首家智慧旅游车服务中心和赤水大瀑布、张家湾两个汽车露营基地，停车场面积达2.2万平方米。图为建有425个车位的赤水大瀑布景区生态停车场。（市外宣中心提供）

景区景点、游览安全注意事项和重点道路，实现旅游交通标识、标牌国际化。

强化全域旅游市场监管，整治旅游市场，规范市场秩序。市法院在景区设立旅游法庭，保护游客合法权益，打造中国赤水全域法治旅游、诚信旅游、健康旅游、平安旅游、文明旅游名片。2016年4月28日，赤水景区旅游法庭在赤水市人民法院第一人民法庭挂牌成立，在赤水市游客接待中心设置巡回审判点。旅游法庭正式开展工作，主动与市旅游局、旅发公司、市公安局、市场监管局、消费者协会、游客投诉中心等相关部门联系，密切配合，构建联动机制，将涉及旅游者权利义务的条文配上生动形象的漫画，印制成通俗易懂的宣传页发给游客，增强游客的维权意识。开通立案咨询热线，安排两名法官在巡回审判点值守，负责咨询、立案、调解等工作，为游客提供法律服务，做到24小时“不打烊”。对法官开展业务培训，提升准确把握涉旅纠纷案件的特点和规律，合理利用调解、和解、简易程序、小额速裁等方式，就地快立、快审、快调、快执，高效、公正审理每一起涉旅纠纷案件。采用灵活机动的办案原则，有案办案，无案宣传，既合理利用司法资源，又充分发挥司法在维护社会稳定、服务经济发展大局中的作用。

建立旅游法庭联络员工作机制，在各酒店、各景区及各旅行社物色1—2名联络员，负责在第一时间向旅游法庭报告所在酒店、旅行社旅游矛盾纠纷发生、发展情况，参与协调和调解。截止到目前，已审理旅游合同纠纷3件、游客游览时摔倒健康权纠纷1件和景区范围内发生的其他民事案件90件。旅游法庭受理案件的特点是标的额小、案件事实清楚，一般都适用小额诉讼程序，做到快审、快执，一审终审，公平公正，依法维护旅游者的合法权益，受到广大游客和人民群众好评。

旅游行业携手市场监管部门，打造诚信旅游。赤水旅游呈井喷式增长，涉旅投诉及消费纠纷随之上升，对赤水旅游形象造成一定负面影响，引起市委、市政府及旅游、交通、物价等相关部门的高度重视，部署在全市开展旅游环境整治“百日行动”、诚信经营“百日行动”等活动，严厉打击涉旅行业各类违法违规行为。重点查处强迫和变相强迫消费、违反旅游合同、“黑社”“黑导”“黑车”“黑店”等非法经营行为。重点检查涉旅企业是否亮证经营、明码标价、公示收费项目、公布各行政部门投诉电话、食品卫生和环境卫生等经营情况。突出对涉旅行业不正当竞争行为的监管，集中开展对餐馆、酒店、娱乐场所等设置“两份菜单”、“最低消费”等侵犯游客合法权益的专项检查。开展对导游商业贿赂、非法提取回扣以及旅游合同“霸王条款”等违法违规行为的检查，深入持久地开展各类专项涉旅市场违法违规整治行动。突出旅游商品监管，集中开展对旅游购物场所等进行专项整治，重点检查旅游商品质量是否符合相关标准，严厉打击欺行霸市、强买

创建法治景区，组建景区旅游法庭、调解室、法律服务室和工商管理分局，靠法治为旅游产业保驾护航。图为赤水景区旅游法庭调解涉旅纠纷。（市法院提供）

强卖、哄抬物价、以次充好、短斤少两和销售假冒伪劣商品行为，取缔店外经营、围追兜售等欺诈游客行为，确保文明经营。

发挥示范创建和典型引领作用。深入开展省级“放心消费”示范创建活动，营造“诚信赤水”、“文明旅游”等良好旅游市场环境。在涉旅行业和景区经营户中开展“先进个体户”、“诚信经营户”评选和“食品安全示范店”、“食品安全示范街（景区）”创建活动，让广大经营户自觉做到诚信经营、文明经商，共建和谐文明、健康有序的旅游市场环境，维护游客及旅游从业者的合法权益，确保旅游业健康有序发展。

提升品牌影响力。“丹青赤水”是赤水市对外旅游宣传营销主题形象品牌，采取全面开花、突出重点的旅游市场营销宣传策略，拓展国内国际旅游市场。与中央电视台、中国旅游报、贵州广播电视台、贵州日报等中央和省主流媒体合作，共同策划宣传推介品牌形象，注重对赤水旅游发展经验的宣传报道，开展形式多样、内容丰富、生动鲜活、客观全面的系列报道，提升“丹青赤水”核心品牌影响力。

以创新旅游营销方式为抓手，充分利用网络、微信、微博等新媒体、新技术、新手段，加快发展旅游电子商务，推动线上、线下互动营销、融合营销、精准营销，构建全媒体时代的立体营销体系，加快传统营销向智慧营销转型，不断朝多元化、品牌化和精准化迈进。

聘请旅游策划知名团队、专业设计机构针对客源市场特点，推出赤水自然风光、民族风情、红色文化、四季旅游等系列主题形象宣传介绍。制作中英文、中法文旅游宣传片，向目标市场清晰、准确、形象、生动传递赤水旅游的核心品牌价值。

推出一批设计精美、便于携带、突出赤水地域文化的外宣品和特色旅游商品。打破原来主要营销 6 个核心景区的做法，将全市 14 个景区设计为主题突出的世界遗产游、红色记忆游、康体养身游、户外运动游和休闲度假游等产品，针对不同消费群体进行新颖别致、多侧面、多视角、多样化的主题策划宣传。开展“请进来”活动，邀请各旅行商、旅游达人、网络大 V 等到赤水踩线，扩大宣传，扩大影响，优化客源结构。在全国 9 个营销中心特别是粤、港、澳营销中心，全面铺开“丹青赤水”品牌形象在地面媒体的宣传。加大境外市场营销力度，提高境外游客在赤水游客结构中的份额。欧洲营销中心重点策划针对境外游客的主题营销，将留学生市场锁定为重点人群，采取优惠政策提高入境游客在赤水游客结构中的比例，提高“丹青赤水”的国际知名度。组织旅游行业参加贵州省组织的国内、国外旅游展和交易会，借助大平台扩大与国内外旅游业的交流与合作，全面提升“丹青赤水”旅游品牌的关注度、知名度、美誉度和市场影响力。

全面整合营销。创新促销机制，充分运用“互联网+”和新媒体等拓展新型营销渠道，建立覆盖全国一、二、三线城市的旅游营销网络，不断开拓入境旅游市场。加强旅游城市形象载体建设。举办系列文化旅游和户外体育活动，谋划打造一批体育赛事、歌舞表演、电视电影、文艺书画等文体娱乐旅游精品。

推进“全景赤水·全域旅游”向深度和广度发展，布局旅游新、老“六要素”消费业态，推动工旅、农旅、文旅、体旅、城旅、康旅深度融合发展。近三年累计投入旅游发展资金57.89亿元，建成黔北四季花香、生命谷、戈千崖等15个示范乡村旅游点；建成转石奇观、红岩洞天、兰溪等12个农业观光园；复兴镇凯旋村、天台镇凤凰村、元厚镇桂圆林村等10个村列入全省乡村旅游扶贫重点村；大同镇民族村、丙安镇丙安村两个村列入全省100个乡村旅游示范村；建成29个旅游景区、景点。通过实施“景区带村、产业带民、岗位带人”、旅游标准化建设、旅游教育扶贫培训工程，全域旅游呈现井喷发展态势。加强“云上赤水”、农村淘宝、“黔邮乡情”等电商综合平台建设，通过推进展会促销、产销对接、农超对接、品牌建设、经营主体培育，开展“泉涌行动”，推动赤货出山，强势推进旅游产业扶贫。2017年，全市接待游客1634万人次，同比增长36.08%，境外游客突破1.8万人次；旅游综合收入达185亿元，同比增长36.77%；全市城乡走旅游路、吃旅游饭、发旅游财的从业人员达7万人，带动农村贫困农户4000多户9000多人就业，人均年收入两万元以上。

四、农业转移人口市民化

城镇化建设是解决农村、农业和农民“三农”问题的战略选择。城镇化建设扶贫，推进农业人口向城镇转移，实现农业转移人口市民化，是扶贫攻坚、精准脱贫的重要途径，是推动区域协调发展的有力支撑，是扩大消费和促进产业升级的重要抓手，对全面建成小康社会、促进社会文明进步、加快向现代化迈进具有重大战略意义、现实指导意义和深远历史意义。

吸收、接纳农业转移人口，实现农业转移人口市民化，是我国城镇化建设的重要任务。历届市委、市政府高度重视城镇建设发展，围绕建设国际知名竹城、丹霞城、休闲旅游度假体验城、大数据健康城战略目标，探索“产城景一体、山水田融合、村社园统筹”的新型城镇化发展道路，取得了良好的生态效益、经济效益和社会效益，成功列入全国第三批“城市双修”（生态修复、城市修补）试点城市和贵州省整县推进“治污治水”示范县，被命名为“国家生态市”和“国家卫生城市”。

市委、市政府立足拥有的自然资源禀赋和占据的区位优势，制定实施城镇化带动战略，坚持以人为本，道法自然，强化规划引领，突出特色打造，做大做强赤水中心城区和重点小城镇。实施“老城做减法、新区做加法”规划蓝图，加强旧城改造和新区建设。不断增强城区聚集能力和辐射带动能力。按照“核心带动、点轴结合、组团式布局”规划，完善城镇功能分区，优化城镇生产、生活、生态空间布局，促进生产空间集约高效、生活空间宜居适度、生态空间山清水秀。

实施中心城区带动战略，“疏老城、建新城”，加快充实完善赤水老城区、文华新城、旅游新城、河滨东路等重点区域城市功能，划定历史城区、历史街区和历史建筑保护范围，建设“四型示范”镇：

生态农业型示范镇。依托赤水金钗石斛、乌骨鸡等国家级地理标志产品品牌，重点发展以金钗石斛、乌骨鸡、生态冷水鱼为主的种养业，打造长期、石堡、白云、宝源等生态农业示范镇。

工业集聚型示范镇。初步建成复兴白酒园区、天台农产品加工园等特色园区，引进贵福酒业、永斛源、红赤水、沐辉、信天石斛、LNG 增效天然气等规模以上企业入驻赤水并实现投产达产。

旅游康养型示范镇。利用良好的自然生态资源，成功打造出天鹅堡、天岛湖、月亮湖、兰溪谷、丹霞溪谷等一批集观光休闲、康乐养生功能于一体的康养特色小镇。

商贸物流型示范镇。利用蓉遵高速、208 省道和地缘优势，培育完善综合性服务功能，促进产业功能集聚，增强产业发展能力和交通节点功能，吸引农业人口转移就业，成功打造出官渡、长沙、天台等商贸物流示范镇。

在实施城镇化带动战略、打造绿色城镇化的过程中，立足赤水市情，明确指导思想和建设原则，聚焦“五大目标”：

——聚焦城镇化率提升。市委、市政府以“一根杆子插到底”的执着，从顶层设计到城市建设细节，切实做到有人抓，有人管，力求不出败笔，不留遗憾。2014年，赤水市常住人口城镇化率为40.72%，城乡建设及房地产开发完成投资66.02亿元，占任务数60亿元的110.04%，同比增长46.59%。截止到2018年8月，全市累计完成城乡和房地产开发投资85.54亿元，占年度计划的72.11%，同比增长17.58%。

——聚焦城镇规模拓展。中心城区建成区面积从2011年的7.4平方公里拓展到目前的19.5平方公里，建成“三纵一横一环线”骨干路网，初步形成承载20万人口的城市构架，被老百姓点赞为“五年建造两座赤水城”！

——聚焦人口规模扩张。截止到2017年，全市农业人口转移落户城镇8289人，城镇新增常住人口14972人；全市户籍人口城镇化率从2011年23.60%提高到39.68%；常住人口城镇化率从2011年38.57%提升到48.12%，平均每年上升两个百分点。

——聚焦产业规模壮大。工业经济提质增效，产值达130亿元以上。特色农业做大做强，竹、金钗石斛、乌骨鸡、生态水产四大主导产业综合产值达111.64亿元。

——聚焦集聚效应增强。建成两平方公里的酒店集群，6家高星级酒店投入运营。城区美化、亮化、绿化、文化、净化全面提升，为市民和中外游客建成亮丽清新的30里河滨大道。赤水经开区有效带动城市发展，建成园区道路25.78公里和27.88万平方米生活配套设施，转移农村富余劳动力1.2万人。

在聚焦中心城区“五大目标”建设的同时，推进周边天台、大同、复兴3个乡镇与赤水同城化建设；加快官渡镇、旺隆镇发展，打造成为赤水副中心城镇。官渡酒业园、旺隆石斛产业园、天台竹木加工园等特色产业园区初具规模。

全面提升城镇品位。加快赤水河港口、高速公路出口、文化旅游创新区、城市综合体等建设。重点建设河滨大道产业带、景观带，规划建设一批彰显竹、丹霞等地域特色的城市公园、休闲广场、园林景观等配套设施，高标准打造严家河湿地公园等城市景观，高标准建设一批特色示范小城镇。加快官渡镇省级示范小城镇和赤水副中心城市建设。

官渡镇总面积 204 平方公里，辖 9 村 1 社区，总人口 3.3 万人，自 2012 年被列入“全国重点镇”和贵州省“100 个示范小城镇”以来，市、镇两级党委、政府强力推进镇容镇貌改造及环境整治，以镇村联动为抓手，打造贵州一流特色示范小城镇。集镇规划区 5 平方公里，已建成 3 平方公里，城镇化率达 42.79%。

官渡历史悠久，文化底蕴厚重。南宋端平元年（1234 年），平南王袁世盟率官兵来到渔湾，由官府设渡，兵马渡河，由此得名“官渡”。部分官兵落户当地，设集市贸易，形成集镇。民国四年（1915 年）贵州划分仁怀、赤水、习水 3 县时，习水县城设在官渡。1950 年 4 月，习水县城从官渡迁往习水县温水。1965 年官渡划归赤水县管辖，1991 年撤区并乡时，赤水县将 1 镇 4 乡合并为官渡镇。镇内遗存有以红军战斗遗址、红军墓为代表的长征文化；有以“清慎勤廉”碑为代表的廉政文化；有以游氏武术为代表的武术文化；有以岩刻、宋墓为代表的古文化；有以丹霞地貌和濒危植物桫椤为代表的世界自然遗产文化；有以原始森林和“颠湖之都”为代表的自然生态文化。

素有“黔北重镇”之称的官渡镇，以科学规划为引领，指导示范镇建设。基本形成“一心、两轴、三片”（一心：镇区核心服务区；两轴：镇区十字形南北向城镇发展轴和东西向城镇综合服务轴；三片：北部老镇片区，西部生态宜居、旅游服务片区，南部工业片区）布局，按照“只拆不建、多拆少建、留白留绿”原则，有序改造老街，按照扩容与提质并举，发展新产业、培育新业态的原则，加快新区建设，同步建设美丽乡村，推进城乡一体化发展。

着力基础建设，提升集聚能力。统筹规划、建设、管理三大环节，“8+X”（建设或完善 1 个路网、1 个标准卫生院、1 个社区服务中心、1 个农贸市场、1 个市民广场或公园、1 个污水处理设施或垃圾处理设施项目、1 个敬老院、1 个城镇居民保障性安居工程，建设 X 项城镇居民生活设施）建设达标 25 个，完成 19 个路网建设、河滨慢行步道、停车场等公共类项目。坚持以人民为中心，保障好人、地、钱三大要素。对人民最迫切、最关心、最需要的项目，优先统筹、优先安排、优先落实。完成赤水市人民医院官渡医院、官渡镇桑榆情养老公寓民生项目。统筹生产、生活、生态三大布局。建成污水处理厂、垃圾压缩站，污水实现全处理，垃圾处理实现“村收集、镇转运、市处理”目标。

着力产业发展，提升创新活力。招商引资 12 亿元，建成巴蜀液酒业，年产酱香型白酒能力达 1 万吨；招商引资 4500 万元，建成胜利竹木加工厂；招商引资 3000 万元，建成绿赤水山泉水厂等工业项目，带动镇域经济快速、稳定、健康发展，解决 1500 人就业。实施乡村振兴战略精准发力，按照示范小城镇镇村联动和市委、市政府实施“十百千万”工程的要求，实施种植业“211”（发展石斛 2 万亩、精品竹林 1 万亩、精品水果 1 万亩）工程和养殖业“5211”（建成自然生态和示范水产养殖 5 千亩、肉牛 2 万头、乌骨鸡 100 万羽、生猪 10 万头）工程，助推脱贫攻坚。

着力文化建设，提升品质品位。完成赤水八中、官渡小学、幼儿园、市民广场等文化项目建设。同步实施美丽乡村建设，完成仙鹤村仓子坝新村建设。打造和平村革命老区，开展革命传统教育。在改善人居环境的同时，丰富群众精神文化生活，构筑社会主义新农村精神高地，把官渡镇建设为“百姓富、生态美”的赤水副中心城市。

赤水市在抓特色示范小城镇建设的同时，全面提升城镇综合承载能力，建设完善城镇综合交通网，实施一批城市快速道路和主干道建设项目。发展城乡公交，提高公交出行比重，实现行政村 100% 通客运。配套新建、改建、扩建一批客运站、货运站、停车场。

市委、市政府高度重视市民生活水平提高对停车场需求随之剧增的发展趋势，建成嘉联宾馆西侧停车场，用地 2644 平方米，建地上机械停车位 94 个；老气象观测站东侧、文华中学体育场北侧停车场，用地 4277 平方米，在建地上、地下停车位 138 个；老客运站停车场用地 4744 平方米，规划建地上机械停车位 291 个；河滨东路老船厂附近、河滨中路皂角树处、市人民政府东侧、西后街原房管所等地，已规划修建机械停车场。目前，中心城区已建成地上、地下停车位 10483 个。

科学规划，科学设计，推进现代城镇建设。地上和地下、数量与质量并重，科学布局和建设完善供水、供电、供气、排水、排污、信息、避险防灾等基础设施体系。地下管廊预制与地下管网综合管廊建设同步推进，避免犯政府不作为、政出多门，导致建好“开肠破肚”、你填我开挖，反复折腾，既浪费钱财又扰市民的城市建设管理通病。加强城镇污染治理和环境保护，及时疏通、维护和改造管道，更换破损井盖，预防和有效治理因下水道堵塞引起城镇污染而影响市民生活的痼疾，全面提升生态城镇建设管理水平。

强化城镇精细化管理，推进城镇管理综合执法和“多彩贵州 文明行动”专项整治，大力改善市容市貌。推进和谐社区建设，完善社区服务设施，建立健全“自我管理、自我教育、自我服务、自我监督”机制，创建示范社区，引领社区服务体系建设。赤水老城社区推出“支部 + 特色”社区建设模式，丰富“安民、便民、乐民、康民”社区建设内涵，成功打造出香樟鸣苑示范小区。

香樟鸣苑小区位于赤水市市中老城社区公园路和延安路之间，2012 年被评为遵义市级“平安小区”。小区现有居民住宅楼 9 栋，住户 260 户 600 余人，共有共产党员 30 名，其中“机关、企事业单位党组织到所在地社区报到，实行共驻共建；在职党员到居住地社区报到，组织党员开展志愿服务”的党员 27 名。老城社区党支部在市中街道党工委的指导下，探索加强社区党建工作新途径，创新和丰富社区党建工作方式方法，以支部进楼宇、特色进楼院为突破口，突出自身特色，开展楼宇党建示范小区创建活动，推动驻小区党员领导干部、一线骨干党员和预备党员群体，以建立“党员亮身份、社区亮承诺、群众亮诉求”机制为载体，将党员的服务由单位延伸到社区，逐步推动小区党建形成具有楼宇特色的党建工作。

从建立完善楼宇党建体系入手，夯实楼宇特色党建工作基础。为把党建示范楼宇创建工作抓细抓实，社区在香樟鸣苑小区建立了“社区党支部—小区党小组—特色党小组—单元党员联络员”四级社区党组织网络。按照党员职业特点，以“安民”“乐民”“康民”“便民”为服务特色，在小区党小组下设四个服务特色小组，将所属 27 名党员编入 4 个特色小组，把党的工作延伸到楼宇，渗透到每个人，在楼宇党建工作的广度和深度上，实现示范点全覆盖。

社区党支部在此基础上，搜集党建过程中的典型案例，制作图文并茂的宣传展板，制定《市中街道老城社区香樟鸣苑小区开展楼宇党建创建活动的实施方案》，社区组织召开了党建工作会，召集社区 13 个“双报到”党支部，就打造“香樟鸣苑楼宇党建示范小区”展开专题讨论，征集意见和建议，从创建计划、步骤、类型、标准等方面，丰富创建主题、内容和形式，确保创建活动取得实效。

丰富党建示范楼宇创建内涵。根据各楼宇环境、条件、居住人员的不同情况和党小组组建特点、党员构成的差异，围绕服务管理、精神文明建设、党的政策宣传、社区治安综合治理、美化绿化生活环境等方面的工作，明确创建活动以“便民”为主题，设立“爱心助老”特色党小组；以“安民”为主题，设立“小区安防巡逻队”特色党小组；以“康民”为主题，设立“医学咨询以及医疗救助”特色党小组；以“乐民”为主题，设立“小区环境管理”特色党小组。在明确创建主题和设立各具特色党小组的同时，与时俱进，注入新的内容，要求党员每年为社区服务时间不少于20小时，在党员责任区、党员承诺等主题实践活动中，发挥党员应有的先锋模范作用。

展现党建示范楼宇创建成效。社区在党建示范小区将创建主题、内容和基本情况等内容，制作展牌公开展出，围绕创建主题张贴标语、制作橱窗、召开院坝会等形式，营造创建氛围。在小区公示党员、居民参加活动的情况及在活动中的表现，接受居民监督；订立楼规民约，引导居民形成良好的道德规范；设立阅读栏，将涉及社区建设发展的相关报纸信息、居民反映的社情民意、各界人士所提的意见建议，在阅读栏公布，畅通沟通渠道。在小组内将支部四级网络组织上墙公开，建立党员帮扶互助台账，开展党员亮身份、作承诺、做奉献活动。倡导党员认领1个服务岗位、联系1栋居民楼、帮助1户困难群众、每月征集1次居民意见、每月参加1次公益活动。党员在社区公益活动中亮身份，使居民知道谁是党员；党员在做奉献中，居民感受到谁符合党员标准；党员在同困难群众结对子中，居民体会到谁合乎党员身份。在楼宇中开展争当党员标兵活动，将党建示范楼宇创建融入创先争优活动中。

强化党建示范楼宇创建工作机制。为确保党建示范楼宇创建不流形式，从楼宇创建主题和特色出发，重点抓建立三项制度：建立楼宇党支部组织制度。突出楼宇支部工作特色，本着“适宜、适度、适时”原则，一般每月组织党员召开一次会议或活动，针对楼道党员特点，组织开展小型、灵活多样的公益活动；楼宇（道）卫生制度。组织党员群众开展楼院环境、楼宇卫生整治和门前“五包”，规定卫生清扫时间，明确具体人员，着力解决楼道乱堆乱放、乱丢乱挂、乱贴乱画等问题，使楼院及其周边环境始终保持干净整洁、文明卫生；建立关怀帮扶弱势群体制度。对楼宇内困难、生病党员、群众等弱势群体，开展结对帮扶，加大对弱势群体的关心和照顾，把解困帮扶工作落到实处。

老城社区在创建党建示范楼宇过程中，探索创新“支部+特色”示范楼宇模式，党员依托党建示范楼宇平台，将模范带头作用发挥在楼院，真正成为社情民意的知情人、社区建设的热心人、困难居民的贴心人，党员在居民中的形象鲜活起来。党员为民服务想事干、找事干的精神风貌，在创建活动中不断升华，赢得广大群众的认可，促使党员帮群众、群众学党员在基层落地生根、蔚然成风。

吸引农业转移人口向城镇集聚。积极响应中央促进约1亿农业转移人口落户城镇、改造约1亿人口居住的城镇棚户区和城中村、引导约1亿人口在中西部地区就近城镇化“三个1亿人”城镇化行动计划，深化户籍制度改革，促进有能力在城镇稳定就业和生活的农业转移人口举家进城落户，并与城镇居民享有同等权利和义务。实施居住证制度，实现基本公共服务常住人口全覆盖。加强农民工就业培训，2017年农村劳动力培训1205人。2014—2018年上半年，累计培训农村劳动力6838人。

加快推进农业转移人口市民化制度建设。2014—2018年9月累计转移19582人，切实解决好住房、社保、医疗卫生、权利维护等问题。维护好进城落户农民土地承包权、宅基地使用权、集体收益分配权“三权”，支持引导全市落户城镇农民依法、自愿、有偿转让土地“三权”37.71万亩。

五、电商扶贫活起来

以“大扶贫”、“大数据”两大战略行动为抓手，紧扣独特的自然资源和旅游资源，以农村电商与旅游产业融合发展为主基调，以农村电商活起来，贫困群众因电商富起来为目标，聚焦旅游电商、工业电商、城市电商、农村电商精准发力，推动“四个轮子”一起转，呈现快速发展势头。目前，全市已建成3家市（县）级电商运营中心、发展109个村级电商服务点、建成直销代销网店200多家、开设10个微信营销平台，促进金钗石斛、乌骨鸡、晒醋、腊肉等100多种本地农特产品网上销售，引导52家生产企业入驻淘宝网、天猫、京东等第三方知名电商平台，推动“网货下乡，赤货出山”，实现农产品与大市场对接，400多家宾馆携手携程、去哪儿、途牛等第三方平台，直接或间接帮助4000多户贫困户人均增收1000元以上。三级网点月均交易额800万元，解决了116人的就业问题。2017年网络零

农村电商与旅游融合发展。元厚镇特殊的地理位置和气候条件，成为高品质桂圆产地，获国家农产品无公害认证和绿色水果认证，发展成贵州最大的桂圆种植基地。政府与邮政网上销售平台“黔邮乡情”携手合作，通过网上销售，元厚桂圆逐步走出贵州，走向全国市场。图为桂圆林村村民刘发能家栽培的高产桂圆树。（刘子富　摄）

售额达 8652.54 万元，在贵州县域第一方阵 22 个县（区、市）中排名第 5，网络零售额增长速度达 300.32%。

以政策为导向优化电商，助力精准扶贫。出台《赤水市电子商务发展扶持办法》，对电商发展在人才培养、财政、税收、产业扶持、证照办理、融资、用地、宣传等各方面进行配套扶持。市财政每年安排 500 万元专项资金，用于支持壮大电商经营主体、完善配套支撑体系、改善发展环境，支持电商企业、产业加速发展。2015年以来，对51个贫困村每村补助5万元作为电商扶持资金。

在适合发展农村电商的乡镇建设直营店、服务站，促进农副产品、旅游产品上网、进城，对已开设的村级电商服务站点，减免房租一年，给予示范站点3万元、普通站点1万元一次性补助，共补助49个村级服务站点61万元。给予工业园区30家入驻阿里巴巴的企业每家补助3万元。

引进金融机构在村级站点设立服务网点或代办点，改善农村支付、结算等金融服务条件。2016年以来，与中银富登村镇银行合作，为16名电商创业人员提供160万元贷款和21万元贴息，帮助解决想创业无资金的“瓶颈”问题。对销售本地农特产品、带动贫困户发展的企业，政府给予资金补助，共发放补助资金100万元。有针对性地制定奖补政策，对市内电商企业在网上营销达一定额度、参加各类商务展会、争创龙头企业、创建驰名品牌等做出贡献的，政府给予资金奖补支持。

以配套为保障，打通电商助力精准扶贫运输通道。为降低物流成本，成立贵州省首家物流协会，对全市物流快递运营线路图、价格等进行统一规范。建成800平方米市级电商物流配送中心，依托遍布各乡镇的村级服务站点，与邮政合作，整合全市64个快递运营资源，规划3条主干邮路、12条支线邮路，配备100辆邮车，整合农村客运等车辆，按照“T+1”模式，从市级运营中心输送快递到乡镇，实行365天天天发运，打通网货下乡和农产品进城双向“最后一公里”，月均发出量达9万件，月均发入量达30万件。

发展冷链物流业。加快建设以红赤水集团公司、万龙洞生态农业公司、斛满堂公司、农商旅项目为载体的冷链物流体系，建成3个冷藏库，投入使用冷藏库面积4600平方米，配置3辆冷链运输车，形成跨区域或反季节农产品产销衔接链条。

以人才为支撑，提升电商助力精准扶贫发展活力。利用农村远程教育、农民夜校等培训阵地，对贫困人员进行电商业务培训，提高农民的电商操作能力。2015年以来，培训贫困农民3490人，有效带动150人间接触网销售本地农特产品。引进阿里巴巴农村淘宝2名高管人才，苏宁易购2名高管人才，有效提高电商营运管理水平。

以平台为基础，增强电商助力精准扶贫发展后劲。围绕旅游新老“六要素”，推广“互联网+”模式，投资上千万元建设智慧旅游系统，建成集营销、运营为

元厚镇打造“水果之乡”，采取“支部＋合作社＋农户”模式，在桂圆林、米粮、陛诏等村升级改造晚熟桂圆、脆红李、晚白桃等经果林基地，将绿水青山转化为金山银山。图为晚熟桂圆丰收在望。（元厚镇提供）

一体的综合性电商平台，游客通过访问智慧旅游系统，可在线咨询、刷二维码关注官方微信、了解景区、购买农特产品等。游客通过关注赤水旅游微信公众号，可购买景区门票、农特产品、订购宾馆、酒店等。

协调优秀运营商赤水市山里人电子商务有限公司、“赤货”平台为赤水农特产品企业代运营推广，帮助培养电商人才，提高自我运营能力。近年来，赤水邮政通过线上电商平台（邮乐购）将葫市镇高竹村的冬笋、元厚镇的桂圆、长沙镇的萝卜线等特色农产品进行收购，统一在电商平台销售，共销售冬笋 10 万斤、桂圆上万斤，销售额达 500 多万元，助力 150 多户贫困户户均年增收 2500 多元。

投入 10 万元注册成立赤水市电子商务协会，会员发展到 65 人。协会采取统一行业标准、定期沟通交流等措施，实现电子商务行业增强自律、整合资源、聚力发展、有序推进。

以创新为引领，打造电商助力精准扶贫特色产品。赤水市创客村驻地文华街道望城社区通过入股方式，把村集体经济融入创客村。通过对贫困群众进行技术培训、产业帮扶等，对农户精准施策，实现“赤货”订单生产，带动群众实现产业脱贫、就业脱贫。

帮助电商企业改进产品包装和设计理念，注入地方特产文化元素。帮助赤货公司设计 5 套农产品包装，收购农特产品统一包装销售。整合农特产品生产、加工个体户和企业，举办赤水市首届电商美食购物节，推出线下品尝、线上购买方式，有效扩大营销面，提高品牌知名度和影响力。

依托市、乡镇、村全覆盖电商服务网点，为村民提供代投寄、代收件、代网购、代网售、代缴费、代存款、代取款、代转账、代订票、代咨询“十代”服务，降低村民消费成本，办事快捷方便，有效提高村民对网购的认知度，村民逐渐养成网购习惯。今日赤水农村，电商扶贫悄然改变了寻常百姓的生活。

六、文化扶贫提素质

赤水市在发展农村经济，帮助村民从物质上摆脱贫困的同时，发展农村文化事业，丰富群众精神文化生活，潜移默化，帮助群众从思想上、精神上摆脱贫困。

市委、市政府、市委宣传和文化等部门，组织力量挖掘地域特色文化，采取多种形式展示厚重的赤水文化底蕴，深入开展文化扶贫。

实施文化惠民工程，完善公共文化设施，夯实市、乡镇、村三级公共文化阵地。建设文化信息资源共享工程、数字图书进农家和图书推广工程，促进文化向农村基层延伸，丰富基层精神文化生活，全面提升广大农民群众的思想文化素质，将思想文化素质、精神文明程度作为全面建成小康的重要衡量标准，杜绝物质上富有、精神上贫困的现象发生。

赤水丰富的民族民间文化涵盖民俗、传统技艺、民间文学、非物质文化遗产等领域，船工号子、游氏武术、独竹漂、竹编、晒醋、泉水豆花、虫茶等 20 多个非物质文化遗产在民间代代传承。党委、政府和宣传文化部门探索生产性保护和活态传承新路，保护、开发、利用进入良性循环，非物质文化遗产项目相关生产企业年收入 3665 万元，解决了 300 多贫困人口的就业问题。

2008 年、2014 年，丙安镇、大同镇分别被国家住房和城乡建设部、国家文物

2006 年 5 月 25 日，中华人民共和国国务院公布将红军四渡赤水战役旧址元厚渡口列入全国重点文物保护单位。2006 年 8 月 28 日，贵州省人民政府立全国重点文物保护单位元厚渡口碑，供人民群众、青少年一代凭吊历史，激发爱国热情。（刘子富　摄）

1935 年 1 月，中央红军长征途经贵州遵义，创造了“四渡赤水出奇兵”的经典战例，赤水因此名扬中外。遵义市人民政府在红军长征四渡赤水第一渡元厚渡口立《红军渡》碑，镌刻这段英雄史诗，让世世代代铭记革命历史，弘扬“四渡赤水”精神。（刘子富　摄）

1935 年 1 月 29 日—3 月 22 日，中央红军一渡赤水渡口为猿猴（今元厚）的川主庙、沙陀和土城的浑溪口、罗染坝等地；二渡赤水渡口为二郎滩、太平渡、淋滩、九溪口；三渡赤水渡口为茅台及其附近；四渡赤水渡口为二郎滩、太平渡、九溪口、淋滩。图为红军一渡赤水元厚渡口。（王茂祥　摄）

局命名为“中国历史文化名镇（村）”。通过第三次全国不可移动文物普查，赤水市共有不可移动文物点 214 处，截至 2018 年文物列保单位共 41 处，其中全国重点文物保护单位有红军四渡赤水战役旧址——元厚渡口（包括元厚渡口纪念碑）和复兴江西会馆两处；省级文物保护单位有赤水古城垣、赤水万寿宫、石鹅嘴摩岩造像、赤水马鞍山岩墓群、官渡宋墓群等 17 处；地级文物保护单位有 9 处；县级文物保护单位有 13 处。可移动文物类有汉晋歌舞俑、陶房、古籍、宋代石刻等。赤水博物馆、丹霞石刻艺术博物馆、桫椤博物馆、丹霞地质公园博物馆等，形成赤水独特的博物馆群，每年接待中外游客 40 万人次以上。

据记载，明朝万历二十九年（1601 年）在赤水丙安设立行政区划。清乾隆年间赤水河进行大规模治理后，水陆码头丙安成为滇、川、黔三省地区往来盐船和商家必经之地，沿岸酒肆和酿酒烧坊林立，商贾如云。1935 年 1 月红军四渡赤水时，红一军团总指挥部设在丙安场上。2005 年，中宣部、国家发改委、国家旅游局等 13 个部委批准丙安为全国红色旅游经典地，列入全国红色旅游精品线。2008 年，丙安被国家住房和城乡建设部、国家文物局命名为“中国历史文化名镇（村）”。（刘子富 摄）

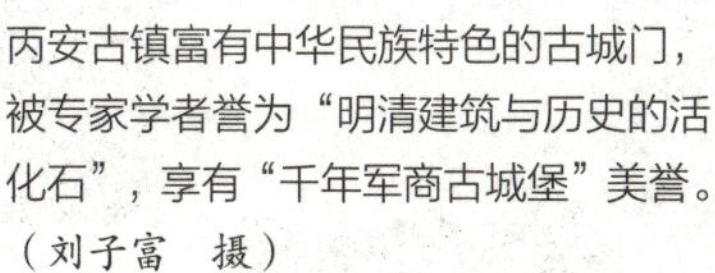

丙安古镇富有中华民族特色的古城门，被专家学者誉为“明清建筑与历史的活化石”，享有“千年军商古城堡”美誉。（刘子富 摄）

被旅客称为“一线天”的丙安古镇街巷。（刘子富　摄）

赤水市宣传文化部门积极投入脱贫攻坚，深入开展送文化下乡文艺演出活动，自编自演的小品《苦荞妹妹》《李二狗脱贫记》生动感人，群众喜闻乐见，寓教于乐，激发“艰苦奋斗、自力更生”精神。（市文联提供）

红色文化有红军四渡赤水精神、四渡赤水战役遗址、中共赤合特支旧址、革命歌谣、革命标语等。1935 年，中央红军长征途经贵州遵义，创造了“四渡赤水出奇兵”的经典战例，赤水因此名扬中外。2005 年，中共中央办公厅、国务院办公厅印发《2004 – 2010 年全国红色旅游发展规划纲要》，就发展红色旅游总体思路、总体布局和主要措施做出明确规定，提出大力发展红色旅游产业。其中，发展红色旅游要实现的六大目标之一是配套完善 30 条红色旅游精品线，赤水黄陂洞战斗遗址与赤水红军烈士陵园、丙安红一军团陈列馆、风溪渡口红军四渡赤水纪念地一起被列入《全国红色旅游精品线名录》。

市委宣传部、市文化部门深入开展文化扶贫，组织美术、书画协会会员深入 14 个乡镇 30 个村 120 多个村民点，开展制作扶贫文化墙、书写扶贫标语、赠送扶贫书画作品活动，营造文化扶贫氛围。

开展送文化下乡文艺演出活动，自编自演的小品《苦荞妹妹》《李二狗脱贫记》

生动感人，催人泪下。快板书《脱贫攻坚捷报传》展示干部群众携手并肩决战贫困的精神风貌。群众喜闻乐见的文艺演出寓教于乐，激发基层干部群众"艰苦奋斗、自力更生"脱贫致富精神。

建设体育场和室内体育馆、游泳馆、图书馆、文化馆"一场四馆"和体育中心。已建成田径运动场、器械动力场、乒乓球、篮球、排球、羽毛球和健身广场等场馆，总面积达7.74万平方米。公共体育设施不断完善，为每年举办全国性体育活动"自行车爬坡赛""四渡赤水冬泳抢渡赛""奥跑中国"系列赛等国内外品牌赛事提供必要条件，丰富了赤水人民和中外游客的文化体育生活。

加强城乡公共文化设施建设。实施无线数字电视延伸覆盖工程，项目覆盖14个乡镇46个行政村，建成62个无线数字电视基站，信号覆盖90个村3万多户。省、市地方台、赤水新闻等72套数字电视广播节目、小学1—6年级同步教学辅导节目和远程教育、法治频道等进入千家万户，结束了农村不能收看地方新闻的历史，

"建设书香赤水，倡导全民阅读。"赤水市建成1个国家三级公共图书馆、1个国家三级文化馆、14个乡镇综合文化站、14个村综合文化服务中心、102个村（居）文化活动室、1个文化信息共享市级支中心、17个乡镇服务点、92个村服务点和100个农家书屋。市图书馆藏书7万册，数字图书2.47万册，免费向全社会开放，老百姓有空就到图书馆享受精神文化大餐。（刘子富　摄）

解决了农村儿童教学辅导和农业科技等信息闭塞的难题。

实施农村文化惠民工程。多彩贵州“广电云”村村通、户户用工程惠及 17 个乡镇（街道）90 个行政村，实现村村通光纤、通传输信号，新增数字广播电视用户 1.06 万户，结束了乡镇、行政村不通光纤的历史。新建两个乡镇广播影视综合服务站，开通农村广电宽带、无线 WIFI、互动、回看点播、电视院线等服务，提供远程教育、远程医疗等民用、商用和政用服务。近 3000 户建档立卡贫困户能够收看数字广播电视，架设农民与外界信息沟通的桥梁，铺通农民与外界联系的信息“高速公路”。

加强文化阵地设施建设。建成 1 个国家二级公共图书馆、1 个国家三级文化馆、14 个乡镇综合文化站、14 个村综合文化服务中心、102 个村文化活动室、1 个市级文化信息共享支中心、17 个乡镇服务点、92 个村级服务点和 100 个农家书屋，文化活动场所总面积达 11 万平方米，共配备 350 台电脑。文化信息共享平台为广大城乡人民提供了海量文化信息资源。推动数字图书馆建设，设立赤水市图书馆公众微信号，将图书资源数字化后放入平台，数字图书达 2.47 万册，供城乡人民群众在线阅读。组织“建设书香赤水，倡导全民阅读”活动 60 多次，参加阅读活动的群众达 10 万人次。

充分发挥文化宣传阵地作用，提升场馆利用率。博物馆、图书馆、文化馆、体育馆、乡镇综合文化站等场馆免费向公众开放，最大限度地满足城乡人民群众日益增长的精神文化生活需求。

第五节 基础设施不漏一处

基础设施是推动经济社会发展的重要支撑，加快推进基础设施和重大公共设施建设，全面改善全市交通、水利、能源、信息等基础设施条件，适应经济社会发展和满足人民群众生产生活基本需求，才能如期实现脱贫攻坚、2020年与全国同步建成全面小康的战略目标，圆满完成党和国家赋予的政治任务和经济任务。

赤水农村最大的短板是路、水、电、讯等基础设，基础设施落后是农村致贫最直接的原因。市委、市政府认准要打赢脱贫攻坚战，基础设施必须先行，必须敢想、敢试、敢干，精准施策，以最大的决心、最大的勇气、最大的魄力，选配最强的干部，举全市人力、物力、财力，在最短的时间内补齐乡村基础设施短板，打掉脱贫路上的“拦路虎”，才能打好打赢脱贫攻坚战。

市委、市政府带领各级干部牢固树立和自觉践行共享发展理念，加深认识发展为了人民、发展依靠人民、发展成果由人民共享的社会主义本质要求，把提高人民生活水平作为实现提速转型、后发赶超的根本出发点和落脚点，将补齐基础设施短板纳入“十三五”国民经济社会发展规划，作为战略任务强力推进，下决心啃下路、水、电、讯四块“硬骨头”，全面推进小康路、小康水、小康电、小康讯基础设施建设，兑现向全市人民“基础设施建设不漏一处”的庄严承诺，推进基本公共服务均等化，从根本上改善农村生产生活条件，提升广大群众的获得感和满意度。

一、建设现代交通体系

赤水经济社会发展一直受交通条件制约。市委、市政府为了破解这一难题，放眼赤水与黔北、川南、渝东交汇的区位特点，抓住国家主席习近平提出“一带一路”（新丝绸之路经济带和21世纪海上丝绸之路）的倡议和国家实施“长江经济带”（新一轮改革开放转型实施新区域开放开发战略，覆盖上海、江苏、浙江、安徽、江西、湖北、湖南、重庆、四川、云南、贵州11个省市，面积约205万平方公里，人口和生产总值均超过全国40%）战略的历史机遇，组织带领有关部门负责人深入调查研究，立足赤水市情，深刻认识和加深理解习近平总书记“绿水青山就是金山银山”的科学理念，看准脱贫攻坚只要“路一通，一切皆通”，只要科学营造，

赤水市投入38.1亿元，大规模实施“村村通”、“组组通”交通扶贫工程，打破制约扶贫产业发展和农民走出大山、走向市场的交通“瓶颈”，新建、改建、扩建和硬化通村公路4100公里，仅2016年就完成2102公里，超过历年修建通村公路的总和。图为红军一渡赤水河畔架设的高速公路桥。（刘子富　摄）

做到永续利用，赤水漫山遍野的竹子就能变成钱，20万竹农就有了稳定收入保障，就能脱贫致富。市委、市人大、市政府、市政协“四大班子”统一认识，抓住关键，齐心协力，共同下好加快建设现代综合交通运输体系这盘大棋。

为建成现代交通运输综合体系，市委、市政府加强公路基础设施建设领导，成立市委副书记、市长为组长，分管副市长为副组长，相关部门和乡镇领导为成员的通村公路建设工作领导小组，办公室设在交通运输局，加强对上请示汇报和对外沟通协调，争取建设遵义—赤水—泸州高速铁路，綦江—赤水—叙永高速公路和连接川渝的高速新通道。加快国道、省道干线升级改造，建设连接东部至中部的快速通道。

加快全市“两纵两横一环”骨干公路网建设。“两纵”：赤（水）习（水）公路、马（临）合（江）公路；“两横”：官（渡）葫（市）公路、赤（水）长（沙）公路；“一环”：万（友号）鲢（鱼溪）公路。

推进赤水港口建设，提升赤水河航运能力，强化港口码头、物流园区与城市干道、高速公路之间的互联互通。积极争取建设赤水支线机场，打造黔北综合交通枢纽。

实施国道、省道干线和市、乡道改造提升工程，建成内通外畅、互联互通的大交通网络体系。实施市、乡公路改造“三年攻坚行动”和农村公路建设“三年行动计划”，加大管护力度，全市建制村公路硬化率和通畅率、通客运比例、农村公路列养率以及重点路段安全隐患治理均达100%。

交通运输大动脉打通了，但公路不能村村通、组组通，“毛细血管”不畅，仍然阻隔农村特别是偏远山区千家万户与外界大市场的联系，眼睁睁看着漫山遍野的竹子烂在山上，只能当柴火烧，农民有竹子不能砍伐运下山，不能变成商品，不能卖钱，仍然难以摆脱贫困面貌，不能拔掉穷根。

市委、市政府找准赤水农村20万农民“守着金山讨饭吃”的根源，对症下药，“要想富，先修路。”必须扫除交通闭塞这只脱贫路上最大的“拦路虎”。但上级没有下修路计划，修路资金从哪里来？市政府分管领导束手无策。市委明确提出，政府投资修扶贫路、致富路，“早投晚投早晚都要投。”强调政府要敢于投资修路，敢于担当，将交通扶贫列为全市脱贫攻坚的重中之重来抓，打消干部中存在因循守旧、指望上级，这也办不到、那也不可能的思想顾虑。市委、市政府领导班子统一思想，果断决策上“村村通”、“组组通”交通扶贫“惠民工程”、“民心工程”。按照“能搬不建、不搬则通”的原则，组织大规模实施“组组通”公路三年大决战。

元厚镇虎头村是一类贫困村，居住258户868人，其中贫困户79户267人。2017年6月，通往山外的8.7公里通村公路经过硬化，群众生产的竹原料、新农村建设、扶贫产业基地建设等运输成本大幅降低，催生了第三产业，促进农村经济快速发展，农民人均增收3000元以上。

2014年以来，全市大力推进通村达组交通基础设施建设，打破制约农村产业发展和农民走出大山、走向市场的交通“瓶颈”。在飞瀑密布、河流纵横、苍山如海的革命老区赤水大地上，奇迹般地完成新建、改建、扩建和硬化通村公路4140公里，仅2016年就完成2102公里，超过赤水历史上修建通村公路的总和。全面打通“断头路”，沟通连接路，实现组组通硬化路的目标。公路延伸到林区，竹子砍倒拖下山就能卖钱，全市竹农销售收入从年均不到4亿元增加到7亿元以上。

2017年，全市上下再接再厉，建成产业路1108公里，公路通车里程突破5022公里，实现生产基地直接连通大市场，助推千家万户直接走进大市场。市交通运输局提供的资料显示，全市公路密度每百平方公里271公里，每万人拥有公路里程162公里，公路密度、万人拥有公路里程均超过全省和全国平均水平。全面完善农村公路安全防护设施和标识标牌，保障广大人民群众和中外游客出行安全。按照动态管理和就近原 则，聘用农村贫困人口加强公路养护保洁，高速度、高质量打通脱贫攻坚、服务群众、建成小康的“最后一公里”。走进赤水农村，听到最多的话是：“过去公路不通，竹子烂在山上无人问。现在出门就是水泥路，竹子砍倒就能变成钱！”农民感恩党和政府为老百姓修通了“致富路”、“幸福路”！

二、建设现代水利体系

兴修水利是“服务民生、服务产业、服务三农、服务发展”的“德政工程”、“民心工程”。赤水市优先规划水利项目，优先实施水利项目，优先建设水利骨干工程，夯实水利基础设施，建设现代水利体系。

实施水利建设行动计划。重点建设丙安中型水库等一批骨干水源工程、供水管网工程和民生水利保障工程。实施“市级有中型水库、乡镇有稳定供水源”发展规划，保障城乡居民饮水安全，全面解决工程性缺水问题。

实施农田水利配套工程。建设一批小型灌区、雨水蓄积工程和小水窖、小水池、小泵站、小塘坝、小水渠“五小”水利工程。创造条件争取开工仁（怀）赤（水）习（水）大型灌区续建配套与节水改造工程。加强重点中小河流和山洪防治，建成较为完备的防洪减灾体系。保障集中供水水源地水质稳定达标，加强水资源调配和水利设施管理，严格水源保护“红线”管理，推进水务一体化发展。

配足产业水。近年来，投入1.04亿元实施“五小”农田水利工程、水土保持建设项目，改善农村水利灌溉基础设施。围绕石斛、乌骨鸡、蔬菜基地、水果基地、冷水养鱼等产业布局，规划实

赤水属中亚热带湿润季风气候，年平均气温18.1℃，年降水量880—1700毫米，气候温和，雨量充沛。市委、市政府立足“生态立市”发展战略，抓大生态，建大水利，全市森林面积逾214万亩，森林覆盖率达82.77%。赤水林区，泉水叮咚，流水潺潺。（刘子富　摄）

施水利项目，助推农业园区、农业产业发展，新增、恢复、改善灌溉面积 7.7 万亩，有效解决农业产业发展用水问题。

建设智慧水利。率先在复兴镇凯旋村实施山区现代水利项目建设，全面推进“互联网 + 智慧水利与水利信息化”建设，建立山区现代水利控制中心，通过中央控制系统、互联网和管理员手机信息控制等手段，即可根据园区内环境湿度等实时情况，实现远程智能化管理，做到高效节水、科学合理灌溉。智慧水利日益产生不可估量的示范带动效应。

葫市镇蕨基坝水库水域面积 300 多亩，湖光山色，空气清新，气候宜人，集观光旅游、休闲度假、防洪灌溉功能于一体。（刘子富　摄）

实施饮水安全巩固提升工程。推进丙安、沙千、大头石、旺隆、观音滩、宝源等中小水库建设，新增蓄水能力 4500 万立方米。市政府明确由一名分管副市长负责牵头，组织力量编制完善水库项目立项资料，规划建设 8 座水库项目，成为全省水库项目进入规划最多的县（市）。金龙水库是 20 年来首座落地赤水的新建水库项目。丙安水库建设项目在全省竞争立项和项目申报中获省政府批准立项，列入全省“县县有中型水库”建设项目盘子。骨干水源项目入规后，已建成金龙水库，牛儿洞水库即将建成，丙安中型水库和旺隆、观音滩、沙千、宝源、大头石 5 座小（一）型水库紧锣密鼓地开展前期工作。“十三五”期间入规的 8 座骨干水源工程全部建成后，每年可新增蓄水能力 4500 万立方米，是“十二五”期末全市蓄水能力的 3 倍。

国家“十三五”水利发展改革规划项目、贵州省“县县有中型水库”重点建设项目丙安中型水库，最大坝高 119.8 米，项目概算总投资 11.49 亿元，总库容 2140 万立方米，是一座以城乡供水为主、兼顾农田灌溉的综合性水利工程，建成后可解决赤水城区及周边 16 万人的饮水安全问题。2018 年 5 月 21 日，革命老区丙安晴空万里。笔者来到水库开工现场，工地上大型施工机械一字摆开，披红挂彩，机声轰鸣。设在坝基的开工典礼上空，彩旗飘扬，鞭炮齐鸣，锣鼓喧天。老区各族人民自发从四沟八岔涌来参加开工典礼，声声感恩共产党，感恩人民政府，感恩为老区人民修建“大水缸”！

赤水农村安全饮水采取集中、分散等多种供水方式，建立科学的农村安全饮水管理机制，抓好后续管理，提升保障能力和水质达标率。结合小型农田水利建设，深入推进“小康水”行动计划，提高城乡供水质量和应急供水能力。通过整合水土保持、小农水、山区现代水利、机井配套等各类水利项目资金、扶贫专项资金、社会各界捐赠和红十字会帮助资金、水利投资公司融资等方式，有效缓解水利建设资金投入不足问题。2014 年脱贫攻坚以来，投入资金 12.8 亿元，建成两座重点水库，实施 519 处农村安全饮水工程，安装 200 万米输供水管道、建成 854 个水塔，新建、维修 189 口水池，整治维修 27 口山塘，解决 10.4 万人饮水安全问题，实现农村家家户户通安全水的目标。

金华办事处沙湾社区农村人口 2828 人，由于地处山坡，水源条件较差，每逢旱季，供水严重不足，靠消防车送水应急。为彻底解决人饮安全问题，新建小（一）

型金龙水库，新建 1 座水厂，安装输水管道 14320 米，供水管道 4049 米，沙湾村彻底摆脱逢旱闹水荒的困境。

开展“五小”水利建设和河道治理，解决 14 万人的饮水安全问题。按照国家供水到户或人力取水往返时间不超过 10 分钟为安全，人力取水往返时间不超过 20 分钟为基本安全的标准，赤水市农村饮水安全率达 100%。笔者到两河口、元厚、丙安、官渡镇农村一些村寨看到，自来水龙头安进家家户户，主人足不出户，只需拧开水龙头，自来水按需流进水缸、流进水壶、流进锅中。

三、建设能源保障体系

优化配置全市城乡能源资源，发展新能源、清洁能源和可再生能源，建成安全、可靠、高效的城乡能源保障体系。开展脱贫攻坚以来，先后投入 2.88 亿元，实施电网建设和农村电网改造工程，新建 2 座 110 千伏变电站，增容 1 座；新建 4 座 35 千伏变电站，增容 2 座；新建和改造中低压配网、配电台区等基础设施。确保户户通电，有效消除农村电网安全隐患，全面改善用电质量，彻底解决低电压问题，实现同网同价。

长期镇五七村高山村民小组离集镇 12 公里，一条毛石路勉强可供村民步行。2017 年，赤水供电局在五七村投入资金 334.15 万元建设“小康电”，施工队全靠人工抬电杆，硬是将线路架到山上，改善了群众用电质量低的问题。供电局干部职工捐款为高山组修建“组组通”硬化公路，为村民发展产业脱贫打下能源、交通基础，群众修鱼塘、种药材、发展车厘子，用上了家电，吃穿不愁，终于过上祖祖辈辈期盼的好日子。

遵义市、赤水市两级供电部门按照“分步实施、重点攻坚、全面脱贫”的思路，紧盯赤水市委、市政府对易地扶贫搬迁安置户用电、危房改造户用电和低电压台区改造等重点项目安排部署，一切工作让位和服务脱贫攻坚，优先实施“小康电”项目。成立易地扶贫搬迁安置点通电专项工作领导小组和督查组，细化任务，倒排工期，建立“日计划、日管控、日办结”督办机制。遵义供电局从与赤水邻近的习水、桐梓、仁怀等县市调配物资、设备和施工力量，支援赤水脱贫攻坚电力基础设施建设，做到“全动员参与、全方位覆盖、全过程督导”，确保哪里有贫困户“小康电”建设就覆盖到哪里，易地扶贫安置点建成一处通电一处。

两河口镇马鹿村吴胜清家住地偏远，为保证他家新房通电，赤水供电局投资18万元，专门架设1.3公里用电线路、立杆14基。在崎岖的山上施工，电杆、电线、设备全靠人工抬，经过12天施工，为单门独户的吴胜清家送去安全电、放心电。他家添置了家用电器和农用加工机械，过上全新的日子，吴胜清感谢说：“是党和政府送来了光明！”

脱贫攻坚期间，赤水供电局除计划外，投入专项资金1000万元，新立电杆577根，新增配变37台，新增分段开关31台，新增及改造线路及下户线150多公里，完成26个易地扶贫搬迁安置点上10587户和危房改造725户的通电任务，提升2560户低电压用户的用电质量和安全。

为确保全市农村每户农家都能用上电，推行“村电共建”零距离服务，配置脱贫攻坚项目客户经理，实行“一人一项目”责任制，主动上门现场受理业务，全程跟踪服务。推行“95598”远程报装，开通脱贫攻坚用电“绿色通道”，缩短办事流程。严格执行首问负责制，主动对接当地政府、扶贫部门和房开商，掌

输电线路跨越崇山峻岭，穿过千沟万壑，将电流源源不断地输进千家万户，给城乡居民送去能源，送去光明。（王茂祥 摄）

握易地安置或就地分散安置贫困户信息，特事特办，加快报装接电速度，先通电再办理入户手续。对集中安置的用户，采用“一事一跟踪”方式，提早介入，提前规划，及时送电，确保群众用电无忧。

四、建设现代物流集聚区

市委、市政府根据经济高速发展对现代物流需求与日俱增的大趋势，组织交通、发改、经贸、促投、经开区、旅游等各有关部门、乡镇和有关方面专家，展开调查研究和科学论证，结合“十三五”规划，确定赤水现代物流集聚区建设发展富有前瞻性的科学规划和战略定位：国家长江经济带上的区域性港口物流节点；贵州北部最大的区域性水陆联运枢纽和现代化港口物流中心；黔北重要物流基地；赤水市最具影响力的智慧型物流服务集聚区、旅游服务中心和对外开放与交流的重要平台；赤水市产业结构优化升级的加速器和新的经济增长极；力争建成全国服务业综合配套改革示范区、港城互动示范城市和贵州省现代服务业发展示范区。

赤水现代物流集聚区建在赤水城区沿赤水河及高速公路匝道口区域，覆盖赤水城区和天台、复兴、丙安等镇。按“一区八片、一港六码头”空间布局，规划面积6.2平方公里。“一区”：赤水现代物流集聚区；“八片”：鲢鱼溪港口物流片区、河滨东路港口物流和港城互动发展片区、月亮田物流发展片区、复兴建材专用码头作业区、黄泥湾物流发展片区、石柱山加油站发展片区和赤水大道物流片区等八个主要功能片区；“一港”：赤水港，为赤水河遵义港的最大港口；“六码头”：在赤水港重点布置鲢鱼溪散货码头、赤水河滨东路集装箱码头、复兴建材码头、东门客运及旅游码头、长江半岛旅游码头和丙安旅游码头六个码头。

现代物流集聚区依托赤水市的区位优势、自然资源优势和政策叠加优势，抓住发展现代物流业的历史机遇，按照赤水市“十三五”经济社会发展总体规划，突出物流产业的战略地位，加快传统物流向现代物流转型，以物流平台、物流主体、物流信息、物流技术建设为重点，以公路、铁路、港口等基础设施建设为载体，发展物流仓储运输和配送、检验检测、电商、金融、信息等新业态，加速提升赤水市现代物流业的规模和水平，构建内外联通、辐射面广的现代物流体系，为全市经济社会跨越式发展提供强大的现代物流支撑和保障。

从“十三五”开局到2018年6月，赤水现代物流集聚区初步形成“一区八片、一港六码头”格局，产业集聚和辐射带动能力开始显现，公路、水运联运一体化物流运输体系和港口集疏运体系日趋完善。引进和发展了一批物流及配套企业，物流产业融合化、物流信息现代化取得积极进展。集聚区对相关产业发展的支撑和服务保障能力日益显现，年货物运输量达1067万吨，实现综合营业收入37亿元，带动4000人就业，正在实施3个以上省级重点项目。赤水港口年货物吞吐量达729万吨，内河客运量达218万人次。

五、建设信息基础设施

实施信息基础设施建设三年会战，扎实推进骨干网络优化、城乡网络全覆盖、农村宽带延伸等信息化基础设施建设，构建“出市宽、市内联、覆盖广、资费低”的高速、移动、安全、泛在的新一代信息技术基础设施体系。推进城镇光网建设，全面落实“宽带贵州”行动计划，加速建设中心城区、各集镇以及重点景区全线路免费WIFI工程，建成“满格赤水”。扎实推进宽带向自然村寨延伸，加快实现宽带自然村寨全覆盖。全面排查整改城乡通信网络覆盖盲区、盲点，提高4G网络的覆盖深度。

三年会战期间，全市信息基础设施建设累计投资4.3亿元，实现光缆线路铺设8015公里，建成1051个3G/4G基站，城市宽带接入能力20M用户覆盖率达100%，农村宽带接入能力4M用户覆盖率达100%，光纤到户覆盖家庭13.5万户，实现行政村村村通宽带。城市有线电视网络双向化改造覆盖用户4.13万户，农村家庭数字电视延伸覆盖1.89万户，高清交互数字电视用户2.01万户。实现“村村通电视”、城乡“4G全覆盖、户户能上网”目标。

以实现4G“村村通”助推脱贫攻坚。为让群众享受4G网络，2016年6月，长期镇凤仪村4G基站开通，标志全市90个行政村实现4G网络全覆盖，赤水市成为遵义市15个县（市、区）中第一个实现4G“村村通”的市，满足群众手机上网、高清通话需求。

千方百计加快4G建设进度。元厚镇虎头村、石梅村前进小学、长期镇康桥社区等地不通公路，赤水移动公司建设人员人工抬光缆、设备、电杆上山，动辄就是几公里，无准点下班，突击施工，发挥“智慧、创新、协作”和苦干实干精神，提前实现 4G“村村通”目标。

为实现通信信号全覆盖和“满格赤水”目标，遍查每个村通讯信号，排查出个别村存在信号较弱问题，及时组织通信企业采取新建基站、调整增强信号、加大基站功率、优化网络等方式及时加以解决，提高了通话质量。

以项目低资费助推脱贫攻坚。市广电网络公司投资 1085 万元，建成《赤水市农村无线宽带网络全覆盖工程》一期工程，完成 217 座无线宽带 AP 的安装，覆盖 47 个村 63 个村民小组，农户每年交费 300 多元就能享受高清电视和无线网络。移动公司帮扶宝源乡回龙村信息示范村建设，投入 4.8 万元建设宽带，为 40 户村民免费提供两年宽带服务；投入 2.6 万元为村委会建成互联网专线，免费提供两年互联网专线接入服务。

通过大谋划、大投入、大落实，全面补齐农村通信基础设施短板，全面改善农村生产条件和生活条件，有效提高了农村群众的物质生活、文化生活和精神生活质量，兑现了市委、市政府向全市人民“基础设施建设不漏一处”的承诺，增强了群众的获得感、幸福感。

第六节　危房改造不漏一宅

赤水市把党中央国务院脱贫攻坚的战略思想、指导方针与赤水农村实际相结合，实施保障性安居工程，推进城镇保障房、农村易地扶贫搬迁安置房建设和农村危房整治，做到危房改造不漏一宅，增强群众安居感。

一、创新易地扶贫搬迁模式

“马上要住新房子啰，妈妈就要回来了！”8 岁的肖艳琳看着即将装修好的新房，兴奋地对周围的人说。看着小女孩天真、兴奋的模样，周围的人却沉默了。

肖艳琳的新家在大同镇大同大道安置点 4 单元 7 楼。之前，她家住四洞村高山上，远离城镇，经济贫困，生活艰苦。她妈妈受不了这份苦，离开了家。她父亲肖文昌为不伤害女儿幼小的心，无奈地诓骗说：“妈妈打工去了，等存够钱买了房子就回来。”

前些年，赤水边远山区交通闭塞、土地贫瘠，农民靠山吃山，勉强填饱肚子。年轻妇女结婚头两年还能熬苦日子，天长日久，实在熬不下去，有的外出打工，有的选择永远离开。党的易地扶贫搬迁政策如阳光，似雨露，洒向“一方水土难养活一方人”恶劣生存环境的贫困群众，给他们带来希望。迁到新环境、入住新房子后，移民新村的男男女女、老老少少同肖艳琳一个样，脸上堆满灿烂的笑容，充满对美好未来的憧憬。

国务院批准国家发展和改革委员会制定的《全国“十三五”易地扶贫搬迁规

划》，要在五年内对近1000万建档立卡贫困人口实施易地扶贫搬迁，解决居住在“一方水土养不起一方人”地区贫困人口的脱贫问题。这是一项涉及面广、涉及人口多、关系迁出、迁入地群众切身利益的浩大工程，需要党委、政府统筹协调处理好各个方面的关系，需要思想观念、体制机制、政策措施、群众工作方法创新，知难而进，创造性地开展工作，才能完成易地扶贫搬迁、迁出、迁入地群众共同发展、共享发展成果的艰巨任务。这是对农村、农业和农民“三农”工作的严峻挑战，从某种意义上说，这是在新的历史条件下展开的一场变革。

赤水市委、市政府组织带领市直机关有关部门、各乡镇干部遍访全市农村，深入细致地展开调查，全面掌握第一手资料，进行科学研判，集思广益，从善如流，探索创新富有时代特色的易地扶贫搬迁安置“赤水模式”：对生存条件恶劣地方的贫困农户，按照“摸好底、建好房、搬好家、服好务”的原则，摸清搬迁对象生产、生活和资源占有情况，实施城区、景区、园区“三区”易地扶贫搬迁安置。坚持以接纳人口容量大、生产生活条件好、发展基础和前景好的城镇安置为主，耐心引导搬迁对象向城区、经济开发区搬迁。对安置房装修实行统一标准、统一单价、统一内容、统一管理的“四统一”，确保搬迁对象拎包入住。对跨乡镇安置的实行“双向包保”责任制：迁出地政府负责搬迁动员、搬迁户承包土地流转、宅基地复垦等工作；迁入地政府负责搬迁户的劳动就业、子女入学、医疗、社保、生活购物等后续工作。迁入迁出地党委、政府密切配合，切实做好“五个三”后续保障：盘活“三块地”：承包地、山林地和宅基地；统筹解决“三就”：就业、就学和就医；衔接“三类保障”：低保、医保和养老保险；建设经营性“三个场所”：经营性服务公司、小型农场和公共服务站；建立“三种机制”：集体经营、社区管理服务和群众动员组织。全面提升搬迁工作水平、工作质量和工作成效。

在市委、市政府的统一组织领导下，承担易地扶贫搬迁安置任务的各级党委、政府和有关部门干部，积极、主动、热情地开展全新的工作，迁出、迁入地双方随时沟通情况，携手合作，分工负责，各司其职，各负其责，将易地扶贫搬迁安置工作做深、做细、做实，确保万无一失。迁出地党委、政府和各有关部门，深入细致地做好迁出群众的思想动员工作，做到搬迁安置政策家喻户晓，人人明白，解除后顾之忧，耐心解开搬迁群众故土难移的心结。干部带领群众帮助迁出后，全面完成迁出户土地、林地自愿、依法、有偿流转工作，圆满完成迁出区旧房拆除复垦任务。

迁入地党委、政府选派热心、耐心、细心的干部，专门为迁入群众服务，连出行上街、孩子上学、超市购物、菜场买菜、医院看病、家电使用都给予引领指导，细致入微。笔者在元厚、官渡、丙安镇等地易地扶贫搬迁户新家中看到，他们搬进的安置楼房宽敞明亮，电视机、电冰箱、电磁炉、洗衣机等家用电器和沙发、茶几、鞋柜一应俱全，进屋换的拖鞋摆放整整齐齐。用他们的话说，居家条件与世世代代生活的深山沟、小山村相比，发生的变化连做梦都想不到！每逢中秋、国庆等重要节日，有的迁出地党委、政府还派代表到安置点看望慰问迁出群众，与群众一道包饺子、吃月饼、拉家常，其乐融融，送去党委、政府的关怀。笔者所到的移民安置点上，众口一词说的都是："扶贫干部考虑比爹妈还周到！"、"党和政府比亲人还要亲！"

近两年，全市共实施易地扶贫搬迁安置 3644 户 14369 人，其中贫困户 2540 户 9818 人，城区、集镇、新村安置比例分别为 51%、43.4% 和 5.6%，提前完成"十三五"规划目标。易地扶贫搬迁安置实现贫困农民向市民、产业工人、旅游从业者转变，实现搬迁群众生产、生活条件显著改善，致富能力不断增强，收入水平明显提升。兑现了市委、市政府"让易地扶贫搬迁安置贫困群众'零顾虑'搬出、'零负债'入住、'零距离'融入"的庄严承诺。

二、农村危房整治全覆盖

赤水市在实施农村危房整治时，针对个别群众想方设法争扶贫优惠政策的现象，为实现总体公平和防止因危房整改政策执行不当造成新的不公，既严格执行国家三部委《关于做好 2015 年农村危房改造工作的通知》关于"对未录入农村住房信息系统、已经享受过农村危房改造政策、本人及其直系亲属已具备安全住房、家庭农民人均纯收入高于当地平均水平、为改善居住条件进行分户、城镇规划区内已纳入搬迁计划，满足上述任一条件的均不得纳入农村危房改造"的明文规定精神，市委、市政府结合赤水农村危房改造中遇到的实际问题，在对全市农村范围内的危房、房主、住户情况逐一核实清楚的基础上，敢于创新，敢于担当，既坚持原则性，又兼顾灵活性，制定了具有针对性、指导性、可操作性的农村危房整治"十不整治"甄别标准，明确规定农村危房 10 种情况不在整治范围之内：

一是易地扶贫搬迁户旧房未拆除的；

二是生态移民搬迁户、地质灾害搬迁户旧房未拆除的；

三是已建新房旧房未拆除的；

四是属于危房，但住户长期外出务工，有经济能力建房的；

五是已购新房、旧房未拆除的；

六是已建新房，危房作为附属用房的；

七是儿女有安全住房，只有老人居住危房的；

八是出租屋是危房，房主另有安全住房的；

九是在城镇规划范围内，已签订拆迁协议或近两年纳入拆迁范围的；

十是长期在外务工并居住的。

全市有关部门和各乡镇严格执行“十不整治”甄别标准，按照“一个危房喷绘标识 、一张新房签字照片 、一张新房房产证明 、一次群众评议记录、一次问询记录”“五个一”要求，收集不予整治佐证材料，做到不该整治的一户不改，该整治的一户不漏。与此同时，党委、政府从实际出发，对房屋达一级危房无法修复的贫困户，由政府补助 3.5 万元或帮助修建 60 平方米以内安全住房。老百姓由衷感激说：“真是人民政府为人民！”

在推进农村危房整治时，立足实际，着眼发展，制定改水、改电、改房、改路、改厕、改圈、改灶，增绿，治污、治水“七改、一增、两治理”建设标准，聚焦突出问题，坚持因户施策，采取重新修建、维修加固、房屋置换等方式，全面推进农村危房整治工程，保障贫困户住房安全。完善农村群众基本居住功能，提升卫生健康条件。

农村住房安全保障是脱贫攻坚“一达标、两不愁、三保障”的重中之重。由于受地形地貌、交通和经济条件制约，赤水农村不仅居住分散，而且土坯房量大面广，住房安全保障成为决战决胜脱贫攻坚最难啃的“硬骨头”。

2017 年，全市排查出农村危房 1 万多幢，扶贫一线干部任务重，压力大。时任市委副书记、市脱贫攻坚总指挥部执行副总指挥牟明灯组织带领 17 个乡镇指挥部的有关干部，突破常规，靠前指挥，迎接挑战。根据贵州省第三方评估专家反馈宝源乡联奉村农村危房整治存在的问题，举一反三，组织市委脱贫攻坚办、市扶贫办、住建局等单位的有关干部，总结经验教训，摸索整改规律，集中力量整改，打造出宝源乡联奉村、回龙村危房整治样板。市委、市政府召开全市农村危房改造现场观摩会，以观促改，以点带面，扎实推进全市农村危房整治。

市脱贫攻坚总指挥部建立“一日一调度，一通报，一研判，一部署”工作制度，每晚召开调度会，通报当天各乡镇危房整治进度、分析研判存在问题、安排部署下步工作。总指挥部明确要求乡镇（街道）召开群众会，对照不需整治户佐证资料，展开民主评议，建立整治台账，坚持不该整治的一户不改，确保危房整治公开、公平、公正。

赤水市制定“一灶、一厕、两面墙、两块地”（室内墙、室外墙、室内地面硬化、

图为官渡镇农村危房整治前贫困农户居住的危房。（官渡镇提供）

院坝硬化）农村危房整治具体标准，市委、市政府、各乡镇和市、乡镇住建、扶贫等部门干部深入边远村寨，现场指导整改，查漏补缺横到边、纵到底，确保整改全面彻底。

2014年以来，全市共排查农村危房20879户，收集不需整治户佐证资料10688户，累计投入6.5亿元，整治危房10191户，实现农村危房改造全覆盖，确保农村广大群众住有所居、居有所安。

建立健全因灾新增危房及时处置机制，将农村住房纳入动态管理，全面保障农村群众住房安全。市委、市政府出台的农村危房整治政策措施接地气，好操作，合情合理，公正公平，获得广大农村基层干部和农民群众的一致认可。

丙安镇丙安村团结组李正英老人居住在离镇4公里的半山腰上，交通闭塞，出行不便，制约经济发展。她家4口人，儿子长期外出打工，孙女、孙子在成都和遵义上学，她成了名副其实的留守老人。当地政府对她家住房按二级危房改造补助1.5万元，按质量安全要求对房屋做了维修加固，配建了厕所等设施，还将她纳入低保户。“感谢共产党！感谢人民政府！帮我解决了住房安全大问题。”李正英说出了危房改造农户的心里话。

这段期间，笔者走访了赤水市委、市政府及一些市直机关单位，采访了元厚、官渡、天台、大同、两河口镇的一些美丽乡村和文华街道文华学校、

官渡镇按黔北民居风格小青瓦、坡屋顶、转角楼、雕花窗、白粉墙、穿斗枋、三合院整治危旧房，从原有住房实际出发，没建三合院的，增刷红墙裙、红檐柱，走廊上高高悬挂大红灯笼，显得喜庆祥和。（刘子富　摄）

复兴镇复兴小学、丙安镇红军小学，发现市级党政机关办公楼与美丽乡村和城乡现代化教学楼对比起来，形成强烈反差，党政机关显得过于简陋，七八层高的楼房没装电梯，办公室虽然实现无纸化和光纤宽带现代化办公，但几个干部挤在一间屋子里办公的情景比比皆是，在市委有的办公室走动时，木楼板“吱咯、吱咯”直响，办公桌上的电脑随之晃动。目前，仍有400多名干部在40多年前盖的办公楼甚至更久远年代盖的老旧楼里办公。

笔者走进市委书记、市长的办公室，注意到与一般工作人员的办公室除了稍宽一点儿外，好不到哪里去，只是他们办公室的墙壁上，悬挂着中国地图、赤水脱贫攻坚态势图、赤水大瀑布和丹霞地貌佛光岩赤水地标性景观大幅照片，透出深深眷恋革命老区的拳拳之心。决策者身居陋室，却大手笔绘制和实施赤水现代化建设和民生事业宏伟蓝图。难怪80多岁的退休干部郭首先感慨地说：“赤水是革命老区，党委政府不修办公楼，把钱花在事关民生的刀刃上，传承了艰苦朴素的红色基因，得民心啊！”

官渡镇农村危房改造尊重村民选择，不搞千屋一面，按村民爱好改造的新居，各具特色，格调清新。（刘子富　摄）

三、实施环境改善“五化工程”

实施农村人居环境绿化、净化、硬化、亮化、文化“五化工程”，启动整体改善农村人居环境“10+N”行动计划，重点推进“七改、一增、两治理”工程。坚持问题导向、因地制宜、建管并重，加快村庄规划整治，实现村庄规划整治全覆盖。

加强对农村新建房屋的引导和管控，规范农村建房选址、风貌、体量，严格执行“一户一宅”政策，防止建新不拆旧、建新仍住旧、“两头居住”等现象。

投入2.5亿元，实施土地整治和地质灾害治理。投入4.5亿元，建成13个乡镇生活污水处理厂、18个人工湿地污水处理项目和14个垃圾压缩站，实现生活污水、垃圾处理城乡全覆盖。

2017年投资13.76亿元，实施150个农村人居环境改善项目点，其中实施的精品型有天台镇凤凰村、复兴镇凯旋村、大同镇民族村、宝源乡玉丰村、两河口镇盘龙村等18个项目点；提升型有两河口镇马鹿村、宝源乡回龙村和元厚镇石梅村。

按照决战决胜脱贫攻坚战略部署，投资6000万元，由市住建局等有关部门负责将官渡镇玉皇村、五里村、元厚镇石梅村、大同镇华平村、两河口镇马鹿村、宝源乡回龙村、丙安镇三佛村、长期镇凤仪村8个贫困村人居环境加以整治，作为脱贫攻坚改善人居环境示范点。8个示范点基本建成，展现社会主义新农村新风貌。

实施“10+N”计划。投资8402万元，在复兴镇凯旋村、天台镇凤凰村、大同镇民族村、葫市镇天堂村、元厚镇石梅村、

实施环境改善“绿化、净化、硬化、亮化、文化”“五化工程”，整合各类项目资金530万元，与美丽乡村建设同步推进，点、线、带结合，打造具有赤水特色的旅游景观，彩化、美化55公里主要景区道路、165公里干线公路，植红色、紫色三角梅7.4万株，黄花槐2.6万株。图为盛开的紫色三角梅。（刘子富 摄）

官渡镇五里村、两河口镇盘龙村、丙安镇三佛村、宝源乡玉丰村、旺隆镇富顺村10个村实施整体推进农村生活垃圾、污水治理示范项目建设，完善配套设施，绿化覆盖率达88.2%，项目已通过省级第三方评估验收。

四、打造美丽乡村升级版

认真贯彻落实习近平总书记2017年10月18日在党的十九大报告中提出的乡村振兴战略，结合赤水农村实际，围绕黔北民居传统风格小青瓦、坡屋顶、转角楼、三合院、雕花窗、白粉墙、穿斗枋七要素，实现社会主义新农村建设全景域覆盖，打造“四在农家·美丽乡村”升级版。

实施贵州“小康六项行动计划”，加大全市农村村民聚居点和小城镇道路、通信、文化、供排水、绿化和环卫等设施建设，完善镇区功能。开展农村环境综合整治，提高农民群众生活健康质量。

保护传承赤水地方特色传统文化和耕读文明，加强溪流、林草、湿地、山丘等生态资源保护，打造蕴含美丽宜居的家园、增收致富的田园、寄托乡愁的故园、观光休闲的公园、投资兴业的乐园“五园”美丽乡村升级版。天台镇凤凰村、复兴镇凯旋村入选“全国生态文化村”，丙安镇丙安村、元厚镇陛诏村被列入“中国传统古村落”。

2018年以来，赤水市“四在农家·美丽乡村”建设全面提速，在已经建成18个精品型村庄、3个提升型村庄、8个改善人居环境示范点的基础上，充分发挥示范带动作用，在巩固提高贵州省级示范小城镇官渡镇，遵义市级示范小城镇旺隆镇，赤水市级示范小城镇复兴镇和大同镇，2017年新增遵义市级特色小城镇丙安镇、天台镇和长沙镇的基础上，2018年重点打造天台镇、长沙镇两个特色小城镇，完成80个精品型村庄、160个提升型村庄、230个普及型村庄、80个美丽乡村示范村。

今日赤水农村，富有黔北民居特色、系得住乡愁的美丽乡村有如雨后春笋，日新月异。

第七节 兜底一个不漏

全面加强社会建设，实施社会保障兜底工程，切实保障和改善民生，确保政策兜底一个不漏。努力实现党的十八大提出必须以保障和改善民生为重点，提高人民物质文化生活水平的根本目的，增强人民群众的获得感、幸福感。

民生问题是党执政的核心和根本，按照党中央“人人参与、人人尽力、人人享有”的要求，坚守底线，突出重点，完善制度，引导预期。着力解决人民群众最关心、最直接、最现实的利益问题。全面推进社会事业发展，让人民群众共享改革发展成果。

一、筑牢社会保障体系

社会保障是民生安全网、社会稳定器，与人民幸福安康息息相关，关系党和国家长治久安。民生问题是党执政的核心和根本。市委、市政府遵照习近平总书记在党的十九大报告中提出“兜底线、织密网、建机制”的要求，一手抓精准扶贫、脱贫攻坚、精准脱贫，一手抓全面筑牢城镇职工基本养老保险和城乡居民基本养老保险，统筹建立城乡社会救助体系，完善失业、工伤保险制度、最低生活保障制度、社会福利慈善事业、社会优抚安置等制度，筑牢覆盖全民、城乡统筹、权责清晰、保障适度、可持续的多层次社会保障体系。

落实全民参保计划。推进城乡居民基本养老保险制度建设。完善职工养老保险个人账户制度，建立健全多缴多得机制。建立落实养老金随经济增长而合理增长的机制。发展职业年金、企业年金、商业养老保险。全市农村贫困户参保率达100%。

建立“全覆盖、保基本、多层次、可持续”的社会保障和社会救助体系。发展社会福利事业、残疾人事业和老年人事业。对全市8622名无业可扶、无力脱贫的“两无”贫困人员，实现政策兜底保障全覆盖。针对收入不稳定的贫困“边缘户”，各有关部门、企业主动承担社会责任，开发保洁员、护林员、监督员、护理员、水管员的“五员”岗位1910个，全部用于安置贫困户、贫困“边缘户”就业，人均年增收8000元以上，做到困有所济，送去党的关怀和社会主义大家庭的温暖。

建立“全覆盖、保基本、多层次、可持续”社会保障和社会救助体系，发展社会福利事业、残疾人事业和老年人事业。投资1.26亿元，建成14个乡镇敬老院，“五保”老人实行集中供养。官渡镇桑榆情养老公寓建有棋牌室、娱乐室、健身室、电视室和餐厅，卧室配有空调、桌椅、衣柜等。棋牌室里，10多位老人围着两张桌子正在打牌，围观老人看的挺起劲儿。（刘子富　摄）

按照不低于10%的标准逐年提高农村低保水平，实行动态管理，将符合条件的困难群众及时纳入农村低保保障范围。对符合农村低保条件退出建档立卡管理的贫困户和易地扶贫搬迁的农村低保户，两年内继续享受农村低保待遇。对建档立卡贫困人口和民政救助对象，享受基本医疗保障、大病保险等报销以后，在救助封顶线内按70%的比例给予医疗救助。严格执行重度残疾人护理补贴和困难生活补贴，对轻度残疾人推行职业教育、职业培训，确保有劳动能力的残疾人家庭至少有一人以上实现就业创业。

按照城乡居民生活水平要与经济发展水平相适应的原则，逐步提高城乡居民最低生活保障水平，推进低保标准与扶贫标准“两线合一”。推行政府领导、民政牵头、部门配合、乡镇主体、村居协助的低保工作机制，健全社会救助保障兜底制度。农村低保标准每人每年从 2011 年的 1320 元提高到 2017 年的 3612 元，年均增长 28.9%。2017 年，全市农村低保对象 5455 户 12146 人，占农村居民总数的 6.4%。2014 年以来，全市累计发放农村低保金 1.36 亿元。全市 2.8 万建档立卡贫困人口中，1.2 万人纳入低保保障，贫困人口低保保障率达 42%。在易地扶贫搬迁进城的低保对象中，有 589 户 1759 人享受城市低保待遇。对易地扶贫搬迁到城区居住的农村低保户，按城市低保标准享受低保待遇。

推进农村敬老院建设。投入 1.26 亿元，建成 14 个乡镇敬老院，农村“五保”老人实现全部到敬老院集中供养。对空巢老人，实施社会代养。敬老院按管理服务人员与“五保”老人不低于 1 ： 10 的比例配置，提供温馨、优质、高效服务。

官渡镇桑榆情养老公寓里，老人们有的看电视，有的在聊天，两位年过 8 旬的老人，怡然自得地下棋。（刘子富 摄）

笔者来到官渡镇桑榆情养老公寓，政府出资建有棋牌室、娱乐室、健身房、电视室和餐厅，标间卧室配有卫生间、空调、桌椅、衣柜等。全镇农村40个符合条件的老人全部集中供养。政府挑选6名具有护理知识和热心老年事业的管理服务人员，为老人提供热情周到的服务。走进棋牌室，只见十几个老人围着两张桌子聚精会神地打牌，一旁围观的老人看的挺起劲儿。两位8旬开外的老人，怡然自得地下象棋。有的在看电视。敬老院走廊条椅上，三三两两的老人在聊天儿。80岁的袁成金老人与笔者聊了起来。他年轻时当过十多年的生产队长，现在人老了，干不动活了，政府照顾来老年公寓过集体生活，一点儿都不觉得孤独，每天都有肉吃，每月还发100多元零花钱。老人感慨地说，尽管无儿无女，日子过得有滋有味。他乐哈哈地跷起大拇指提高声调说："共产党真好！"

全面筑牢社会保障救助体系，做到应保尽保，不留死角。城乡居民就业充分，收入保持两位数增长，差距逐渐缩小，中等收入人口比重逐渐有所上升。医疗卫生服务供给能力和服务质量增强。社保、住房、文化等公共服务体系健全，基本公共服务均等化水平提高，物价总体水平保持基本稳定。

"如果没有政府救助，我恐怕已经饿死了。国家政策太好了，非常感谢共产党，感谢人民政府！"65岁的梁根元对国家第三方脱贫攻坚评估检查人员激动地说。他家住宝源乡回龙村四组，全家两人，他的视力三级残疾，儿子智障，家庭生活困难。2014年，政府将他家列入建档立卡管理，同时纳入农村最低生活保障。

二、健全助学保障体系

贫困，患的是社会综合征；反贫困，必须综合治理才能奏效。农民科学文化素质低，成为提高全市人民科学文化素质的短板，是导致一个农户、一个乡村、一个区域贫困代际恶性传递，乃至制约经济社会发展和文明进步的重要因素。要阻断一个家庭、一个乡村、一个区域贫困代际恶性传递，是一项社会综合治理系统工程，加之导致返贫的条件和因素往往具有偶然性、突发性、不可预知性，比如"一人大病，全家返贫"、人力不可抗拒的洪涝、干旱、低温等自然灾害、干部工作一时失误等偶发因素，都可导致贫困户、贫困乡村、贫困区域脱贫后一夜之间重新沦为贫困。反贫困具有长期性、艰巨性、复杂性、反复性，不可能一蹴而就，更不可能一劳永逸。反贫困是一项长期艰巨的政治任务、经济任务和社会责任，必须经过长期坚持不懈的努力，抓综合治理，第一位的工作是靠智力支撑才能阻断贫困代际恶性传递，建成全面小康，最终消除绝对贫困。

赤水市委、市政府和各有关党委、政府部门，高度重视科技、教育、文化、卫生扶贫。脱贫攻坚，斩断穷根，重视从孩子抓起，坚持不懈地打牢基础，靠智力支持提高贫困人口和全社会成员的综合素质，变人口资源为人力资源，解放和发展农村生产力，靠发展消除贫困，靠发展抑制返贫。

斩断贫困代际恶性传递链，既要斩断导致家庭父辈贫困的多种条件和因素传递给子女的恶性传递链，又要斩断导致乡村甚至区域贫困代际恶性传递链。父母受教育程度低、劳动技能培训少、观念陈旧、生产资料占有份额少、缺乏谋生和发展手段而安于贫困，其子女从小受父母影响，潜移默化，甘于重复父母贫困境遇。受血缘、地缘和人际关系的局限和影响，导致个人性格忧郁、孤僻、沮丧，缺乏战胜贫困的思想、能力、自信和勇气，因此，一代一代难以挣断贫困代际恶性传递链。

教育与信息化融合发展，实施“班班通”（每个班具备与外界进行不同层次信息沟通、信息化资源获取与利用、终端信息显示软硬件环境）工程。2018 年，全市配备并补充“班班通”1319 套，电脑 2995 台，录播教室 4 间，实现教学点以上学校“班班通”全覆盖。图为复兴小学二年级三班利用“班班通”在教学。（刘子富　摄）

赤水农村大量农民家庭的贫困史，说明贫困家庭代际恶性传递链，往往不是一两代人的努力就能阻断的，既要激发贫困家庭自身脱贫致富强烈愿望的内因起决定作用，又离不开在中国共产党领导下，充分发挥社会主义制度的优越性，靠各级党委、政府、社会、邻里、亲朋帮扶外力的推动，只有内因、外因共同发挥作用，才能有效阻断贫困代际恶性传递链。这是一个渐进、艰辛、由量变到质变的过程。

赤水脱贫攻坚、漂亮出列的实践同时雄辩地证明：有党委和政府的坚强领导，用脱贫统揽经济社会发展全局，组织动员全社会力量参与大扶贫，形成脱贫攻坚强大合力，激发贫困群众“自力更生、艰苦奋斗”的内生动力，贫困群众发挥脱贫主体决定性作用，精准扶贫、弯道超车、精彩出列也是完全能够做到的。

赤水市坚持“教育优先”、“人才兴市”发展战略，抓实立德树人根本，把增强贫困人口创新意识和创新能力作为重点任务，贯穿国民教育全过程。以提高人口素质为核心，实施教育提升工程，积极发展学前教育，普及十五年教育。合理配置优质教学资源，解决“大班额”难题，推进城乡义务教育均衡发展，促进普通高中多元化发展。发展职业教育，推进“产业园区＋标准厂房＋职业教育”办学模式，推动中职学校升格为高职院校。创造条件筹办生态大学。

加快教育与信息化融合发展，实施“班班通”（学校每个班级具备与外界进行不同层次信息沟通、信息化资源获取与利用、终端信息显示软硬件环境）工程。2018 年，全市配备补充“班班通”1264 套、学生电脑 2920 台、录播教室 4 间，实现教学点以上学校“班班通”全覆盖。

将教育优先发展战略落到实处，建立健全助学保障体系，使贫困家庭学生从小学到大学都可得到政府资助，实现建档立卡贫困家庭学生资助全覆盖。2013 年年初，市委、市政府制定《赤水市中小学布局结构调整和教育园区规划》，明确赤水教育“两年打基础、三年见成效、五年上台阶”的奋斗目标，把教育发展与经济社会发展“同规划、同部署、同督查、同考核”，规划实施教育基础设施建设，努力改善全市中小学办学条件。

通过银行贷款、融资租赁、平台公司“交钥匙”工程、企业垫资建设等方式，筹措教育建设资金 21.2 亿元，新建、改建、扩建 83 所中小学，调整 35 所学校规划建设布局，新建 17 所乡镇中心幼儿园，25 所村级幼儿园，完成 3 所乡镇中心学校、

1所片区学校、1所村级小学整体搬迁，新建6所城市学校，修建52个塑胶运动场。实施棚户区拆迁改造，投资600多万元，搬迁居民200户，腾出50多亩地用于城区学校拓展建设。投资8亿元，在城区新建占地800亩的基础教育园区。在乡镇将集镇所在地黄金地段土地优先用于办教育，70%以上乡镇中心学校、中学用地得到扩展，尽量满足群众对优质教育资源的需求。全市新增校园面积23.9万平方米、中小学校舍建筑面积19.19万平方米，新增学位11740个，靠发展从根本上解决了“大班额”难题。新增体育活动场地23.4万平方米，有效解决了城区学校运动场地不足的困难。实现村级以上学校“绿化、规划、美化、硬化、文化、净化，学园、乐园、花园、家园”的“六化四园”和塑胶运动场全覆盖。

新建寄宿制学校12所，新增床位5400张，小学、初中寄宿率分别达31.2%和76.6%，农村学校营养餐覆盖率达100%。新建1所特殊教育学校，建立完善“集中学习、随班就读、送教上门”、“三残儿童”（智残、体残、肢残）入学保障机制，“三残儿童”入学率达96.5%。

投资11.4亿元，新建基础教育园区和职业教育园区，以“两大园区”为中心，重新规划调整全市范围内学校布局。其中基础教育园区占地800亩，投资8亿元，涵盖文华幼儿园、文华小学、成都赤水软石学校、赤水三中、特殊教育学校等各学段5所学校，园区建筑面积15万平方米，新增学位1万个，运动场馆面积超3万平方米，内设赤水教育系统最大的图书馆，藏书量可达15万册。园区能够满足易地扶贫随迁子女和未来10年城区群众子女入学需求。

职业教育园区建设投资3.4亿元，由18.1亩扩展到218亩，增加12倍；建筑面积由1.2万平方米扩展到7.4万平方米，增加6倍以上；建实训室43间，实训工位2301个，实习实训设备基本齐全，总价值1700万元。开设有旅游酒店、学前教育、汽车维修、建筑和信息技术五大类专业。2016年，赤水市中等职业学校被评为贵州省“省级示范性学校”。2017年，高星级饭店运营与管理专业成功创建为“国家级示范专业”，汽车修理专业校外实训基地获“省级产教融合实训基地”。近3年，毕业学生1566人，就业率达98%以上。

投资7000万元，在原旺隆小学基础上打造赤水最美乡村小学——旺隆小学，新建校园占地64亩，建筑面积扩大4倍，达1.3万平方米，运动场馆面积扩大10倍，可容纳学生1350人，寄宿生400人，满足6个村居、29个村民组村民子女入学需求。

加强对农村建档立卡贫困户就读子女资助工作，推进教育精准扶贫。发放各类资助资金 1.22 亿元，资助学生 14.03 万人次。按照“精准资助、应助尽助”原则，做到学有所助，落实普通高中、中职学校“两助三免（补）”和普通高校“两助一免（补）”资助政策。将“控辍保学”制度落到实处，确保农村建档立卡户家

将教育优先发展战略落到实处。近年来，投入21.2亿元，对全市中小学(幼儿园)办学条件进行提挡升级，新增校园面积 23.9 万平方米、中小学校舍建筑面积 19.19 万平方米，新增学位 11740 个，新增体育活动场地 23.4 万平方米，有效解决学校运动场地不足的困难。文华小学体育活动场地面积达 27178 平方米，生均体育活动场地面积 24 平方米以上。图为学生开展大课间活动。（苟浩　摄）

庭及子女“不因学致贫、不因学返贫、不因贫辍学”。建立多部门联动学生资助监管体系，杜绝“扶强不扶弱、多重资助”现象。

12 岁的陈青青家住长期镇太平村，她一出生就被父母遗弃，被好心的陈发祥捡养。到现在，62 岁的陈发祥和 58 岁的养母都患重病，属于典型的因病致贫贫困户，青青多次面临失学。“穷不丢猪，富不丢书。你看墙上贴的奖状，全是青青的。要不是困难，怎舍得让孩子不读书？”陈发祥满脸愁云。

2014年，陈发祥家被纳入建档立卡贫困户，当地政府、学校帮助解决陈青青就学困难，每年补助1000元寄宿生生活费。市教育局、文广局结对帮扶干部多渠道争取资金2500元，解决了陈发祥一家的生活困难。

陈青青仅仅是赤水市981户贫困家庭子女上学难中的一例。为确保资助对象不漏1户、不错1人，赤水市建立了精准扶贫学生档案，对全市贫困家庭中正在接受学前教育、义务教育、高中教育、职业教育、高等教育的学生，逐一登记造册，建立资助档案。目前，全市建档立卡贫困户义务教育阶段3050人，高中（中职）阶段552人，大学及以上阶段省内171人、省外172人。市扶贫办、教育局、财政局、人社局共同组成评审机构，对建档立卡贫困家庭学生实行科学评审和动态管理，全程跟踪，对因灾、因病、因学返贫的贫困户子女需要新增入册的，及时纳入扶贫补助范围。

建立贫困家庭毕业生升学和去向台账，精准开展就业帮扶指导和落实国家大学生助学贷款政策。开设中职精准脱贫班，帮助贫困家庭子女学习掌握技能，实现就业，稳定脱贫。

三、完善医疗保障救助体系

确保病有所医。建立健全以新型农村合作基本医疗保障为主体、大病保险、医疗救助和医疗扶助为补充的健康扶贫医疗保障救助体系。全市新农合参保率达99.96%，贫困户参保率达100%，实际补偿比达90%以上。提高慢性病治疗保障水平，确保健康扶贫对象年度内慢性病医药自付费用不超过5000元。开展农村重大疾病专项救助，全力救治重病对象。重点困难对象、农村建档立卡贫困人口、民政救助对象、计划生育家庭成员和残疾人实现100%参保和享受家庭医生签约服务。落实“先诊疗后付费”和“一站式”结算等惠民、便民措施，逐步实现跨省异地就医“一站式”结算。发放健康服务连心袋，提供详细服务信息，提高群众知晓率和满意度。

建设健康赤水。投入2.3亿元新建（改建、扩建）20家政府办医疗卫生机构，

官渡镇医院内科医生查病房后结合电子病历为病人开处方。（刘子富　摄）

改善市级医疗卫生机构基础设施，每个乡镇（街道）建成一所省级标准化卫生院，每个行政村建成一个省级标准化卫生室。市人民医院积极与国内外医疗机构开展技术协作，创建成三级综合医院。积极发展中医药事业，获“全国中医药先进单位”称号。市中医医院 4 个科室纳入省级重点专科建设，突出特色服务，巩固提高二甲水平。广泛开展全民康体活动和爱国卫生运动。持续改善人居环境，创建成为“国家级健康促进县”和“国家级慢性病综合防控示范县”。

深化公立医院改革。建立现代医院管理制度和符合医疗行业特点的人事薪酬制度。巩固国家基本药物制度，有序推进药品购销“两票制”。积极开展市域医共体省级试点县工作，完善分级诊疗制度，提高家庭医生签约服务质量，基层医疗机构服务能力明显提升。投入 1300 万元建设智慧医疗，实现乡镇医药监管平台、规范化数字预防接种门诊全覆盖和市、乡镇远程医疗全覆盖，基本实现卫生计生数据融合共享。建立健全居民基本医疗保险城乡统筹制度，完善医疗救助保障体系，实现城乡居民公平享有基本医疗保障。推动人口和计划生育服务管理转型升级，全面实施一对夫妇可生育两个孩子的政策。

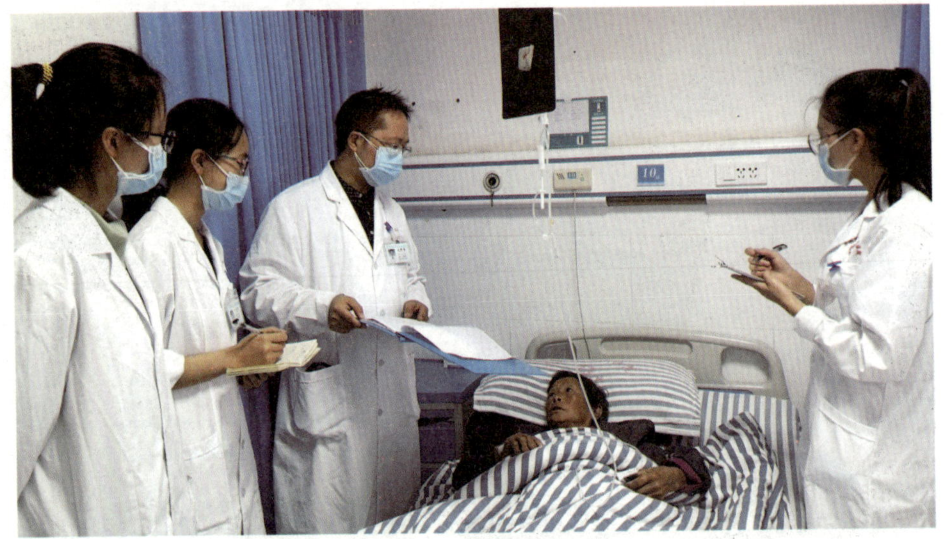
官渡镇医院内科主任、内科医生例行查病房。（刘子富　摄）

将所有贫困人口全部纳入医疗救助范围，救助比例达100%。落实住院报销“一站式”结算，为困难群众撑起“健康伞”。2016—2017年，实施医疗救助16141人次，救助资金6586.56万元，其中建档立卡贫困人口10376人次，占总人次的64.28%。完善临时救助制度和急难救助制度，确保困难群众求助有门，方便办理，受助及时，应救尽救，托底保障。实施临时救助21020人次，救助资金2539.03万元，其中建档立卡贫困人口16645人次，占79.19%。

完善公共卫生应急体系。健全公共卫生应急管理机制，提高重大公共卫生事件应急处置和重大疾病防控能力。优化公共卫生监测和医疗质量监管服务。建立覆盖全过程的食品安全监管制度，形成严密高效、社会共治的食品安全治理体系。

第八节 扶志不漏一员

1949 年 6 月新中国成立前夕，毛泽东同志发表全面阐述新政权形态的《论人民民主专政》，提出“严重的问题是教育农民”的经典论断。赤水市委、市政府在脱贫攻坚中，扶贫扶智，扶志扶本，强化宣传教育农民，提倡继承和发扬中华民族“自力更生、艰苦奋斗”的精神，激发贫困地区、贫困群众自力更生脱贫的内生动力。

一、强化宣传教育

市委明确提出“扶贫必须先扶志”，要求各级干部深入第一线，开好群众会，走进农户家，面对面宣传党的惠农政策，将政策亲手交给群众，与群众一道将政策落到实处，提升群众对党委、政府脱贫攻坚工作的认可度、支持度和满意度。

深入开展扶贫宣传进机关、进农村、进社区、进校园、进企业、进家庭活动，把政策宣传作为干部走访、回访农户的主要内容。发挥农村老干部、老战士、老专家、老教师、老劳模“五老”在群众中德高望重和乡贤在宣传教育方面的特殊作用，利用“道德讲堂”、“农民夜校”阵地和广播、电视、报刊、宣传栏等载体，强化社会主义核心价值观、扶贫政策、法律法规宣传。邀请农业专家和致富能手与贫困户互联、互帮、互带。在全市中小学校开展生动活泼的革命传统教育，传承红色基因、弘扬红军“四渡赤水”精神从青少年一代抓起，利用中小学生联系千家万户的有利条件，深入开展“小手拉大手”活动，实现“艰苦奋斗、自力更生”

继承革命传统，弘扬革命精神，在青少年一代中深入开展革命传统教育。丙安小学建成中国第229所“红军小学”。（刘子富　摄）

精神和扶贫政策宣传教育乡镇、村组、农户全覆盖，帮助群众弄明白党的扶贫优惠政策惠在何处、惠从何来，有效促进贫困群众思想觉悟转变，激发内生动力，摒弃不同程度存在的“懒就懒到底，政府来兜底”依赖思想，发挥脱贫攻坚主体作用，踊跃投身到基础设施建设和产业发展中来。

从市直机关、各乡镇到驻村工作队，掀起扶贫攻坚宣传热潮，做到“走进贫困户，宣传先进门”。帮扶工作队既是帮扶队，又是宣传队。帮扶队员既是卫生员、饲养员、炊事员、算账员，又是宣传员、讲解员。宣传形式有舞台式、院坝式、集会式、家庭式、演唱式、宣讲式。宣传脱贫致富贵在立志，宣传身边贫困户立志脱贫致富的鲜活事例。

丙安镇丙安村残疾人刘青平在脱贫攻坚中激发“艰苦奋斗、自力更生”精神，用一只手撑起一片“天”，成为靠自身努力走上致富路的典型。

2008年，刘青平的妻子患上帕金森综合征，瘫痪在床。2011年3月，他大女儿患上癫痫病；9 月，他父亲脑梗住院治疗。

从此，一家人的生活重担压在他一人肩上。他来到一家工厂务工，想为家庭多挣一些收入。殊不知祸不单行，一次机器故障，他的右手不慎被碾断！

刘青平没有倒下。他说："作为家庭顶梁柱，我不能倒下，我对生活失去希望，整个家就完了，就算只有一只手，也要把家撑起来。"

2014 年，赤水实施精准扶贫，刘青平家成了丙安镇首批建档立卡贫困户。镇干部与他结对帮扶，为他量身定制产业帮扶计划。

党委、政府的关怀，坚定了刘青平对生活的信心。他开始苦练左手，决心靠一只手也能干出别人一双手才能干的事来。他说："在开始练习左手砍竹时，砍出来的竹原料质量不高，而且很费力。由于重心不稳，常常摔倒在竹林中。"困难没有吓倒铁骨铮铮的汉子。一次次跌倒，一次次爬起，终于掌握一只手伐竹的技巧，一年伐竹 30 多吨，收入 1 万多元。

家里人在他精神的感染下，重新燃起对生活的希望。刘青平对家人说，贫困户不能要求政府做这样做那样，绝不能有"等、靠、要"思想，只有靠自己付出

丙安"红军小学"开设"我为红军编草鞋"等革命传统教育课，教育学生懂得珍惜今天的幸福生活，传承"四渡赤水"精神，托起祖国明天的太阳。（刘子富　摄）

劳动和汗水，才能实现真正的脱贫。

2014 年下半年，刘青平参加政府组织的石斛种植培训，镇农业服务中心技术员和帮扶干部手把手教，从种植幼苗、搭建大棚、移植上山，每道环节都要花费大量劳动。背木屑、洒水、固定植株、遮阳等农活，一一摆在他面前，有时晚上十一二点了，他还在干活。

如今，刘青平自育 10 亩石斛苗，野外栽种 15 亩，开始初采见效，年收入 1 万多元。冷水鱼产业前景看好，他着手发展冷水养鱼。他家一年收入已达 4 万多元，2016 年顺利脱贫。

刘青平自信地说："国家扶贫政策这样好，帮扶干部像亲人一样热心，只要勤劳，日子总会好起来。"

贫困群众是扶贫对象，也是脱贫主体。脱贫攻坚关键在帮助贫困地区、贫困群众牢固树立"自力更生、艰苦奋斗"精神，懂得幸福是靠奋斗得来的，激发内生动力，靠坚韧不拔、自强不息精神去战胜贫困，才能创造富裕、文明、幸福美好的生活。

丙安"红军小学"学生学会编织当年红军穿的草鞋。（刘子富　摄）

二、净化社会风气

较长时期以来，由于对农民的思想教育没跟上，群众中内生动力不足的问题日渐突出：有的穷惯了，安贫乐道；有的争当贫困户、争要扶贫政策；有的不敢想，不愿为，坐等扶贫送小康。长期无偿救济“输血式”扶贫，滋长“不要白不要”的思想，用当地村民批评的话说“全身倒在政府身上”，陷入“越穷越扶，越扶越穷”的怪圈。

市委、市政府深刻反思，认为必须强化思想教育，甚至当头棒喝，开展必要的批评教育，再不能花钱助长依赖思想，必须净化社会风气，凝聚正能量，以外力促内力，唤起贫困群众自我脱贫的信心、决心和斗志，靠立志摆脱贫困，靠奋斗建成小康。

坚持用刘青平式自力更生、艰苦奋斗脱贫的正面典型激扬士气，激发脱贫攻坚热情，扶正社会风气，扶足脱贫决心，扶出发展信心，全市农村逐渐形成“以勤劳务实为荣”的新风尚。市书法家协会牵头，组织各乡镇书法爱好者，沿街、沿村、沿寨，挨村、挨寨、挨户，在石壁、院墙、门枋上写标语、书对联：

挖穷根，换穷业，挪穷窝，断穷念，摘穷帽。

种石斛，建鸡场，修新房，兴产业，富自己。

农村醒目的标语、对联引来过往行人、当地村民久久驻足围观，思考其中的深刻内涵，悟出“人穷志不穷，致富路就宽”的道理。

三、树立文明新风

组织扶贫干部全方位、无死角服务群众。帮助行动不便的群众整理内务、打扫卫生、美化庭院，治理柴草乱垛、粪土乱堆、垃圾乱倒、污水乱泼、畜禽乱跑“五乱”现象取得明显成效。帮助群众养成良好的卫生生活习惯，广大农家屋内室外物放有序，整洁卫生，文明新风扑面而来。

在广泛发动群众、征求意见的基础上，针对村民中存在的不良生活习惯，帮助制定和完善村民自治村规民约，发动群众互相帮助，互相监督，自我约束，自己起来改掉长期形成的不良生活习惯，革除懒散风、办酒风等陋习，逐步养成健康文明的生活习惯。

开展全民健身活动，提倡全民健康生活方式，动员全民行动起来，建设健康赤水。杜绝因不健康生活方式、不卫生习惯引发慢性病、重病、大病，乃至因病致贫，因病返贫。

深入挖掘脱贫攻坚中干部真帮实扶和群众自力更生脱贫的典型，为广大干部群众树立标杆。曝光反面典型，强化舆论引导，鞭挞歪风邪气，弘扬时代精神。唱响主旋律，凝聚正能量。深入开展“文明村（居）”创建活动和每三年举办一届“星级文明户”评选活动。截止到目前，全市共评出全国文明村 3 个：2006—2008 年度大同镇大同村；2009—2011 年度元厚镇米粮村；2015—2017 年度官渡镇仙鹤村。省级文明村 1 个：2006—2008 年度大同镇大同村。遵义市级文明村 3 个：2013—2015 年度天台镇凤凰村、旺隆镇红花村、丙安乡丙安村。文华街道办事处双龙村、大同镇华平村、葫市镇金沙村、官渡镇新华村、石堡乡兴农村等 20 个村被评为赤水市级文明村。

2017年，在全市开展“百佳星级文明户”评选活动，通过宣传发动、农户“认星”、村组“评星”、村级“定星”、党委“审星”等程序，层层筛选，层层把关，全市共评选出“百佳星级文明户”123 户、“星级文明户”2145 户。通过各类文明创建和评选活动，宣传典型，树立榜样，引导群众转变思想，摒弃陋习，移风易俗，树立文明乡风。增强了群众感党恩、听党话、跟党走的信心和决心，实现从“要我脱贫”向“我要脱贫”的根本转变。广大群众积极发挥在脱贫攻坚中的主体作用，增强主人翁责任感、使命感和光荣感，踊跃投身基础设施、产业发展、生态文明、物质文明、政治文明和精神文明建设。群众对脱贫攻坚的认可度、满意度大幅提高。

第九节　退出不错一户

赤水市及各乡镇、各村按照当年国家脱贫标准，对拟退出贫困户进行逐户核查评估，对符合脱贫标准的严格按照规定程序实施退出，确保实现国办系统数据、墙上贫困户收入算账确认公示牌、连心袋、登记卡、帮扶成效“五个吻合”，让老百姓清清楚楚算账、明明白白脱贫，做到退出不错一户，增强群众认可感。

一、对标退出标准

紧盯“一达标、两不愁、三保障”目标，严把程序和标准，精准退出贫困户。严格对照“八个不准退”（一是住危房或新建、改造房屋没有达到入住条件的不准退，二是家庭成员患大病未治愈的不准退，三是义务教育阶段有辍学学生的不准退，四是易地扶贫搬迁未入住的不准退，五是安全饮水没有解决的不准退，六是收入及“两不愁、三保障”达标，但因灾、因学、因病等仍然处于困难状况的不准退，七是当年进入建档立卡系统的不准退，八是没有帮扶措施的不准退）等要求，结合“四看法”评分，牢牢把握退出标准，对每年度预脱贫对象进行精准对标，确保满足脱贫全部条件和具体要求。

在“一达标”上，高度关注稳定脱贫的措施，要求每个干部把产业覆盖、务工情况和农产品价格、成本、收益摸清楚，帮助群众全面算清收入账，有的干部给贫困户算账达 50 多次，目的就是算清楚账，让群众弄明白，真认账。对捐款扶助的钱物不认定为稳定收入，将各类捐款纳入村级集体经济管理，对贫困户进行利益联结，确保稳定增收。

在“两不愁”上，做到米缸里随时装满粮食，衣柜里挂有四季衣服，切实做到吃穿不愁。

在“三保障”上，全面消除烂房破屋，对透风漏雨的房屋有切实整治措施，确保住房有保障；确保每个学生都能上学，防止因学致贫、因贫辍学，对省内就读的贫困家庭大学生，实行全免学杂费；对在省外就读的贫困家庭大学生，实行报销补贴；对非贫困家庭大学生，根据家庭实际情况，通过成立基金和筹集社会资助资金，给予一次性补助 5000 元。防止发生因病致贫和因病返贫现象。

二、严格退出程序

精准脱贫退出程序为“一比对、两公示、一公告”。村组在年初对未脱贫对象进行摸排，对在年终达到脱贫条件的贫困户纳入预脱贫对象，强化过程跟踪监管；在年底实施动态管理，由村民小组对符合脱贫条件的对象进行提名，驻村工作队、帮扶干部入户比对“一达标、两不愁、三保障”标准，进行综合研判，对符合条件的对象提交村民代表大会评议并公示；公示结果无异议，报乡镇进行审核并二次公示；公示无异议，提交市扶贫开发领导小组进行复审并返回乡镇公告；公告无异议，经脱贫对象签字认可，做到脱贫对象户户认可、人人清楚后，才在国办系统标注脱贫。

丙安镇三佛村朝门口组梁贵海一家 5 口，2014 年人均纯收入 2000 元，因缺资金进入精准扶贫系统。通过镇、村干部精准帮扶，他家发展 20 亩石斛，并在村办猕猴桃基地务工，承担技术管理任务，全家总收入达 5 万多元，人均纯收入 1 万多元，达到脱贫标准，经过组提名、干部核实、村组评议、乡镇审核、县级复审等环节，按程序脱贫摘帽。

三、退出回头看

对 2014 年、2015 年和 2016 年等历年退出的贫困户，逐户遍访，全面回头看，对脱贫情况进行认真复核、精准审查，把因灾、因病等原因返贫的贫困户，实事求是地纳入建档立卡系统返贫管理。对清理出的返贫对象，进行分类指导、分类帮扶、分类管理，实施精准扶贫，确保每一户对象持续稳定脱贫。

白云乡平滩村平滩组谢光福一家 6 口，2014 年纳入贫困户管理，通过干部帮扶，介绍他儿子外出务工，扶持发展农业生产，2016 年顺利脱贫。2017 年，他儿子突发脑溢血，瘫痪在床，家中唯一的顶梁柱倒下，主要收入来源中断，还有一个智障儿子和一个上大学的女儿，生活重新陷入贫困。经村组核实，乡镇审核，县级复审，2017 年年底将谢光福一家纳入返贫管理。

根据贫困户致贫原因，做到因户、因人施策，精准扶贫、精准脱贫。按照国定贫困退出标准，对拟退出贫困户进行逐户核查，精准对标，综合评估，做到“五个吻合”，确保退出不错一户。对具备脱贫条件的对象先行脱贫，对贫困程度相对较深的对象，延缓脱贫，“扶上马，再送一程”。

决战
赤水
JUEZHAN
CHISHUI
中国首批脱贫出列县

精准脱贫“赤水经验”

自1978年党的十一届三中全会以来，深化农村改革使农村生产关系发生深刻变革，极大地调动了亿万农民群众的生产积极性，极大地解放和发展了农村生产力。到1984年，全国粮食生产登上新台阶，农民温饱问题初步解决。在允许和支持一部分地区和一部分人先富起来政策的鼓励下，我国东部发达地区与西部欠开发、欠发达地区收入分配格局悄然发生变化。由于自然、地理、历史、人文、社会、经济等因素的差异和制约，不仅形成东西部差别、城乡差别、贫富差别，而且差距持续拉大。

赤水市委、市政府把生态建设和环境保护作为第一责任，划定自然资源保护红线，全面推行赤水河、习水河（赤水段）流域环境保护河长制，成立市级、乡镇级和村级三级河长，共设三级河长323名，实现全域所有河流河长全覆盖。市委书记况顺航（前排中）率有关部门负责人开展巡河工作。（市委办提供）

党中央、国务院高度重视农村发展不平衡、不稳定和西部地区农村存在的贫困现实问题，1986年首次在国务院设立专门负责扶贫工作的领导小组，首次明确提出有组织、有计划、大规模扶贫开发。贵州省委、省政府积极响应党中央、国务院号召，集中力量解决毕节、望谟、务川等19个国家级贫困县和赫章、册亨等12个省级贫困县的贫困问题。当时赤水县未列入贫困县。1990年，赤水撤县设市后，扶贫显得不那么迫切，对非贫困县个别乡村存在的贫困现象，市、乡镇党委、政府重视扶贫工作的程度、投入领导精力、人力、物力和财力与贫困县扶贫开发的要求，客观上存在差距，扶贫逐渐形成“疲劳战”“消耗战”“持久战”。

2011 年，国务院批准实施《乌蒙山片区区域发展与扶贫攻坚规划（2011–2020 年）》，赤水市被国家列入乌蒙山集中连片特殊困难地区，市委、市政府重新审视作为国家贫困县（市）肩负脱贫攻坚的政治任务、经济任务、社会责任和历史使命，反思多年来处在非贫困县位置抓扶贫工作在指导思想、领导精力、人力、物力、资金投入上、扶贫措施上以及干部作风上存在的差距，甚至存在“盲区”，隐藏“痛点”，感受到新形势下扶贫开发、脱贫攻坚的工作压力。针对赤水市农村经济状况和存在的贫困问题，制定分阶段脱贫战略目标和切实可行的开发扶贫举措，将脱贫攻坚列为市委、市政府工作的重中之重，举全市之力脱贫攻坚，决战贫困，弯道超车，跨越发展，创新独具赤水特色的“四大制胜”精准脱贫“赤水经验”。

第一节　精准制胜

市委、市政府深切感到，赤水市圆满实现“十二五”国民经济和社会发展规划战略目标，为“十三五”脱贫攻坚、加快经济社会发展、建成全面小康奠定了坚实基础。过去五年经济社会发展取得的成绩来之不易，在实践中探索积累的“六必须”经验弥足珍贵，值得在全面展开精准扶贫、脱贫攻坚、精准脱贫大决战、全面建成小康社会新征程中发扬光大，推动全市赶超发展，跨越发展。

一、发扬“六必须”经验

——必须把牢牢守住发展和生态两条底线作为基本要求，发展生态优势产业，加快“生态产业化、产业生态化”进程，实现产业强、百姓富、生态美的有机统一。

——必须把生态立市、工业强市、旅游兴市作为基本战略，坚持一张蓝图绘到底，一以贯之抓落实，走独具赤水特色的富民强市发展新路。

——必须集聚园区、集聚城区、集聚景区“三区”发展，精准发力，把推动新型工业化、绿色城镇化、农业现代化和旅游产业化“四个轮子”一起转作为基本路径，坚持“赶”与“转”并举，将“三区”建设作为加速发展、加快转型、推动跨越的主战场，促进新型工业化、绿色城镇化、旅游产业化、农业现代化集聚发展、集约发展，保持高于遵义、全省乃至全国发展速度。

——必须把改革开放作为根本动力，坚持解放思想求创新，敢闯敢试敢突破，以改革促进开放、以开放倒逼改革，不断深化改革，提高改革精度、深度和力度，全面提升开放广度和深度，深挖发展潜力，招商与招才并举，实现“借梯登高”、“借船出海”。

——必须把保障和改善民生作为根本目的，坚持以人民为中心的发展思想，发展为了人民、发展依靠人民、发展成果由人民共享，实现好、维护好、发展好最广大人民群众的根本利益。

——必须把党的建设作为推动科学发展的根本保证，全面落实“党要管党、从严治党”的基本方针，始终把政治规矩和政治纪律挺在前面，着力提升决策力、执行力和控制力“三力”。用干部的奋斗指数提升赤水的发展指数，用干部的辛苦指数换取人民的幸福指数。在全市营造奋发有为、风清气正的政治生态。

二、用精准思想指导脱贫

习近平总书记提出的精准扶贫、精准脱贫基本方略，不仅对打赢脱贫攻坚战具有重大战略意义，对抓好经济社会发展各项工作，都具有重大现实意义、指导意义和深远历史意义。

市委、市政府用精准脱贫战略思想指导脱贫攻坚，咬定脱贫目标苦干实干，围绕脱贫目标找准路子，构建脱贫攻坚、精准脱贫机制。在精准施策上出实招，在精准推进上下实功，在精准落地上见实效。发扬创新精神，强化创新意识，为打赢脱贫攻坚战奠定坚实的思想基础、理论基础、群众基础和工作基础。以脱贫为出发点和落脚点，把脱贫作为头等大事和第一民生工程来抓落实。牢记中国共产党人的初心和使命，为人民谋幸福，为民族谋复兴。坚持一切为了人民、一切依靠人民、一切服务人民。坚持从群众中来，到群众中去，把人民的利益放在最高位置，将党的初心转化为增进民生福祉的不懈追求。

全市各级党员领导干部积极投身扶贫开发，着力解决制约精准脱贫的关键性问题，与时俱进，探索创新脱贫举措，围绕贫困乡镇（街道）、贫困村（居）、贫困户、贫困群众脱贫献计出力。尽管“脱贫攻坚已经到了啃硬骨头、攻坚拔寨的冲刺阶段，所面对的都是贫中之贫、困中之困”，但所有干部在市委、市政府的带领下，充分展示“坚定信念、知难而进、团结创新、务求必胜”的“四渡赤水”精神，勇于担当，冲锋在前，与人民群众同呼吸、共命运，时刻不忘全心全意为人民服务的宗旨，对困难群众格外关注、格外关心、格外关爱，调动一切扶贫资源、采取一切扶贫措施、千方百计为困难群众排忧解难。

以脱贫攻坚对象识别要精准、措施到户要精准、项目安排要精准、资金管理要精准、退出机制要精准、干部选派要精准、考核评价要精准、督促检查要精准“八个精准”为抓手，以全市51个贫困村为重点，全面落实脱贫攻坚各项政策措施，推动科学治贫、精准扶贫、脱贫攻坚、精准脱贫。

建立市、乡镇两级财政专项扶贫资金安全运行机制，严格实行问责制。强化资金使用精准，整合各级各类涉农资金，捆绑集中使用。探索建立财政扶贫资金和农村集体资源量化到户、股份合作、入股分红、滚动发展新模式。严格执行财政扶贫资金专户、专账、专人管理和公示公告制、责任追究制、报账制和审计制“三专四制”。

强化措施到户精准，突出示范带动，坚持做到“六个到村到户”和“五个一批”，对“两有户、两因户、两无户、两缺户”（两有户：有资源、有劳动能力但无脱贫门路的贫困户；两因户：因学、因病致贫的贫困户；两缺户：缺基础设施、缺技术资金的贫困户；两无户：无脱贫能力、无业可扶的贫困户）实施“精准滴灌”、“靶向治疗”，精准扶贫到户到人。

强化因村派人。选派优秀年轻党员干部到贫困村任党支部“第一书记”。配强驻村工作队，建立驻村工作考核评价机制和动态调整机制。

强化脱贫成效精准。严格执行国家贫困户脱贫和贫困村退出标准，完善“摘帽不摘政策”激励机制，切实做到摘帽不摘责任、摘帽不摘帮扶、摘帽不摘监管，巩固提升脱贫成效，杜绝返贫现象。

强化考核评价精准。制定系统科学、可操作的目标考核办法，把扶贫工作列入全年目标考核重要内容，对落实不力的单位实行“一票否决”，追究相关责任人责任。

强化督查检查精准。建立详细精准的工作台账，制定科学系统的督查督导办法。畅通与群众的沟通渠道，从严查处作风不实、措施不当、执行不力、扶贫没取得实效的干部。

三、扶贫落细、落小、落实

各级党委、政府及市委脱贫攻坚办、市扶贫办等各有关扶贫工作部门干部，遍访贫困乡镇、贫困村、贫困户，召开群众会，全面掌握每个扶贫对象的具体情况：全市农村因病致贫1643户4523人，因学致贫399户1550人，因灾致贫62户222人，因残致贫1181户3038人，缺土地、缺技术、缺资金致贫2752户9477人，缺劳力致贫1603户2965人，自身发展动力不足致贫631户1805人，交通等基础设施薄弱致贫829户2837人。

市委、市政府及扶贫工作部门在切实做到对所有扶贫对象情况一清二楚的基础上，调动全市所有扶贫资源和扶贫力量，按照“缺什么补什么”的原则，为各种不同因素致贫的所有贫困户、贫困人口，量身定制帮扶计划，精准到户，细化到人，分别采取发展特色产业、改善基础设施、开展技术培训、开发提供就业岗位、实施易地扶贫搬迁、落实兜底政策等一系列帮扶措施，层层压实帮扶责任，挂图扶贫，倒排进度，建立台账，逐项销号，确保精准帮扶、精准脱贫不漏一户、不漏一人。

对虽然不符合贫困户条件，但家庭相对困难，抵御市场风险、自然风险能力弱，容易掉入贫困的对象，纳入贫困“边缘户”、“门槛户”动态管理，制定具体帮扶措施，压实扶贫责任，实行就业帮扶、产业帮扶、利益联结帮扶、培训技术、提供市场信息等真帮实扶，增强抗风险能力，防止掉入贫困，实现由“大水漫灌”式扶贫到“精准滴灌”式扶贫的根本转变。

四、劳动力转移就业脱贫

围绕提高就业能力和劳务收入水平，瞄准城镇和产业园区在产业发展、医疗护理、家政服务、环卫保洁、小区管理、餐饮服务、酒店服务等方面的用工需求，以农村贫困劳动力和易地扶贫搬迁劳动力为培训重点，开展农村贫困劳动力全员培训和各类职业技能培训、就业创业培训，有目标、有计划、有组织地推动农村贫困劳动力进园区、到城镇、去市外就业创业。

2015年以来，组织各类培训8129人，其中就业培训6549人，创业培训1580

实施创新型人才遴选培养计划，落实“百名领军人才计划”、“千名创新创业人才计划”和“万名专业技术人才计划”。十三届全国人大代表、贵州省级非物质文化遗产赤水竹编工艺传承人、贵州青年“五四奖章”获得者大同镇杨昌芹免费培训竹编工艺近千人，带动百余名群众创业就业致富。（刘子富 摄）

人。经过培训，实现就业、创业 6560 人，其中贫困劳动力培训 1829 人，实现就业 1440 人；易地扶贫搬迁劳动力培训 1208 人，实现就业 926 人。通过举办“中国创翼大赛”赤水分赛、赤水市创业创新比赛等活动，元甲光电公司董事长黄贵平被评为贵州省第二届返乡农民工创业之星。恒鑫科技王茂金、金缘竹业牟树均两人被评为贵州省第三届返乡农民工创业之星。大同镇创业典型杨昌芹当选为全国人大代表。2017 年，赤水市获“贵州省农村劳动力转移就业工作示范县”表彰。

扩大社会保险覆盖面，解除农村劳动力转移就业、创业后顾之忧，鼓励扶持就业、创业。市财政、人社、金融、保险等相关单位严格落实培训补贴、创业担保贷款、微企补助、稳岗补贴、社会保险补贴等扶贫惠民政策。2015 年以来，共兑现 1690 人创业培训补贴 169 万元，为 538 人提供创业担保贷款 5107.7 万元。

五、精准帮扶与全面推进相结合

市委、市政府组织市、乡、村、组四级干部对建档立卡贫困对象进行反复核查，对非贫困户对象进行动态识别，组织实施脱贫攻坚“春季攻势”、“夏季大比武”和“秋季攻势”等行动，开展大走访、大排查，全面摸清贫困动态底数：全市农村贫困户在 2016 年 9100 户 28744 人的基础上，清除自然减少和不符合建档立卡对象 183 户 1093 人，对自然新增和新致贫对象纳入建档立卡管理 67 户 594 人。截止到 2017 年 12 月 31 日，全市建档立卡贫困户 8984 户 28245 人；未脱贫 1218 户 3380 人。仅 2017 年，全市脱贫出列 17 个贫困村，脱贫 438 户 1352 人，贫困发生率降至 1.43%。

精准摸清贫困底数后，因户因人施策，加大帮扶力度，既解决“扶持谁”的问题，又兼顾政策公平，满足面上非贫困户的发展需求，做到产业发展、基础设施建设、医疗保险等普惠政策全覆盖，形成精准扶贫点面结合、贫困户与非贫困户统筹推进的态势。

第二节 团结制胜

市、乡镇各级党委、政府自觉履行脱贫攻坚主体责任，推行党政“一把手”脱贫责任制，落实各级“一把手”脱贫第一责任，建立脱贫工作责任清单，严格纪律，凝心聚力，披坚执锐，全面展开脱贫攻坚大决战。

一、众志成城打赢脱贫攻坚战

在市委、市政府集中统一、高效权威指挥调度下，全市形成脱贫攻坚“一盘棋”，上下一条心，拧成一股劲，在全域村村寨寨，山山水水间，摆开前无古人的决战贫困主战场。市委书记、市长冲锋在前，各级干部不甘落后，奋勇争先，志在打赢新时代全面建设小康路上没有硝烟的脱贫攻坚大决战。

2017 年 11 月 19 日，赤水市委原常委、组织部部长雷世伟在遵义市举办脱贫攻坚“赤水经验”讲习会的讲述，还原了赤水脱贫攻坚靠团结制胜的时代风采：

“时至今日，我手机还留着‘4·29 工作专班’微信群。那是 2017 年 4 月 29 日，市委明确‘从今天开始，你就住在长期镇，担任指挥长，和镇里的党员干部一起抓好脱贫攻坚’。从此便有了‘4·29 工作专班’群。从接受任务开始，工作压力一下压在心头。

“长期镇是全市第一农业人口大镇，有建档立卡贫困户 1251 户 3988 人，贫困发生率 14.78%，是全市贫困人口最多的乡镇。面对如此繁重的任务，干部执行力如何？他们有没有信心和勇气攻克脱贫路上的道道难关？我第一次有了窒息感。

“5 月 15 日那天晚上，市总指挥部要求这天完成上报新建住房任务。镇指挥部调度会开到凌晨。有几个村的危房整治进度滞后，指挥部下令，所有新建房必须在 16 日早上 8 点前完成。

当晚，全镇党员干部全部下到第一线，我随时关注工作进度。两个小时后微信群不停传来消息，全是挂帮干部、乡镇包村领导和脱贫攻坚督导组上传的新建房工作照片。

“第二天上午 8 点，我收到新建房进度报表，完工率 100%。紧悬的心落了下来。早餐时，督导组组长叶安林一脸疲惫，他一夜无眠。全体干部一夜无眠。正是党员干部夜以继日的辛劳，才换来完工率 100%。

“这样的团结拼搏，在脱贫攻坚战场上比比皆是。红卫村地质灾害点的 31 户群众，从动员到搬迁，村干部只用了 15 天；共和村王天武新建房，从选址到完工，帮扶干部只用了 3 天，其他工作照样推进。

“共和村取水点时常混浊，群众安全饮水没有保障，必须寻找符合饮用标准的取水点。6 月 8 日，一大早我接到共和村老支书穆扬超的电话：‘雷部长，山上有个取水点，想请你去看看，就是路不好走。’一听有新水源，心里很高兴，立即对他说：‘再远也去！’

“我们一行 6 人，乘车到半山腰，换乘工程车上到山顶，步行两小时，穿过一片林子，所有人的手臂都被荆棘划出道道血痕。烈日炎炎，看到清澈的流水，我捧起一捧，入口清凉，激动的当即协调资金和施工队，安排动工建水池。

“穆老支书兴奋地对我说：‘十多年前，我就发现这个水源点，当时就想修水池，今天总算了了十多年的心愿！’看到老支书浸满泪水的双眼，我的眼泪也在眼眶里打转。在场的干部头上的汗珠和手臂上的血珠，在阳光下显得格外耀眼。

“实行最严的纪律、最严的督查、最严的问责。镇干部袁富兰工作不在状态，我找他谈话，没想到七尺男儿竟然失声痛哭，也没想到他母亲刚刚去世！办事员陈琳工作不精准，挂帮 9 户贫困户，居然存在 38 个问题，会上被我点名批评，她回到办公室放声大哭。后来才知道她刚参加工作。那一刻，我觉得非常内疚，对年轻干部应该多一点儿关心和帮助，少一点儿批评和指责。

“我讲述的只是身边发生的几个小故事，这样的故事在脱贫攻坚中每天都在

发生。用行动编织这些故事的主角，是一个个普通党员干部，他们心中装着人民，一心为着人民。我为他们点赞：厉害了，我的党员干部！”

都家富就是党员干部中厉害的一个。

2015年5月，长期小学党员教师都家富被市委组织部任命为长期镇合云村“第一书记”、同步小康驻村工作组组长。他任职后办的第一件事就抓发展集体经济，引导贫困户通过土地流转入股、扶贫资金入股、“特惠贷”入股等形式，先后建成3个扶贫项目，村集体经济积累增加到10万元。

村民饮水困难，他一方面组织消防车送水解燃眉之急，一方面带领村民在大山深处找到水源，组建村支“两委”、村民组长、村民代表27人参加的施工队，把山泉水引进村，修筑500立方米蓄水池，安装34公里饮水管道，全村家家户户用上自来水。

采取保农、扶农、强农措施脱贫攻坚，以企带村助推农村经济发展。赤水科苑农业科技有限公司在天台镇凤凰村凤凰组投入3000多万元，恢复建成凤凰湿地，带动农民在湿地景区开办农家乐30多家，为游人提供餐饮和住宿服务，实现稳定就业、稳定增收、稳定脱贫。（王茂祥　摄）

在都家富的带领下，合云村实现脱贫出列，由软弱涣散村变成先进村。2016年被赤水市评为集体经济“十佳村”，获全市集体经济“十五强村”荣誉称号；2017年被赤水市评为“脱贫攻坚先进集体”，村党支部被评为“红旗党支部”。

赤水市委、市政府脱贫攻坚总指挥部成立以来，以超常的决心、超常的勇气、超常的组织指挥协调方式，将脱贫攻坚工作部署一竿子插到底，总指挥部一抓到底，防止执行走样变形。实行干部总动员、群众总动员、社会总动员，全面加大脱贫攻坚力度。广大干部思想作风得到锤炼，综合素质明显提升，对农业、农村、农民“三农”工作有了深切了解，对扶贫工作有了精准把握，用心、用情、用力精准扶贫，用攻坚克难、不甘人后、敢打硬仗的忘我拼搏和无私奉献精神，赢得广大人民群众的信赖和拥戴。

二、加强基层组织建设

“基础不牢，地动山摇。”党的基层组织是党执政的组织基础，担负着直接教育党员、管理党员、监督党员和宣传群众、动员群众、组织群众、服务群众、凝聚人心等重要职责。只有全面加强党的农村基层组织建设，充分发挥党支部的战斗堡垒作用，团结带领党员和广大农民群众在脱贫攻坚一线发挥主体作用，才能决战决胜，加快发展，跨越发展，全面建成小康社会，不负党和国家的重托，不负时代和人民的重托。

赤水市委、市委组织部在脱贫攻坚中，坚持党要管党、全面从严治党。切实加强基层组织建设，选好配强基层党组织领导班子，重点统筹乡镇党委书记、村党组织书记和农村致富带头人队伍建设，提升基层干部带领群众改革创新、发展经济、依法办事、化解矛盾、社会治理能力。坚持在脱贫攻坚一线培养干部、锻炼干部、考察识别干部、选拔使用干部。把脱贫攻坚战场作为乡镇党委书记锻炼成长、提高组织指挥能力、展示真才实干、实战比武的大擂台。乡镇党委书记向市委立下脱贫攻坚“军令状”：确保落实老有所养、学有所教、居有所房、病有所医、困有所济“五有”责任，确保辖区内所有贫困村、贫困户按时脱贫摘帽，加快发展，到2020年建成全面小康。

强化锻炼提高乡镇党委书记综合素质和能力。市委、市委组织部拓宽挑选优秀干部渠道，创造优中选优条件。在脱贫攻坚中表现出党性强、忠诚党的事业、工作能力强、成绩突出的乡镇党委书记，交流到市直部门主要领导岗位上，发挥指导乡镇工作的重要作用。对脱贫攻坚工作表现突出，有培养潜力的市直部门负责人，交流到乡镇党委书记岗位上，增加基层工作经历，强化基层锻炼，放在一线艰苦环境历练培养。对完成脱贫摘帽任务、表现突出的党委书记予以表彰，提拔交流到重要工作岗位，先后提拔交流11人。对在脱贫攻坚中失职失责的党委书记，从严问责，给予调整、降级甚至撤职组织处理。

把脱贫攻坚作为考验村级党组织书记的主战场。要求村级党组织书记向乡镇党委递交脱贫攻坚责任状，践行贫困底数、惠农政策、项目实施、队伍带领、攻坚本领“五必精”要求。脱贫攻坚时间紧迫、任务繁重、责任重大，工作必须精准，村党组织书记工作长期超负荷运转。个别村党组织书记由于年龄偏大、不适应新常态下的工作节奏和工作压力等原因，选择辞去党组织书记职务或转任非主要领导职务。对个别不能胜任脱贫攻坚职责，在工作中不作为、慢作为、乱作为甚至涉嫌违纪的村党组织书记，视情节给予组织调整、作风问责或纪律处分。

把脱贫攻坚作为培养农村致富带头人、帮助发挥“领头雁”作用的主阵地。要求“第一书记”等基层干部严格遵循真蹲实访、政策宣传、项目争取、技术指导、结对帮扶“五必到”工作标准。全市44名“第一书记”、620名驻村干部、100名大学生村干部吃、住、工作“三在村”，履行宣传党的方针政策、建强基层组织、推动经济发展、实施精准扶贫、维护和谐稳定、提升治理水平、为民办事服务职责，协助引进各类扶贫项目500多个。实施千名干部领项目、万名党员领任务“双领”工程，在发展村级集体经济过程中培育农村经纪人和农村职业经理160人，培育新型农民1000多人，发展村级集体经济项目168个，实现每村积累3万元以上。

充分发挥农村党员在脱贫攻坚中的模范带头作用。依托“支部晋级创先进、党员晋星争先锋”的“双晋”工作机制，创新党员和支部“党性体检”工作，党员、支部相互定期通报工作和亮出相互监督9项内容红线，对“五星党员”和“红旗支部”每年“七一”给予表彰奖励。同时，对不合格党员和后进党组织进行整顿和处理，引导激励党员全程参与、全身心投入脱贫攻坚。

完善制度。出台《赤水市村级干部规范化管理办法（试行）》，明确村干部人事档案建立、重大事项报告、请销假、值班坐班、离任审计等制度，为推动村干部职业化提供制度保障。

建立绩效考核机制，对村干部实行全市统一考核，把落实脱贫任务作为村干部考核的硬指标，对考核基本合格和不合格的进行警示诫勉，记入个人实绩档案，连续三年基本合格或连续两年不合格的就地免职、停职、责令辞职。

建立村干部报酬正常增长机制，落实连选连任村干部和退休村干部生活困难补贴，采取“基础工作+绩效考核+集体经济分红”等模式，兑现在职村干部报酬待遇。

标准化建设村级办公阵地。通过市级投入、乡镇（街道）匹配、村级资产置换等方式，建设标准化村级办公阵地，实现小食堂、小厕所、小澡堂、小图书馆、小文体室“五小”工程全覆盖。提高村级办公经费，按照每年不少于4.5万元的标准划拨，开展重大活动划拨专项经费。

市委、市委组织部在脱贫攻坚过程中，深切感到党的基层组织是党的全部工作和战斗力的基础。农村基层党组织是党在农村工作的基础，是贯彻落实党的方针政策、推进农村改革发展的战斗堡垒，是领导农民群众建设社会主义新农村的核心力量。2016年，脱贫攻坚进入冲刺阶段，市、乡镇把整顿农村软弱涣散党组织作为实施党建扶贫行动的重要任务，通过入户走访、问卷调查、会议座谈和群众评议等方式，详细摸底排查，确定整顿19个软弱涣散基层党组织，其中金华街道工矿村等9个村（社区）党组织作为遵义市级整顿对象。

结合深入开展“两学一做”学习教育活动，重点对无人管事、无力干事、无能理事和无处办事“四无”党组织进行整顿：实行市委、市委组织部、乡镇党委“三级联动”，统筹责任包保，明确各自责任，各尽其责；三级携手打造过硬基层组织，通过选优配强党组织书记、因村选派驻村干部、狠抓党员队伍建设，实现软弱涣散党组织国家下派干部任党组织书记和选派“第一书记”全覆盖。通过大力发展村级集体经济、提高村干部报酬、规范阵地标准化建设“三项措施”，全面强化基层组织保障、经济保障、阵地保障。通过从严目标监督、从严过程督查、从严考核追责“三个从严”，突出制度问效，确保基层组织整顿收到实效。截止到目前，19个软弱涣散基层党组织整顿基本结束，全面进入巩固提高阶段。

发展壮大农村经济，增强基层组织凝聚力、战斗力。通过产业联动、龙头拉动、项目撬动，发挥村级组织自身优势，产生示范带动效应。坚持因地制宜、分类指导、突出特色，探索建立“扶贫+”“旅游+”“电商+”等多种脱贫攻坚模式，整合各类项目和资金，因村发展项目。坚持制度保障、对症下药、科学治贫。落实竞争立项、备案巡查、目标管理“三项机制”，在确保资金安全的同时，强力推进项目实施。组织动员全社会精准扶贫、精准脱贫，做到“村村有项目、村村有产业、村村有积累”。全市村集体经济从2015年的1085万元增加到2017年的4800万元，被贵州省列为26个村级集体经济试点县（区、市）。

经过脱贫攻坚的洗礼，一批党性强、表现突出的村党组织书记得到组织肯定和群众拥护。一批干劲儿足、年富力强的优秀党员村干部走上党组织书记岗位。全市党组织书记队伍年龄结构、知识结构得到优化，工作能力、综合素质显著提升。2017年11月，官渡镇五里村丁盛等一批村党组织书记被评为“赤水市脱贫攻坚先进个人”，长期镇共和村等一批村党组织被评为“赤水市脱贫攻坚先进集体”。

三、锤炼干部队伍

脱贫攻坚贵在实干。靠实干扶贫，靠实干脱贫，靠实干发展，靠实干制胜。

市委、市政府、市委组织部对各级干部、特别是领导干部高标准、严要求，雷厉风行，说干就干，干就干好。因脱贫攻坚履行职责不到位，工作滞后，有的乡镇党委“一把手”受到组织处分。他们知耻后勇，在实干中深化对脱贫攻坚的认识，锤炼意志品质，锤炼思想作风，带头攻坚拔寨，判若两人，受到群众支持和称赞，得到组织认可。复兴镇党委书记王大才就是其中的一位。

2017年5月4日，赤水市召开脱贫攻坚干部大会，市委宣布复兴镇党委书记王大才同志因脱贫攻坚责任落实不到位，工作严重滞后，降职为镇党委副书记，暂时主持镇党委全面工作。

王大才同志接受组织处分，迅速调整状态，统筹推进全镇脱贫攻坚，动员带领干部深入扶贫第一线，以“踏石留印，抓铁有痕”的精神状态和工作作风决战决胜。

复兴镇一些边远山区贫困户住的大多是土坯房、串架房、泥夹壁，年久失修，透风漏雨。危房整治成为必须啃下的“硬骨头”。王大才带着干部和施工队伍奔走在凯旋村狮立坪组山区，15 公里通村公路泥泞难行。包工头诉苦：“书记，你看房改能不能缓一缓啊？”王大才沉思一下说：“不行。”

危房整治关键在把建筑材料运进山，为了突破这个“瓶颈”，王大才说，只要下决心，没有克服不了的困难。他们用汽车运进不了山，换用履带车；连履带车也进不去，就用马驮；马匹数量有限，就用人力车推，用人背。干部群众齐心协力，苦干实干 1 个月，胜利完成 574 户危房整治任务。

贫困户多居住在深山密林，不通公路，满山遍野的竹子变不成钱。公路，山区群众想念一辈子，眼都盼穿了。王大才急群众所急，想群众所想，召集干部研究，计划用 3 个月完成“组组通”公路任务。镇党委的决定合民意，号令一出，挖土机立即开进山，几百斤重的水泥管，全靠人工抬。工地当战场，“再苦再累干部上，出力流汗看党员！”短短 3 个月，复兴镇硬是修通 150 公里通组公路。一车车竹子运出大山，一沓沓钞票装进村民口袋。如今召开群众会，村民踊跃参加，自发起立，齐声高唱《没有共产党就没有新中国》。85 岁的村民帅世海触景生情，感慨地说：“共产党真好啊！”

在脱贫攻坚这场没有硝烟的大决战中，市委、市人大、市政府、市政协“四大班子”的“一把手”驻守乡镇，挑起一线“指挥长”重担。在贫困乡镇、贫困村组、贫困农户家中，在修筑通村通组公路、通水、通电、改造危房、发展生产现场，在召开群众会场，哪里有问题、有难题、有矛盾、遇阻碍，哪里就有市领导出面协调解决，他们既是指挥员，又是战斗员、宣传员、调解员，处处身体力行，为各级干部树立标杆。

市委、市政府明确提出脱贫攻坚不留盲区、不留死角，必须全覆盖，在决战脱贫攻坚、决胜全面小康路上一个都不能少。市委书记蹲点帮扶贫困乡镇元厚镇桂圆林村、石梅村，市长蹲点帮扶贫困乡镇官渡镇金宝村，市人大常委会主任蹲点帮扶元厚镇利民村，市政协主席蹲点帮扶贫困乡镇葫市镇高竹村。在市委、市政府的统一安排部署下，市委办、市政府办、市委组织部、宣传部、统战部、市纪委、市扶贫办等各有关负责人，纷纷下到贫困乡镇，蹲点帮扶贫困村，结对帮扶贫困户。

“四大班子”主要领导以破釜沉舟、背水一战的决心和锐气，冲锋在前。全市各部门、各单位、各乡镇领导干部紧随其后，攻坚拔寨，决战决胜。市级和市直部门负责人蹲点调研共 8826 天（次），在脱贫攻坚一线解决实际问题 5473 个，做到 124 个村（社区）、701 个村民组走访全覆盖。其中市委书记蹲点调研 94 天，解决脱贫难题 34 个；市长蹲点调研 62 天，解决具体问题 136 个。

市委书记况顺航下基层调研不提前打招呼，不按基层安排开展工作，而是带领乡镇干部随机下到工作条件艰苦的村组和贫困户家中，了解贫困村组和贫困户真实情况，同时也是对一线干部脱贫攻坚工作作风、工作态度、工作实绩的考察、监督和指导。有一次，他到了大同镇才叫镇党委时任书记何勇上车，一道前往边远贫困村寨。他从扶贫数据库中随机抽取一个贫困户问何勇：

“知不知道这户情况？”

“知道。”

“走，去他家看看。”

“好。”

镇党委书记领着市委书记翻一山又一山，过一个三岔路口又一个三岔路口，在与四川省农村犬牙交错的山山水水间，市委书记随机问镇党委书记：

“那片地是不是你们镇的？”

“不是，是四川的。”

过了一道山梁，市委书记随机又问：

“这个寨子是不是你们镇的？”

“是。”

“走，去看看。”

市、镇两级干部一道深入农户家中，解决事关群众切身利益的一个个具体问题，用干部过硬的作风、一心为民办实事、做好事的情怀，激发群众对党委、对政府感恩奋进的热情。

在这场艰苦卓绝的脱贫攻坚大决战中，全市上下团结一心、奋勇当先，涌现出一批可圈可点的典型。市委书记在全市3000人干部会上感慨地说，“四家班子”领导以身作则，率先垂范，谭海（市长）、定勇（时任市人大常委会主任向定勇）、吕平（市政协主席）三位同志带头挂帮条件最差的乡镇，他们一线蹲点指挥，带头深入最偏远、最贫穷、矛盾最突出的地方，办好了一批群众期盼的好事、实事；明灯（时任市委副书记牟明灯）和预春（时任副市长冷预春）同志作为副总指挥，既统筹协调又身体力行，经常不分昼夜、精准指挥，展现了市级领导的工作能力和水平。市级领导驻守战地，靠前指挥，与乡镇一道共同攻难关、解难题，充分发挥示范带头作用。在90个村563个村民小组战场上，市直部门、乡镇挂帮干部连续作战，呈现一幕幕挥汗如雨的场景，闪耀一个个刻骨铭心的瞬间，描绘一幅幅感人至深的画面，折射出赤水干部攻坚克难的干劲、不甘人后的心劲和敢打硬仗的拼劲：有的女干部身怀有孕，坚守一线，毫不退缩；有的女干部带着嗷嗷待哺的小孩去一线攻坚；还有的干部轻伤不下“火线”，重伤坚持工作。这些可歌可泣的事迹，忠实践行了习近平总书记“立下愚公移山志，咬定目标、苦干实干，坚决打赢脱贫攻坚战”的批示。也正是在这场与时间赛跑、与作风较量的决战中，干部队伍整体素质得到提升，干部思想作风得到锤炼。

市委向全市干部强调：“干部要一心奉公，该为必为，敢作敢为，善作善成。”打铁必须自身硬，要时刻守住廉政底线，用一身正气压倒歪风邪气。市委书记紧紧抓住领导干部这个“关键少数”，在工作中敢抓、敢管，敢于表扬，也敢于批评，对几家班子领导存在的问题，敢于当面提出整改要求，督促落实到位，常态化谈话提醒333人次，调整不胜任现职干部95人，将“党要管党，从严治党”落到实处，全市干部中形成勤政为民、真抓实干的清新风气。

作风决定作为。市委坚持推进决策力、执行力、控制力“三力”建设，深入开展“电视问政、督查问效、作风问责”和“为官不为、小鬼难缠”等治理活动，有效遏制等决策、等部署、等调度的懒政行为。

“为实干者鼓劲，为担当者担当。”市委对工作坚持原则、较真碰硬，在暗访中发现两个乡镇党委书记工作不在状态，当面提出严厉批评，通过组织程序，给予降职留用处理。考虑到脱贫攻坚决战正酣，避免临阵换将，给予知错奋进的机会。既严管又厚爱的胸怀和担当精神，营造了良好的干事创业氛围。

扶贫工作干得好不好，直接关系脱贫攻坚的质量和效益，赤水市扶贫办主任严本涛同志透露他的心路历程。

2016 年 8 月，严本涛从赤水市贫困人口最多的长期镇党委书记岗位转任市扶贫办主任，刚到扶贫办，认为在乡镇干过扶贫工作，有实践经验，工作轻松，但随着脱贫攻坚的深入展开，他感受到扶贫工作有多艰辛。市委、市政府对脱贫攻坚定的标准高、要求严，扶贫办对交通、电力、通信、水利、住房等都得协调，要抓项目，抓落实，严本涛感受到工作压力，但转念一想，扶贫办不能退缩，要敢为人先，从扶贫办最直接的工作抓起，制定市、乡镇、村三级扶贫工作清单，规范程序和要求，培训乡镇干部，进行具体指导。有了规范和标准，各级干部帮扶贫困群众多了，扶贫工作精准了，收效明显了，群众认可度随之提高。

好干部是“干”出来的，也是“选”出来的。市委、市委组织部坚持正确的选人用人导向，2015 年以来，向上级组织推荐提拔和转重要岗位的县级干部 35 名，营造风清气正的政治生态。

这段时间，笔者采访了赤水市 40 多个机关单位，在街道、学校、博物馆、图书馆、酒店，在经济开发区大、中、小型企业，在一些旅游景区、景点、农家乐、医院、敬老院，在官渡、元厚、复兴、葫市、大同、天台、两河口等乡镇及一些村组和农户家中，在机关干部、企业家、人民教师、人民警察、市民、农民等社会各界人士口中，听到最多的一句话是“50 年代的干部作风又回来了”！

四、打造集聚人才高地

市委、市政府面对新时代、新发展、新目标、新挑战，面对脱贫攻坚、未来发展对各级各类人才的需求，放眼国内、国际市场的激烈竞争，看到最根本的竞争是人才和核心技术的竞争。在脱贫攻坚战场上深切感到最缺乏的是人才，坚定要夺取脱贫攻坚全面胜利，必须树立跳出脱贫抓脱贫的信心。市委、市政府、市委组织部着力营造尊重人才、爱护人才、依靠人才脱贫攻坚、改革发展的环境氛围。靠制度、靠机制、靠真诚、靠待遇打造干事创业、拴心留人的集聚人才环境，抢占集聚人才制高点。先后制定出台和实施一系列“人才优先”发展战略和政策措施，搭建吸引各级各类人才来赤水投资兴业、创新发展、施展才华的时代大舞台。

将脱贫攻坚主战场拓展成凝聚人心、吸引人才、集聚人才的主阵地，将赤水打造成集聚人才的新高地。

实施高层次创新型人才遴选培养计划。建立健全人才培养、评价和激励机制。完善人才服务保障体系，培养集聚一批各领域高精尖科技人才、企业家人才和高技能人才队伍。做好国家“千人计划”“万人计划”“西部之光”访问学者，省管专家、省“百千万人才引进计划”、“高层次创新型人才培养遴选计划”、省级人才基地、人才团队，遵义市管专家等项目计划的具体落实工作。

围绕实施赤水市“十百千万”农业产业发展工程，分别引入中国工程院张齐生院士和宋宝安院士，建立贵州省首个竹产业研究院士工作站和首个赤水金钗石斛种植与病虫害绿色防控院士工作站，建立竹木精深加工及综合利用人才基地和金钗石斛产业示范园人才基地，为提高竹产业、金钗石斛产业科技含量和附加值提供科技支撑。

健全人才培养、评价和激励机制，完善人才服务保障体系。市委六届六次全体（扩大）会议通过《中共赤水市委赤水市人民政府关于加强人才队伍建设加快科技创新的意见》，对人才队伍建设和科技创新做出具体安排和部署，推动深入贯彻落实人才优先发展战略。制定《赤水市中长期人才发展规划纲要》，对未来5年全市人才工作进行科学规划布局。科教、卫生、旅游等部门编制行业系统人才发展规划，逐步形成切合实际、富有前瞻性、战略性和指导性的人才发展规划体系。

做好保障服务工作，激发人才活力。设立赤水市人才专项资金，用于紧缺人才、领军人才、特殊技能人才等高层次人才的引进和培养，每年对引进急需紧缺专业人才和高层次人才发放安家费、生活补贴和异地生活补助等补贴，帮助解除后顾之忧。市委、市政府定期组织开展市管专家和优秀人才评选表彰活动，对管理期内的市管专家和优秀人才给予一定奖励，优先推荐参加遵义市级以上相关市管专家和优秀人才评选。在原有39套人才公寓基础上，实施高层次人才公寓建设方案。定期召开全市人才工作座谈会，帮助解决住房、职称、培训等问题，让他们真切感受到赤水市委、市政府对人才的尊重和重视，增强扎根赤水、建设赤水的信心和决心。充分发挥工、青、妇的桥梁纽带作用，通过联谊活动等形式，增强对人才的凝聚力。

优先开发人才资源，有效盘活人才存量。加强培养和引进在经济社会发展重点领域亟需人才，以“贵州省人才博览会”、遵义市赴高校巡回招聘活动为载体，开通“绿色通道”，引进工业经济、住建、水利、医疗卫生等紧缺人才和高层次人才。2017 年，通过专项支持计划，引进 72 名研究生、中（高）级职称专业人才。依靠人才资源的引导力和推动力，实现经济社会持续、快速、健康发展。

优先调整人才结构。根据各项事业发展需要，推进人才结构战略性调整，发挥市场在人才资源配置中的基础性作用，加强对人才资源开发的宏观调控，促进人才在地区、产业、行业和不同所有制组织中的合理流动、合理分布、优化配置，以适应产业结构优化升级的需要。为适应区域协调发展战略和乡村振兴战略的需要，依托“同步小康驻村帮扶行动”“脱贫攻坚春风行动”“万名农业专家服务‘三农’行动”和“招募 100 名到村工作大学生行动”等系列活动，集聚人才，引导人才向基层流动。

优先保证人才投资。加大人才发展投入力度，提高投资效益，促进快速健康发展。每年按照不低于公共财政预算收入 3% 的比重，设立人才专项经费，提供创新创业人才资助、补贴、奖励、管理服务、培训培养及人才工作经费保障。

优先创新人才制度。把是否有利于促进人才成长、创新创业作为深化改革的出发点和落脚点，创新人才培养开发、评价发现、选拔任用、流动配置、激励保障机制，营造充满活力、富有效率、更加开放的人才制度环境，激发各类人才的创新活力和创造智慧。破除不合时宜、束缚人才成长和发挥作用的思想观念、做法和体制机制，全面创新人才工作体制机制，将人才优先发展战略落到实处，靠人才推动新时代赤水经济社会创新发展、跨越发展。

2017 年，贵州红赤水集团有限公司董事长王德斌和贵州赤天化纸业股份有限公司董事长张鼎军成功入选遵义市“15851 人才精英工程”(10 名在全国有影响的杰出人才、500 名在全省有影响的领军人才、8000 名在遵义市经济社会发展中有影响的拔尖人才、5 万名在遵义市经济社会发展中有突出贡献的骨干人才、10 万名在遵义市经济社会发展中有重要作用的优秀人才）第二层次人才。截止到目前，赤水市入选“15851 人才精英工程”第二层次人才已达 8 人。赤水市第六中学王应喜成功入选遵义市第三批市管专家建议人选名单，竹编工艺非物质文化遗产传承人杨昌芹、陈文兰成功入选首届“黔北工匠”候选对象名单。

第三节　实干制胜

赤水市委副书记、市长谭海多次对干部推心置腹地说：“脱贫攻坚是老实人干的活儿。”强调必须杜绝投机取巧，杜绝偷奸要滑，不能玩虚的，必须苦干实干。市委、市政府为确保打赢脱贫攻坚战，防止虎头蛇尾，旗帜鲜明地强调不搞形式，不走过场，在实干中解决精准扶贫怎么扶的问题，靠实干制胜。强调脱贫攻坚是在党的领导下展开史无前例的全社会大扶贫，某种程度上说是一场革命，必须经得起实践和历史的检验。

一、干部带头实干

充分发挥市级领导、乡镇干部、村支“两委”和农村致富带头人的示范带头作用，由53名市级领导、51个市直挂帮部门包干帮扶贫困村。推行市级干部帮到乡镇、科级干部帮到村、其他干部帮到户的扶贫包保责任。

两河口镇大荣村党支部书记唐永富就是在穷乡僻壤带头苦干实干，带领群众打通致富路，坚持发展产业治穷致富，彻底改变穷困村面貌的实干型农村基层干部。他向笔者从头聊起自己在村党支部书记岗位上苦干实干的艰辛、挫折、奋斗与成功的历程。

2006年，走出大荣山村闯出经商致富路的唐永富，接受乡亲们的邀请，放下手中红火的生意，回到故乡挑起村党支部书记的担子。

“要致富，先修路。”回到村，他就带领乡亲修公路。从大荣蜿蜒伸向山外的水泥路，虽然只有7公里，却是他们用整整7年时间才修通的“志气路”、“致富路”。他先发动村民筹集16万元资金，以个人名义贷款90万元，勉强凑齐修路工程款。接着苦口婆心动员村民投工投劳，调解占地纠纷，应对村民一时思想不通阻工难题，好不容易才把这条通村路、产业路、扶贫路修通。一车车竹子、一车车土特产源源不断地运出大山，乡亲们的日子一天天好起来。

2012年，唐永富看着山上哗哗流淌的泉水，寻思利用山泉水发展冷水养鱼。说干就干，动员47户村民先后投资200多万元，建成400多亩鱼塘，组织大家学养鱼技术，购买投放鱼苗。经过精心饲养，眼巴巴盼到可以收网卖鱼了，想不到没有市场。不能让群众受损失，更不能让群众失去发展产业治穷致富的信心。他贷款40万元，拿出自己的全部积蓄，将村民犯愁的鱼全部收购过来，暂时养在自家鱼塘里，设法寻找买主。想不到一场洪水将价值60多万元的鱼全部冲走，一夜之间，血本无归！

唐永富坦言，干事业哪会都一帆风顺？即便如此，不能后悔，不能退缩，输了再来。

他仍然看重大荣山区有优良的生态环境和纯天然冷水资源，看到随着《贵州省赤水河流域保护条例》的施行、赤水河禁渔和旅游业的兴起，那么多人的餐桌上不能没有鱼，决计利用大荣山区自然资源，发展冷水鱼绿色食品，市场前景一定会好。

他多方筹集资金，说服乡亲们继续发展冷水养鱼。在他的示范带动和组织协调下，大荣村冷水鱼产业大获成功。“大荣冷水鱼”成了水产市场的抢手货，供应商上门订购，村民收入实现翻番。全村人均纯收入从2014年的6000多元增加到2017年的1.5万元。唐永富当选“贵州省劳动模范”。

2017年集中脱贫攻坚期间，各级扶贫干部分头深入到全市701个村民小组，确保每个乡镇、每个村、每个贫困户都有干部包保，对贫困户实行“一对一”结对帮扶，实现51个贫困村、39个非贫困村全覆盖。明确市级领导负责指导乡镇执行市脱贫攻坚总指挥部下达的各项工作指令，统筹使用各类扶贫资源，帮助解决脱贫攻坚中遇到的难点问题；乡镇党政主要领导负责落实市总指挥部下达的各项具体任务，对辖区内的贫困户、贫困“边缘户”做到户户见面，家家情况清楚，全面统筹安排辖区内产业布局、项目调配、资金筹措、人员调度；帮扶干部负责帮助贫困群众算清收入账、理清发展思路、找准发展项目、解决实际困难，做到帮扶贫困户情况了如指掌，确保所包保贫困户实现“一达标、两不愁、三保障”；驻村工作队重点负责宣传扶贫政策，组织各类扶贫项目落地实施，帮助贫困户找门路、筹资金、授技术、讲方法、拓市场，让贫困户知晓扶贫政策，实现贫困村和非贫困村、贫困户和非贫困户全覆盖，做到不脱贫不脱钩，不脱贫不撤离，切实保障扶贫对象不漏一户、不漏一人。

二、靠发展精准脱贫

市委、市政府牢固树立抓脱贫就是抓发展的理念，强调不能把脱贫与发展对立起来，各项工作都要与脱贫攻坚紧密结合，使脱贫攻坚有利于发展，靠发展实现精准脱贫。

立足赤水农村实际，制定实施贵州省“1+10”文件配套政策措施，突出抓好基础设施、产业和就业、易地扶贫搬迁、教育、医疗健康、财政金融、社会保障兜底、社会力量包干、特困地区特困群体、党建扶贫“十项行动”；打好易地扶贫搬迁、产业脱贫、绿色贵州建设、基础设施建设、教育医疗脱贫、社会保障兜底“六大攻坚战”，提高扶贫开发针对性、实效性。

实施基础设施建设脱贫工程。优先改善贫困乡村基础设施，扎实推进贫困乡村“四在农家·美丽乡村”建设和实施“小康六项行动计划”、通组公路、农村危房改造、饮水安全、农村电网改造升级、村庄整治和教育、文化、卫生等基础设施建设，推进农村电商销售网点和服务平台建设，着力解决贫困乡村水、电、路、讯等基础设施滞后、产业发展基础薄弱、公共服务能力不足等制约发展“瓶颈”问题，改善贫困乡村基本生产生活条件。

实施易地扶贫搬迁工程。把易地扶贫搬迁作为脱贫攻坚重点，以缺乏基本生存条件和自然保护区的贫困农户为主，实施易地扶贫搬迁和生态移民扶贫工程。结合特色小城镇建设、贵州省“5个100”工程建设和农村危房改造，精心规划建设一批移民搬迁安置点，突出抓好建房、搬迁、就业、保障、配套、退出“六个关键环节”，培育后续产业，建立搬迁移民增收与生态保护长效机制，易地扶贫搬迁安置1.54万人。

实施产业脱贫工程。发挥山地农业资源优势，实施竹产业、草地生态畜牧业、金钗石斛、冷水养鱼、蔬菜、水果等产业扶贫。建设一批扶贫攻坚示范乡镇、扶贫特色优势产业、扶贫产业园区。复兴镇凯旋村、天台镇凤凰村、元厚镇桂圆林村等10个村已列入贵州省乡村旅游重点村。重点打造大同镇华平村、两河口镇马鹿村、长期镇凤仪村、官渡镇玉皇村、五里村等16个扶贫攻坚示范村，每个贫困村形成一个特色主导产业。

三、抓“三大关键”

打赢脱贫攻坚战，乡镇党委必须坚强有力。2018年5月12日，笔者专程赶到元厚镇调研脱贫攻坚，镇党委书记廖艳飞聊起脱贫攻坚的艰辛历程、严峻挑战、探索创新和取得的成绩，如数家珍。

当年红军长征四渡赤水第一渡就摆在猿猴（今元厚）渡口。元厚镇位于赤水市东南部，辖区面积233平方公里，耕地面积27285.7亩，森林覆盖率82%，辖9个村1个社区64个村民小组，总人口17176人，贫困村7个，其中一类贫困村6个，建档立卡贫困户820户2939人，贫困发生率21.9%，被贵州省列入一类贫困乡镇。

元厚自然条件差，基础设施薄弱，工作条件艰苦，产业结构单一，经济发展缓慢，贫困程度深。面对艰巨的脱贫任务，市委书记况顺航选择挂帮元厚镇，旨在点上探索总结经验教训，蹚出科学治贫、精准扶贫、精准脱贫新路，以点带面，指导全市脱贫攻坚、决战决胜。

元厚镇在脱贫攻坚中，市、镇、村三级干部奔赴扶贫第一线，扛起脱贫责任，率领广大干部群众继承发扬革命老区“四渡赤水”精神，以“马上就办、真抓实干”的作风，抓出成效，实现全镇和贫困村脱贫摘帽、漂亮出列，创新科学治贫、精准扶贫、精准脱贫之路，被前往考察观摩的外地党政干部和农业专家点赞为“‘赤水经验’的‘缩小版’”。

脱贫攻坚期间，元厚镇周密部署，抓住全、实、严“三大关键”不放，一抓到底，稳步推进脱贫出列。

——“全”字当先

走访全覆盖。攻坚拔寨不留盲区，做到底数清、情况明，帮扶措施精准。镇领导班子成员带头深入地理位置边远、贫困户集中、交通不便、脱贫矛盾突出的村寨，访贫困、拉家常、结穷亲，夜宿农家，倾听民声，做到班子成员联系村的贫困群众户户见面，驻组干部涉及本组贫困群众人人见面。2014 年精准扶贫全面展开以来，全镇开展遍访贫困村、贫困户 10 个轮次，遍访群众 3 万多人次，全面落实脱贫攻坚“六个到村到户”“五个一批”“十项行动”和建设小康路、小康水、小康房、小康电、小康讯、小康寨“六项行动计划”等措施，帮扶群众稳定增收，稳定脱贫。

产业全覆盖。扶贫要“授人以渔”，做强产业才能确保群众脱贫不返贫。依托扶贫开发工作信息平台，结合特色产业发展，以农业增效、农民增收为主线，因地制宜，实施“1151”(精品龙眼 1 万亩、精品李子 1 万亩、岩茶 0.5 万亩、乌骨鸡 100 万羽) 工程，推进农业产业结构调整。实施 26 个产业扶贫项目，投入 6331 万元，全镇贫困户全部受益。出售竹原料收入 1500 万元，全镇农户户户受益。发放扶贫“特惠贷”1701 万元，助推贫困户发展产业，346 户贫困户受益。以村党支部为单位，抓产业扶贫，培育以龙眼、李子、乌骨鸡、生态鱼等为重点的特色优势产业。在米粮村、桂圆林村、高新村抚育果园 1000 亩、嫁接和发展荔枝 500 亩。重点打造石梅村“五个一”（实现户均 100 羽乌骨鸡、1 头黑母猪、1 亩鱼塘、1 亩白茶、1 亩苗药）工程。全面推行“支部 + 合作社”、“支部 + 企业”等党建扶贫模式，发展壮大村集体经济，为贫困户稳定增收提供保障。

基础设施建设全覆盖。元厚“地无三尺平、天无三日晴，山高石头多、出门就爬坡”。为扫除基础设施落后这只脱贫路上的“拦路虎”，强力推进交通基础设施建设，投资 3.5 亿元，新建、提档升级通村公路 558.2 公里，硬化 248.73 公里，新修米粮大桥和陛诏大桥，改善了交通运输和群众出行条件。实施安全饮水工程，修建（改建）水池 116 口，安装安全饮用水管道 270 公里。全面完成高新等 3 个村电力自供区农网改造升级工程，全部消除“无电户”。推进“宽带乡村”示范工程，新建 4G 通信基站 31 座；开通村村通广播电视 875 户，覆盖率达 99%。针对排查出的危房，采取“补、拆、搬”方式销号，确保每一栋危房都能按国家安全标准整改，实现建得起、住得进。全镇实施危房改造 684 户、新建房屋 3 户，实施易地扶贫搬迁340户1574人。实施“四在农家·美丽乡村”、农村人居环境改造等项目，全面改善了农村居住环境，村容村貌焕然一新，惠及2800户9000人。

——“实”为根本

工作实。对标施策不留障区，选准派强驻村干部，不断强化基层党组织整体功能。下派7名优秀干部到村任支部书记，35名同步小康驻村工作队员到贫困村工作，实现驻村工作全覆盖。市、镇、村三级300多名干部，结对帮扶820户贫困户，实现结对帮扶贫困户全覆盖。将全体挂帮干部与村民组、贫困户绑定脱贫责任，强化工作责任。全镇党员干部扶贫工作连轴转，一步一个脚印，稳步推进脱贫出列。

作风实。成立以市、镇挂帮干部和村组干部为队员的61支突击队，采取“四步工作法”（一排查：集中力量开展全覆盖摸底排查；二督促：督促危房整治、安全饮水等建设工期及质量；三整改：针对“五保户”供养、教育医疗保障等任务现查现改、限时整改；四带动：从环境卫生、吃饭穿衣、生产生活着手，带动群众疏思想、改习惯、整环境）开展工作，以评分数、比差距，评等次、比亮点，评责任、比作风，评成效、比整改“四评四比”督查问效，发现问题、研判问题、破解难题，确保脱贫攻坚成效经得起时间和群众的检验。

保障实。坚持把改善民生、凝聚人心作为经济社会发展的出发点和落脚点，把扶贫资源和帮扶措施精准落到贫困户头上。为解决贫困户稳定增收脱贫问题，针对条件特殊的困难家庭，在全镇开辟护林员、保洁员、监督员等“五员岗位”130个，就业技能培训2000人次，转移就业361人，累计新增城镇就业1300人。投入5000万元，新建幼儿园、运动场、学生宿舍、食堂等项目，改善了教育教学环境条件，小学适龄儿童入学率达100%。城乡居民养老保险参保率达95%以上，医疗保险参保率达100%。医疗报销6646人次，报销金额1540万元。发放城乡“五保金”38.4万元、低保金852万元、困难群众申请临时救助金24万元、大病医疗救助63万元、孤儿补助28万元。社会力量包干扶贫155万元。发放救济金、退耕还林、公益林、养老金等各类政策性补贴2000万元。群众满意率达95%以上。

——“严”作保障

严调度。成立镇脱贫攻坚指挥部，由挂帮市人大常委会主任担任指挥长，镇党委书记担任指挥部常务副指挥长，负责日常工作。各村分别成立村级指挥所。平时进行日常工作调度，关键时间段做到每日一调度。自2016年年底以来，共组织召开脱贫攻坚工作会议 100 多次，召开脱贫攻坚指挥部会议 28 次，对扶贫工作关键环节抓住不放，一抓到底。

严督查。成立镇脱贫攻坚督查组，坚持脱贫攻坚日督查，通过检查驻村工作队员到岗、挂帮干部到位、帮扶措施落实、基础设施整改成效，对照前一天交办的工作清单开展督查，及时汇总梳理存在的问题并形成督查意见，及时研究产生问题的原因，督促整改。

严问责。以“两学一做”学习教育为契机，加强党员干部日常教育监管，出台《元厚镇脱贫攻坚问责管理办法》，对扶贫领域出现的苗头性、倾向性问题，早发现、早提醒、早处理，加大监督检查问责力度，约谈党员干部 26 人次，解聘村干部 1 名，使全镇干部深受教育，引以为戒，振奋精神，脱贫攻坚有序推进。

廖艳飞欣慰地说：“三年过去，全镇党员干部齐心协力，斗志昂扬，压实责任，补齐短板，实现 6 个贫困村出列，734 户 2662 人脱贫，贫困发生率从 17.4% 降到 1.81%，脱贫攻坚取得阶段性成果。”

2018 年 7 月，贵州省委召开党建脱贫攻坚表彰大会，廖艳飞的交流发言博得全场掌声。

第四节　创新制胜

靠创新驱动脱贫出列。赤水市被列入国家重点扶持的乌蒙山集中连片特殊困难地区，进入中国脱贫攻坚主战场，各级干部清醒地认识到，安贫乐道不能脱贫，墨守成规没有出路。必须解放思想，创新思维，扩大开放，立足赤水，放眼全国，敢想、敢试、敢闯，苦干、实干、巧干，靠体制、机制、政策、科技、管理等全方位改革创新，才能脱贫出列，跨越发展。

一、抓政策导向

围绕《中共中央国务院关于打赢脱贫攻坚战的决定》和贵州省委、省政府精准扶贫“1+10”文件精神，整合全社会扶贫资源，发挥政策叠加效应，合力推进脱贫攻坚。

借助贵州省部署实施“5 个 100”工程等重要平台，激发贫困乡镇、贫困村、贫困户内在活力，培育发展动力，优化劳动力、资本、土地、技术、管理等生产要素配置，建立完善市场评价要素贡献并按贡献分配机制，围绕重点产业谋发展，实施“赤水市国家农业科技园区”和“贵州省赤水市乌骨鸡科技示范园区”等一批科技专项，推动科技成果向生产力转化。

重点培育和引进创新型领军企业、科技小巨人企业。培养引进科技创新人才，提高科研人员成果转化收益分享比例，保护知识产权，加快形成以创新为引领的经济体系。目前培育的科技型种子企业有贵州新锦竹木制品有限公司、赤水市桫龙虫茶饮品有限责任公司等；科技型小巨人企业有贵州竹乡鸡养殖有限公司、赤水市供销社综合经营公司、赤水市信天中药产业开发有限公司、贵州红赤水集团有限公司等。加大科技创新投入，强化产业导向。2016 年财政科技投入 6598 万元，2017 年增加到 9298 万元，增长 40.92%。

改善发展硬环境的同时，营造良好的发展软环境。降低创新创业门槛，强化品牌建设。培养和引进 62 个科技创新企业和 10069 名专业技术人员。依据《中共赤水市委赤水市人民政府关于加强人才队伍建设加快科技创新的意见》中关于“对我市企事业单位、社会团体和自然人获中国专利金奖、中国专利优秀奖、国际专利、国家发明专利授权、实用新型和外观设计专利授权的每件一次性分别奖励 50 万元、30 万元、3 万元、1 万元、2000 元”的政策规定，配套出台《赤水市实施县域经济知识产权试点工作方案》等文件，完善知识产权相关政策体系，规范县域知识产权保护工作，扶持和推动企业专利技术产业化，提升建材等产业的市场竞争力，取得较好的经济效益和社会效益。

二、抓目标导向

制定《支持发展壮大村级集体经济政策落地的十二条意见》《产业化扶贫利益联结机制指导意见》《建立“三定”机制推动党建脱贫攻坚行动的实施意见》《残疾人同步小康就业创业行动实施方案》《景区林地土地资源入股分红工作实施方案》以及《主导产业助推脱贫攻坚三年行动方案》等政策性文件，制定“十百千万”农业产业发展战略目标，为发展壮大竹、金钗石斛、赤水乌骨鸡、冷水养鱼等特色优势产业提供政策支持。

市直各有关部门纷纷与挂帮乡镇、包保帮扶村具体落实市委、市政府规划经济发展战略目标和总体部署，立足各乡镇、村拥有的自然资源优势，制定“一乡一品”、“一村一特”分阶段实施产业扶贫规划和年度帮扶计划目标，调度项目、技术、资金和人力等一切可以调动的扶贫资源，推进规模化、标准化、品牌化和市场化建设，将精准帮扶措施、精准脱贫目标具体到户、落实到人。

三、抓问题导向

“三类比对”破解精准识贫、精准退出难题。通过“十必看”，对申请对象家庭情况进行比对。即一看房、二看人、三看水、四看粮、五看衣被、六看田土、七看生产、八看环境、九看健康、十看精神状态，对符合条件的对象纳入评议范围；通过大数据平台进行比对，结合财政、工商、住建、车管等部门数据，对申请对象“四有”情况进行核查，综合分析是否属于“四有人员”；通过群众参与访谈等形式进行比对，进一步摸清贫困对象具体情况，将符合贫困条件对象纳入评议范围。

2017 年 10 月 23 日，国务院扶贫办对贵州省 2016 年贫困县赤水市退出评估检查做出书面回复，在肯定“经国家专项评估检查，赤水市符合贫困县退出条件”的同时，指出评估检查发现的差距和存在的问题：存在个别错退和漏评现象，“一达标、两不愁、三保障”仍存在短板，因村因户帮扶主动性、靶向性有待进一步提高，贫困线上的边缘农户需重点加以关注，扶贫产业辐射带动贫困群众作用相对较弱。

市委专门召开常委会议，对照国家专项评估检查指出 5 个方面存在的差距和问题，举一反三，高标准，严要求，细化为 13 项具体整改内容，强化责任，传导压力，制定切实可行的整改措施，完善帮扶长效机制，倒排整改工期，强化督查督办，已全部完成整改，帮扶工作进入新常态。

四、建立利益联结机制

探索构建产业扶贫“五统二分”经营模式，农户以土地、林地等资源入股经营，企业统一提供种苗、统一制定标准、统一技术指导、统一规范管理、统一销售运营，分段、分户种养。引入市场主体参与脱贫攻坚，帮助盘活农村土地、林地 20 多万亩，帮扶 4500 多人脱贫。

创新金融扶贫模式。金融机构以精准扶贫为出发点和落脚点，人民银行发挥金融扶贫“总指挥”作用，指导金融机构在脱贫攻坚中创新金融扶贫“一二三四”模式：一提高，以提高贫困人口自我发展能力为根本，变“要我富”为“我要富”；二改进，以改进金融服务方式、改进金融服务产品为重要手段，着重解决“怎么扶”的问题；三提升，以提升信贷资金支持力度、提升金融助推脱贫攻坚精准度、提升金融助推脱贫攻坚有效性为扶贫工作出发点和着力点，有效解决“扶持谁”的问题；四坚持，以坚持金融政策与地方政府规划方案、坚持国家扶贫政策、坚持产业政策、坚持财政政策深度融合为主要推进方式，合力解决“谁来扶、怎么扶”的问题。截至2017年年末，全市银行业金融机构累计发放扶贫贷款50.26亿元，有效破解脱贫攻坚最大的资金难题，为赤水市实现漂亮脱贫、精彩出列发挥不可替代的作用。

按照财政扶贫资金“量化到户、股份合作、保本分红、滚动发展”的原则，制定《赤水市财政扶贫资金利益联结机制》，通过利益联结，投入财政扶贫资金1.8亿元发展产业项目，为3700多户贫困户户均增收1600元，帮助1万多人脱贫。2017年全市可分配项目红利1400万元，建档立卡贫困户人均增收500元，有效拓宽了群众增收渠道。

五、创新整合涉农资金机制

赤水市各级党委、政府及各有关部门在脱贫攻坚实践中，深刻认识到农业是稳民心、安天下的战略产业。农业产业化、现代化是新时代经济社会发展的基础和关键，没有可靠的资金来源和强有力的资金支持，发展现代农业就是一句空话。农业长期处于弱势地位，这是不争的事实。要彻底扭转这种局面，就得增加有效投入。可是资金从哪里来？本级财政资金有限，要不到等不来，唯一出路是在党委、政府领导下，发挥社会主义集中力量办大事的制度优势，探索统筹使用财政涉农资金新途径，创新整合使用涉农资金新机制，构建多层次、强有力、高效率、可持续的涉农资金支持体系。

在市委、市政府的集中统一领导下，按照“政府领导、部门实施、协同配合”的原则，建立赤水市涉农资金整合小组，由市长任总召集人，市扶贫、财政、发改等15家单位为成员，下设办公室，由扶贫办和财政局分别安排人员负责日常工作，根据统筹整合财政涉农资金工作需要，召开各有关部门负责人联席会议，明确整合范围，将中央、省和遵义市下达赤水市财政预算安排的20项涉农专项资金、财政涉农存量资金和县级用于涉农整合的预算资金纳入整合范围，对性质相同、用途相近、使用分散的涉农资金整合归并，重点围绕农村基础设施、农业产业发展和脱贫攻坚等领域整合使用资金，切实提高财政涉农资金使用的精准度，实现效益最大化。

按照“规划先行搭平台、政府紧跟定项目、部门对口抓落实”的原则，针对长期以来涉农资金存在多头管理、交叉重叠、使用分散等老问题，重点把专项扶贫资金、相关涉农资金和社会帮扶资金捆绑起来，集中使用，将每年公共财政预算资金的2%用于扶贫领域。整合使用财政涉农资金，必须制定统筹整合使用财政涉农资金方案并完善配套资金管理办法、必须用于农业生产发展和农村基础设施建设、必须安排到具体项目和必须达到年度支出进度“四个必须”的刚性要求。

充分发挥金融平台的杠杆撬动作用，整合财政资金4.4亿元，设立财政专户，带动金融和社会资本投入农业9.55亿元。与贵州银行、贵阳银行合作，申报金钗石斛、竹、旅游等13个扶贫产业子基金项目，获批8.63亿元，用于扶持发展农业产业和龙头企业，其中省级财政承担6%、本级财政承担9%、金融机构承担85%，切实解决新型农业主体融资难、担保难等难题。由市级财政出资4000万元，向农发行融资2.7亿元，筹集扶贫基建资金，用于农村人居环境整治。整合涉农资金2.9亿元，用于“组组通”公路工程建设。

以村级合作社为载体，推动林权和“农村两权”（承包土地经营权和农民住房财产权）抵押贷款4214万元，专项用于农业产业发展。做好扶贫开发金融支持与服务工作，争取“特惠贷”、“小康贷”1.8亿元，有效缓解贫困户发展产业资金短缺难题，为贫困户上了脱贫致富“双保险”。

按照“渠道不乱、用途不变、各司其职、集中使用”的原则，把分散在各部门的涉农项目资金集中起来，统一建立专项财政账户，依托大数据平台，将所有涉农资金集中纳入国库，经项目主管部门审查、财政部门审核后，统一将资金支付给施工单位或供应商，确保涉农资金真正落到产业、落到项目、落到农户。

通过涉农项目数据库，将涉农项目从项目审定、建设进度、综合验收、资金拨付等环节信息录入大数据管理系统，实现对项目建设和资金运行同步监控，确保涉农整合资金公开公平、安全高效。

探索建立“一合一分”项目管理模式。明确归口方向，财政部门对照涉农资金整合范围，对符合涉农整合的项目资金，统一归集到专户并函告各项目主管部门；分口申报项目，各业务主管部门根据资金管理要求，编制项目申报计划送交联席会，经联席会和专题会研究决定实施项目。

强化资金监管。按照“谁使用、谁主管”的原则，整合资金监管职责由使用行业部门承担，实行专人管理、专账核算，管理到项目、核算到项目，做到项目安排和资金使用有机统一、协调推进。

市纪检、财政、审计等部门将涉农资金管理使用情况列入年度监督检查和审计计划，作为重点内容，采取日常检查与专项检查相结合的办法，确保事前、事中、事后全程跟踪监督检查。加大对涉农资金的追踪问责力度，对套骗、截挪涉农资金行为，发现一起，查处一起，绝不手软，确保“监督不断链、去向不模糊”，实现整合资金实施项目阳光操作。

按照建设“法治政府”、“阳光政府”的要求，全面提高资金使用规范性，严格执行公示、公开制度，通过市政府网、政务公开栏、村务公开栏等信息发布平台，向社会公布财政涉农资金项目的建设内容、建设进度、承建单位等信息，使整合涉农资金管理使用公开透明。

2017年，赤水市整合财政涉农资金5415万元，投放20类33个项目，彻底扭转长期以来涉农资金投入“撒胡椒粉”、形不成合力、弱化扶贫效益的弊端，创新“多个渠道进水，一个龙头放水”整合使用涉农资金机制，充分体现党委集中统一领导的政治优势和社会主义集中力量办大事的制度优势。

第五节　脱贫通过第三方评估

国务院扶贫开发领导小组组织由中国科学院精准扶贫评估研究中心西南分中心负责评估赤水市是否达到国务院规定脱贫出列的标准。评估团队由127人组成，国务院扶贫开发领导小组、国家有关部委抽人组成巡察组，由相关科研机构和部委的有关专家组成总评组和督导组。2017年7月初，评估团队进驻赤水，派出调查组、暗访组、督导组，围绕科学严谨的评估方案，突出问题导向，检查到边边角角，查看薄弱环节，重点查漏评错退，实地看民生、察民情、问民意，展开全面调查评估。

一、现场检查与大数据比对评估

对贫困村、非贫困村现场检查获得的第一手资料，与大数据进行比对，做出科学评估。抽工作条件差、工作基础薄弱的边远区域进行现场检查。评估人员熟悉农业、农村工作和扶贫业务，到现场检查脱贫工作存在的差距和问题。在检查农村危房改造时，仔细查证贫困户资金使用情况流水账，比较相关数据，发现基层在民生领域存在腐败嫌疑；通过与群众交谈，捕捉有效信息，分析判断干部帮扶措施实不实、帮扶是否有成效。有些工作问题，帮扶干部自身发现不了，评估队员站在第三方角度，冷静观察，科学分析，容易发现问题，找准症结所在。

二、定量调查与定性分析结合评估

第三方评估方案计划调查农户 1000 户，非贫困村和非贫困户是评估关注的重点。评估组实际调查的农户数远远超出计划方案，共调查 8 个乡镇（街道），其中 3 个贫困乡镇、5 个非贫困乡镇；抽选 27 个行政村，其中 17 个贫困村、10 个非贫困村；412 个村民小组；走访农户 3000 户以上，入户调查 1769 户，其中建档立卡贫困户 862 户，占入户总户数的 48.73 %；非建档立卡户 907 户，占入户总户数的 51.27%。从中筛选有效调查户 1200 户，其中贫困户 606 户，占总户数的 50.5%；非贫困户 594 户，占总户数的 49.5%。评估范围之广、评估类型之全、评估内容之细都达到相当高度，采用定量调查与定性分析结合的科学方法，为客观公正评估赤水脱贫成效获取充分的科学依据。

三、全视角扫描脱贫成效

评估调查问卷包括市、乡镇干部问卷、村干部问卷、建档立卡户问卷和非建档立卡户问卷 4 类，建档立卡户问卷包括贫困户和脱贫户。市、乡镇干部问卷访谈主体包括市、乡镇相关领导、相关市直部门主要负责人和人大代表、政协委员等，主要了解各个层面精准扶贫政策落实情况、基础设施和公共服务改善情况及对贫困退出的认可度；村干部问卷访谈主体包括现（前）任村支书或村主任、退休教师、老党员、群众代表等，主要了解村域层面贫困和脱贫状况、基础设施、公共服务以及精准扶贫实施等情况；建档立卡户和非建档立卡户问卷涉及群众的方方面面，重点了解农户经济收入、劳动力状况、家庭受教育程度、外出务工、家庭成员健康状况、"一达标、两不愁、三保障"情况，以及对贫困退出的认可度等情况，对赤水脱贫成效做全视角扫描。

四、参与式调查掌握第一手资料

评估人员在调查前，要求当地政府提供未建档立卡低保户、残疾户、"五保户"、C、D 级危房户、易地扶贫搬迁户、建档立卡辍学名单，从中随机抽选入户调查对象。

对未纳入建档立卡的低保户，实行评估全覆盖。重点对散居户、边远户、小姓户、外来户、无劳动力户等群体进行调查。采用参与式调查方式，广泛接触群众，从中获取疑似漏评户线索。在访谈时要求访谈对象先勾选本村最贫困、房屋最破烂的农户，然后入户调查。在调查过程中，凡是遇到烂路、破房必查。有的在赶集天或庙会现场开展访谈，不按预抽信息线索调查；有的临时要求被查乡镇提供“回头看存在问题及整改电子档、贫困户一户一档、易地扶贫搬迁佐证、贫困村进、出列文件、会议记录、干部走访帮扶记录和易地扶贫搬迁个人申请”等材料，从中发现工作问题。对实地调查中发现疑似错退、漏评问题，与农户多次复核，通过“背对背”方式走访邻居和村干部，多方核实情况，掌握第一手资料，做到胸中有数。

五、做出科学判断

评估组严格执行“七个严禁”（严禁宴请、赠送纪念品、土特产；严禁打招呼、求关照；严禁隐瞒不报或故意提供虚假情况；严禁不按照要求提供必需的文件材料；严禁对有关评估单位或人员施加影响；严禁阻挠干部群众正常反映问题；严禁打探或泄露评估抽查抽样、调查问卷及评估检查结果）工作纪律。检查评估过程中，明确市、乡镇两级干部不得陪同，村“第一书记”不得随同，村民小组向导不得入户，严格回避制度。评估过程全程录音、录像，严格监督。采取单独访谈与集体访谈相结合的方式进行调查。下基层评估检查不通知地方，不打招呼，

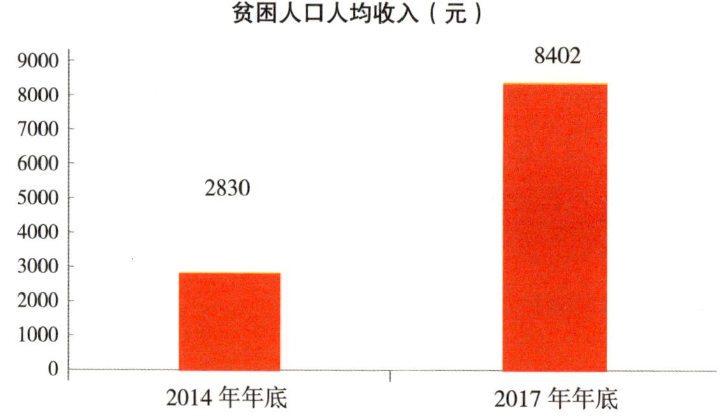

赤水市脱贫攻坚农村贫困人口人均收入变化图。（市统计局提供）

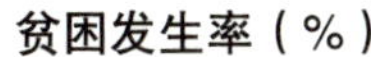

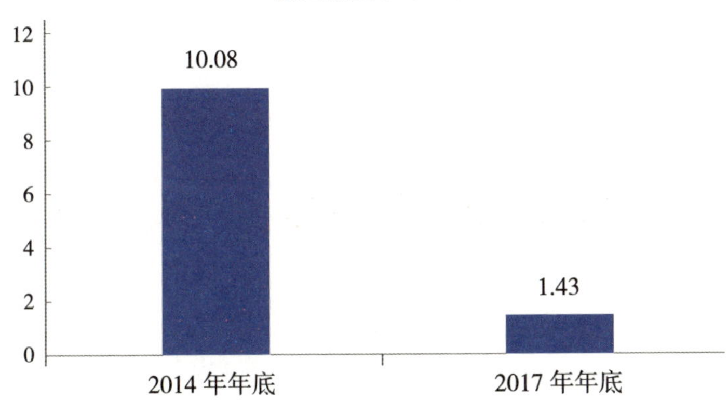

赤水市脱贫攻坚农村贫困发生率变化图。（市统计局提供）

贫困人口（人）

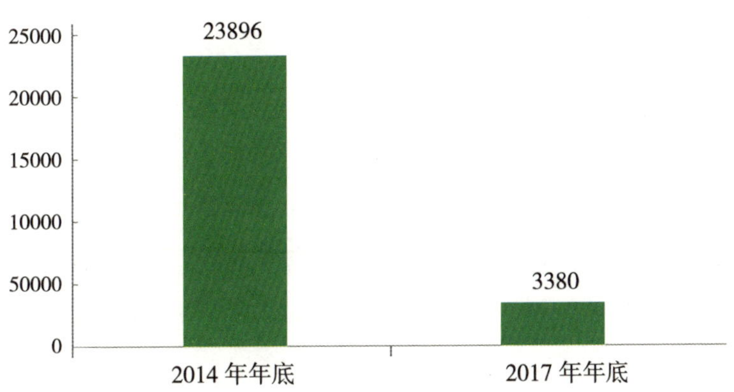

赤水市脱贫攻坚农村贫困人口变化图。（市统计局提供）

自行前往农户家中、易地扶贫安置点明察暗访，见人就问，见户就进，即使“老上访”也要接触，兼听来自各个渠道的意见，独立做出科学判断。

国务院扶贫开发领导小组组织的第三方对赤水脱贫攻坚展开的调查评估，全过程坚持以较真促认真、以碰硬促过硬、以务实促真实的思想作风和工作作风，充分体现我们党一贯倡导“客观公正、实事求是”的原则。赤水广大农村基层干部和农民群众看在眼里，服在心里，惊叹“方方面面查得非常仔细，简直查了个底朝天”！亲历第三方评估的干部，称这次评估是“大考”、“国考”！无不感慨“绝对是历史上最严的评估”！

第六节 “赤水经验”彰显“三大效应”

精准扶贫、脱贫攻坚、精准脱贫“赤水经验”不胫而走，日益彰显政治效应、社会效应和经济效应“三大效应”。

一、政治效应

赤水市委、市政府作为脱贫攻坚政治主体，在全市组织实施大规模精准扶贫、脱贫攻坚、精准脱贫大决战，夺取脱贫出列胜利，用执政党和人民政府立党为公、执政为民、决战决胜的信心、勇气、能力和最终结果，实现政治文化、政治认知、政治态度和政治信仰等政治效应最大化。

市委充分发挥领导核心作用，立足赤水市情，着眼脱贫攻坚、建设全面小康大局，构建党委领导、政府主导、社会组织、市场主体、公众参与及法治保障脱贫攻坚科学体系。市委在脱贫攻坚全过程中，始终坚持党委总览全局，协调各方，凝心聚力，合力攻坚，充分体现中国共产党全心全意为人民服务的根本宗旨，充分体现社会主义制度优越性的本质要求。

市政府在脱贫攻坚主战场上，始终组织动员、指挥调度和战斗在第一线，在事关全局的重大决策落实、重大经济建设和扶贫项目推进中，始终发挥引领作用和主导作用。

市委始终坚定不移地支持市人大、市政协依法履行职能职责。市人大围绕脱贫攻坚抓脱贫、促发展，强化依法监督，支持“一府两院”依法行政、公正司法。

市政协围绕脱贫攻坚参政议政、政治协商、实施民主监督。

市委领导、市政府主导协调全市统一战线、人民武装、工青妇群团组织、老干部、关工委、企事业单位等社会各界人士，踊跃投入脱贫攻坚大决战，各司其职、各负其责、各尽其能，集聚改革拉动、创新推动发展智慧和力量，构建全社会大扶贫格局，形成脱贫攻坚、加快发展、跨越赶超强大合力。

赤水市委、市政府坚定不移地贯彻执行新时代党中央、国务院精准扶贫、脱贫攻坚、精准脱贫的战略部署，举全市之力大规模实施的脱贫攻坚大决战上接“天线”；在组织实施过程中，立足赤水农村经济社会发展实际，着眼市情民情，因地制宜，探索创新，敢于担当，下接“地气”，既有“声音”，又有“足印”，得到广大人民群众和社会各界的拥护和支持，政治效应发挥得淋漓尽致。

二、社会效应

赤水市跻身中国首批、贵州首个脱贫出列县，探索创新科学治贫、精准扶贫、脱贫攻坚、精准脱贫“赤水经验”，在遵义、在贵州、在全国产生积极影响，反响越来越强烈，实现社会效应最大化。

2017 年，国务院扶贫开发领导小组组织第三方评估机构，对 2016 年赤水市申请退出贫困县展开史上最严格的专项评估检查结果表明：综合贫困发生率为 2.18%，低于 3% 的国家退出标准；群众认可度为 94.67%，高于 90% 的国家退出标准；贫困人口漏评率为 0.33%、错退率为 0.25%，均低于 2% 的国家退出标准。

2017 年 10 月 31 日，贵州省人民政府发布公告称：根据《中共中央办公厅国务院办公厅印发〈关于建立贫困退出机制的意见〉的通知》精神，经赤水市申请、遵义市初审、省扶贫开发领导小组核查以及国务院扶贫开发领导小组组织第三方专项评估等程序，赤水市符合贫困县退出条件。经研究，同意赤水市退出贫困县。

2017 年 11 月 19 日，遵义市在革命历史名城遵义举办脱贫攻坚“赤水经验”讲习会，奋斗在赤水脱贫攻坚第一线的各方代表第一次走出赤水，将脱贫攻坚的艰辛历程和亲身感受，活脱脱带进讲习会。中共赤水市委原副书记牟明灯道出他的“责任、精准、感恩”；葫市镇党委书记陈静发出“一定要走好‘最后一公里’”的感慨；市扶贫办主任严本涛坦陈他的“迎检心路历程”；市委原常委、组织部部长雷世伟感叹“厉害了，我的党员干部”；市委常委、宣传部部长王兰道出“迎国检，战长沙”无坚不摧的锐气；市场监管局黄蓉描述“大山深处领头雁”带领群众脱贫发展的轨迹；宝源乡回龙村“第一书记”周子煜表白“我骄傲，我是第一书记”的脱贫责任担当；旺隆镇胜丰村帮扶干部丁国彬“我的帮扶梦”催人泪下；复兴镇党委书记王大才透出“心中有人民，万难亦不难”的脱贫攻坚豪气。

王兰走上讲台，讲述题目《迎国检 战长沙》一下抓住所有在场人员的心。革命史诗剧《战长沙》讲述了湖南人民面对日本侵略者无所畏惧、勇于抛头颅、洒热血，一心报国的壮烈革命故事。赤水脱贫攻坚是一场没有硝烟的大决战，新时代如何“战长沙”？王兰娓娓道来：

2016 年，我交流到赤水工作不久，就赶上脱贫攻坚这件大事，挑起东部偏远乡镇长沙镇脱贫攻坚指挥长的担子。

7 月，赤水最炎热的季节。在 42 摄氏度的高温中，我们迎来史上最严的国务院扶贫办脱贫退出程序第三方评估。

责任，不可谓不重；

压力，不可谓不大。

成功迎检，已经不再是一个人、一个团队的事情，谁都输不起，谁都不敢输，谁都不能输。

评估组入驻第二天开始入户调查，头天晚上确定乡镇，第二天出发前确定村，

建设“看得见山、望得见水、记得住乡愁”的靓丽赤水。到 2017 年，中心城区面积从 2010 年的 7.2 平方公里扩展到 19.5 平方公里，初步形成可承载 20 万人口的城市构架，城镇化率提升到 48.12%，正式纳入“国家重点生态功能区”行列，提前实现“五年再造两个赤水城”的奋斗目标。（付树湘　摄）

到村后确定组，到组后确定户，带路人员只能是村组干部，带到农户家之后必须回避，调查员背对背调查。

12—14 日，长沙被连查三天，从第一天的 3 个小组，第二天增到 12 个小组，第三天加派力量，增到 22 个小组。这三天，真的让我刻骨铭心！

面对如此严格的调查评估，说不紧张，那是假话。可在脑海中把脱贫攻坚所做的工作过一遍，又有了自信和底气。

牛青山虽说是最偏远的一个组，下车之后得走两个小时的山路，仍有30多户村民因为山林田土多，不愿生态移民搬迁，由于公路不通，物资运输不便，房子大都是50多年甚至更久以前修建的土坯房、石砖房，已成危房。副镇长认领了这几十户房屋维修整治任务，货车进不去，马驮；马上不去了，人背。他与5支施工队一起熬20多天，房子改好了，水通了，电通了，每家每户的毛竹林几乎都是订单销售，收入没问题。

上访户虽然一直对村里有意见，但她丈夫是企业退休职工，每月有退休金2000多元，住房安全，没有医疗、教育方面的问题，不存在漏评风险。

烟坪坝组有100多户村民，乡镇干部已经遍访5次，重点问题台账全部销号。

这三天，我们长沙指挥部的同志几乎没吃上一顿好饭，没睡过一夜安稳觉，但不得不说，正是经历国检洗礼，我们对脱贫攻坚取得的成果更加自信。

今年10月，评估结果反馈回来：长沙镇“没有一户错退，没有一户漏评”。这就是我们“迎国检，战长沙”的成绩单！评估组认为：“赤水首创的法治扶贫典型经验值得在全国推广！”这是我们向群众、向组织交出的答卷，是赤水3000多名扶贫干部用汗水和心血拼出来的“赤水经验”！

王兰讲述话音刚落，爆发热烈的掌声打破了讲习会的宁静。

遵义市委、市人大、市政府、市政协“四大班子”领导班子成员，赤水、习水、仁怀、桐梓、播州、红花岗等遵义市各县（区、市）、乡镇（街道）负责人，驻村干部、帮扶干部、居民代表300多人聆听赤水脱贫攻坚指挥员、战斗员代表的亲身经历和声情并茂的讲述，心灵受到深深震撼！

赤水市在脱贫攻坚伟大社会实践中探索创新的精准脱贫“赤水经验”，透出鲜明的新时代特征，具有典型性、普遍性、可操作性，为中国深度贫困地区确保2020年如期完成脱贫攻坚任务提供了可复制的典型样本。

自2017年赤水市脱贫攻坚顺利通过国家第三方权威评估退出贫困县至2018年9月，已有山西省天镇县，湖北省恩施县、广水市，黑龙江省富裕县，云南省双柏县、罗平县、鹤庆县，陕西省柞水县，内蒙古自治区正镶白旗，贵州省毕节市、六盘水市、安顺市、铜仁市，以及镇远、麻江、大方、惠水、都匀、凯里、威宁、兴义、黎平等县（市）前来赤水观摩“赤水经验”的各级党政领导、农村工作者、农业问题专家已达 168 批 8245 人。按遵义市的统筹安排，赤水市选派 40 多名干部到习水、桐梓等县协助脱贫攻坚。赤水市走出去开展脱贫攻坚经验交流互动已达 100 多次。“九不”增“九感”科学治贫、精准扶贫、精准脱贫“赤水经验”持续发挥溢出效应，正在走出遵义、走出贵州、走向全国，在中国贫困地区落地生根，开花结果。

三、经济效应

赤水市委、市政府以脱贫攻坚统揽经济社会发展全局，把脱贫攻坚作为头等大事和第一民生工程来抓落实，组织实施前所未有的大规模脱贫攻坚，大力补齐产业发展、基础设施、民生事业等短板，2015 年率先在贵州省建成群众认可的全面小康。2017 年城镇居民人均可支配收入和农村居民人均可支配收入实现翻番，分别达到 28449 元、11053 元；贫困户人均收入大幅提高，截止到 2018 年 9 月，全市建档立卡贫困户人均纯收入达 8798 元，已脱贫对象户人均纯收入 9358 元，未脱贫对象户人均纯收入 6307 元。全市农村经济呈现跨越式发展势头，全面小康实现程度达 97.6%，实现经济效应最大化。

“赤水经验”日益引起社会广泛关注，社会反响强烈，反过来激励、鼓舞、鞭策赤水市委、市政府、各级党委、政府、各级干部、广大党员群众和各族人民，倍加珍惜付出心血和汗水换来的“赤水经验”，发愤图强，盯着中国“两个一百年”宏伟目标，万众一心，共圆中华民族伟大复兴的中国梦。

决战
赤水
JUEZHAN
CHISHUI
中国首批脱贫出列县

第四章

探索绿色脱贫发展道路

生态是赤水最大的优势，绿色是赤水最大的底色。赤水脱贫的希望在生态，赤水发展的潜力在绿色。

市委、市政府制定“生态立市”发展战略，保持战略定力，咬定经济效益、社会效益、生态效益多赢目标，发展生态农业、生态工业、生态旅游，建设生态城镇，明确提出建成国家级生态市、率先建成全面小康、率先建成国际休闲旅游目的地的奋斗目标。牢固树立和忠实践行习近平总书记提出“绿水青山就是金山

历届赤水市委、市政府始终坚持“生态立市”发展战略不动摇，进入新时代以来，不折不扣地牢守发展与生态两条底线，发展生态循环经济，走生产发展、生活富裕、生态良好的绿色脱贫发展之路。全市森林覆盖率保持 82.77% 以上。图为赤水竹海国家森林公园。（付树湘　摄）

银山”的理念，加深认识绿色发展是永续发展的必要条件和人民对美好生活的追求。全面贯彻落实节约资源和保护环境的基本国策，建设生产发展、生活富裕、生态良好的美丽赤水、幸福赤水，探索富有赤水特色的绿色扶贫、绿色脱贫、绿色发展之路，实现经济社会永续发展战略目标。

第一节　坚持生态优先

2014年，赤水市深化改革，脱贫攻坚，加快发展，全面部署经济建设、政治建设、文化建设、社会建设、生态文明建设“五位一体”总体布局，坚持生态优先指导思想和发展战略。为扎实推进生态文明建设，成立深化生态文明体制改革专项小组，制定《赤水市深化生态文明体制改革工作方案》，明确生态文明建设战略思想、总体目标、体制机制改革任务和改革内容。

一、制定生态立市战略

赤水地处云贵高原向四川盆地过渡地带，海拔高低起伏达1500米，地形地貌多变，山高坡陡，沟壑纵横，飞瀑密布，土地破碎。干旱、洪涝、风雹、霜冻，自然灾害交相为害。交通、水利、通信、电力等基础设施差，抗灾能力弱。到2012年，全市100个行政村中，20个村少桥缺路，交通闭塞，信息不灵。病险水库无力治理，30个村7.5万人、5.5万头大牲畜饮水困难。农业受自然条件制约，产业结构单一，产量低而不稳，边远山区农家一遇灾年就返贫。加之区域经济发展不平衡、不充分，农村人口基数大，全市农民人均纯收入4569元，仅为同期全国农村平均水平的63.73%。痛定思痛，各级干部和广大群众逐步认识到，生态环境脆弱，自然灾害频繁，市场发育滞后，保障能力不强，是导致农村贫困的一大重要原因。

2015年12月，中共赤水市委六届九次全会明确提出“生态立市、工业强市、旅游兴市”发展战略，市委、市政府带领全市各级党委、政府、各级干部和各族人民抓生态建设，立足可持续的科学发展，探索绿色脱贫、绿色发展新路。

生态是立市之基。没有良好的生态环境，新型工业化、农业现代化、旅游产业化就成了无源之水、无本之木。工业是经济发展的引擎和支撑，走新型工业化道路，提高生态资源利用率，不仅不会削弱生态，而且能促进生态建设发展；旅游号称无烟产业，发展生态旅游，生态为旅游撑起绿色巨伞，旅游永续利用生态，受益愈多，生态环境保护意识愈强。生态、工业、旅游三者相互依成，相互促进，形成无缝对接循环发展产业链。

赤水自 1990 年 12 月撤县建市以来，历届市委、市政府坚持生态建设不动摇。走进新时代，牢记习近平总书记视察贵州的指示，牢牢守住发展和生态两条底线，致力于发展循环经济，走生产发展、生活富裕、生态良好的绿色脱贫发展新路。

赤水生态建设与环境保护富有前瞻性、战略性，起步早、抓得实、基础牢。2007 年，市委、市政府做出创建贵州首个国家级生态市的决定，明确提出发展循环经济产业，在全市范围实施巩固退耕还林成果、扶贫生态移民工程，持续开展水土流失治理和生态环境综合整治。

赤水境内地势复杂，地质脆弱，水土流失严重，传统农业生产“种一坡，收一箩”，比较效益低。但气候温和、雨量充沛、土层深厚、排水良好，自然条件适宜竹类植物生长，农民具有在承包地上、房前屋后种竹的传统习惯。

市委、市政府因势利导，协调林业、财政、发改、水务、环保等部门和各乡镇抓生态建设和环境治理，因地制宜，重点选择退耕造竹工程，利用国家退耕还林政策及配套资金，市财政给予补贴，尝试林地流转，鼓励农民造竹。与此同时，未雨绸缪，向国家申请大型竹纸浆生产项目立项，为全市大规模发展竹产业寻找市场、寻求出路，让千家万户生产的竹材形成商品，有稳定收入，提高退耕造竹、种竹护绿的积极性，寓生态建设于经济开发之中，扶持竹产业形成规模，集约生产，良性循环。

生态优势是赤水的第一竞争力。如何把赤水打造成习近平总书记提出“绿水青山就是金山银山”的样本？市委、市政府面对这个重大课题，带领相关部门干部经常深入林区，走进竹农，调查研究，科学分析，掌握内情外情，立足当前，着眼长远，提出“生态优先、绿色发展、共建共享”发展思路，形成“生态产业化、产业生态化”发展理念，发动干部群众建设生态美、百姓富的绿色赤水，众志成城，在赤水大地上建造“功在当代，造福子孙”的千秋大业。

“决不能以牺牲生态环境为代价，换取一时一地的经济增长。”市委强调各级党委、政府要担当保护生态环境的社会责任，坚定战略定力，坚守生态底线，坚持将人、财、物集聚园区、城区、景区发展，走集约发展、科学发展、绿色脱贫、绿色发展新路。市委、市政府强调看准的事就要拿出政治勇气，敢于担当，付诸实施。从改革考核制度这个“牛鼻子”入手，果断取消对重点生态乡镇的工业发展、财政税收等考核任务，避免重走“村村点火、户户冒烟”和“先发展、后治理”的老路，果断关停高污染、高耗能、高排放企业。加强环境保护，强化生态文明建设，全面建设生态良好、生产发展、生活富裕的生态文明体系。

“发展是硬道理，不发展没道理，绿色发展才是真理。”市委、市人大、市政府、市政协“四大班子”统一思想认识，坚持高质量发展与高速度增长并重，促进一、二、三产业融合发展，打造三次产业良性互动全产业链和绿色发展体系，将复兴镇凯旋村打造成为贯彻“生态立市”战略思想，实现生态效益、经济效益、社会效益三赢的典型样板。

凯旋村党支部书记帅继平对笔者说，在实施退耕还竹工程前，全村竹林面积1.2万亩，农耕粗放，广种薄收，雨天红水横流（丹霞地貌特有现象），晴天尘土飞扬。2011年，凯旋村被列入省级贫困村，全村人均收入3000多元，有贫困户78户189人。为求生计，全村1200多个劳动力中就有800多人常年外出打工，村村寨寨，一片萧条。自从实施退耕还竹工程以来，竹林面积实现翻番，发展到2.5万亩，村民除享受国家退耕还林政策补助外，从竹林正常采伐、经营竹笋、发展林下养殖等获得的收入成倍翻番。

村党支部、村委会组织成立1个项目发展总公司和4个分公司，村民用林地、土地入股，经营农耕田园、石斛产业、漂流、滑草、山地车、盆景等项目，发展商铺、劳务公司、观光园等带动50多人常年就业。发展乡村旅游、餐饮、农家乐就业200多人。农村经济发展起来了，村民日子红红火火。

帅继平感慨地说，家乡发展起来了，800多个外出打工的村民，400多人自愿回来在家门口就业，就近照顾老人、小孩，解决了留守老人、留守妇女、留守儿童社会难题，助推经济快速发展，社会和谐稳定。目前，已脱贫43户82人。退耕还竹实现“退得下、稳得住、能致富”的目标。

如今的凯旋村，山变绿、水变清、天变蓝，空气变清新。五月初，笔者漫步凯旋村，山野里、崖壁上、林荫下，随处可见紫白淡雅的一蓬蓬、一丛丛盛开的金钗石斛，仿佛走进传说中的“女儿国”，亭亭玉立的少女，个个头戴金钗，含笑迎接远方来客。村庄里、公路旁，成排成行紫色、红色的三角梅，争奇斗艳。衣着时髦的农家姑娘，忙乎在农家乐、商铺中。硬化“组组通”公路、连户路成了林荫大道，别墅式农家小院，工厂化田园，处处透出社会主义新农村的时代气息。

二、建立生态担当责任体系

健全环境保护“党政同责、一岗双责”责任制，市委常委会、市政府常务会定期听取各有关部门生态建设工作汇报，研究生态建设，把生态建设、环境保护列入市直相关部门和乡镇（街道）年终考核，建立上下贯通、层层负责的生态建设机制，构建科学严格的生态担当责任体系。

建立生态环境保护考评机制。从 2014 年起，根据《贵州省城市环境空气质量排名办法（暂行）》规定，赤水市除参与贵州省 11 个县级市空气质量排名外，还参与遵义市 14 个县（市、区）空气质量排名。自参与省、市空气质量排名以来，赤水市空气质量均排在前列。2015 年，为更加准确地掌握全市环境空气质量状况，获取更为科学、准确、详细的空气监测数据，对市内天堂沟和马村两套环境空气质量自动监测系统做升级改造，由监测 3 参数升级为监测 6 参数，对预警全市大气突发性环境污染事件、查处污染物来源、改善城区环境质量、服务经济社会建设发展具有重要意义。多年来，赤水市生态环境状况指数稳居全省第一。

制定污染治理督查考核制度，建立农村污染治理评价体系和奖惩激励机制，将治污治水列入各级党政干部综合考核，列为年度督查重点，督促切实抓好环境整治。对工作有力、成效明显的单位及人员进行表彰奖励，对工作不力的予以通报批评。加大生态环境质量改变状况对领导干部实绩考核的权重。

建立林业年度目标监测和考核考评制度。按照科学全面、简便易行原则，利用卫星遥感、地理信息系统等科学技术，建立完善以林地、森林面积、公益林、森林蓄积、湿地、古大珍稀树木保有量、物种保护和林业自然保护区面积占国土

赤水市四洞沟风景区以四洞沟瀑布群及附近的天生桥、渡仙桥等景点为主，包括两岔河秀色、华平瀑布、大水沟瀑布、石鼎山奇石、方碑云海、大同竹溪、大同古镇等景观，被誉为“万竹之国，小家碧玉”。图为四洞沟瀑布群第四级白龙潭瀑布，高 60 米、宽 33 米。（刘子富　摄）

面积比例等“八条红线”为一级指标；以森林火灾受害率、林业有害生物成灾率、林地生产率、年度营造林任务完成率、合格率和成林率、水土流失治理面积和成效、森林和湿地资源增长和消耗、森林和湿地资源保护管理执法、森林经营、野生动植物和古大珍稀树木保护、义务植树尽责率等为二级指标的年度监测体系；建立覆盖红线区的实时、动态、立体化监视监测体系，把每年监测结果作为乡镇党政班子年度考核、任期内森林资源保护和发展目标责任制考核的主要内容。

建立健全林业自然资源资产离任审计制度。在探索编制科学合理、可量化、易考核的林业自然资源资产负债表的基础上，开展领导干部林业自然资源资产离任审计工作，科学、客观反映领导干部任期内对林地、森林、湿地等林业自然资源资产占有、使用、消耗、恢复和增值情况，评估领导干部任期内林业自然资源资产实物量和价值量变化，全面反映政府对林业自然资源占有使用情况及负担能力，明确相应权利和责任主体，反映潜在风险状况，作为干部考核重要指标。

建立健全森林和湿地资源保护责任追究制度。市、乡镇两级政府是本辖区森林和湿地资源保护与管理的第一责任主体，把保护森林和湿地资源摆在与保护耕地同等重要位置，对辖区内乱征乱占林地和湿地、乱砍滥伐林木、乱采滥挖野生植物、乱捕乱猎野生动物等破坏森林和湿地资源较为突出，对不认真履行职责，致使本行政区域森林和湿地资源保护目标考核不合格的，追究相关领导和工作人员责任。

建立林地及湿地用途管制制度。严格执行占用征收林地及湿地用途管制和定额管理制度。凡是勘查修建道路、水利、电力、通信、建筑等各项建设工程，有建设用地可以利用的充分利用，尽量不占林地和湿地；确需占用、征用、征收林地和湿地的，按照集约节约原则，尽量少占林地、湿地。建设项目一律禁止占用湿地、森林公园和自然保护区等生态保护红线，采取各种有效措施，确保全市占用征收林地和湿地的定额不突破。严格执行国家法律法规和政策明令禁止供地项目使用林地的规定，严格保护公益林。

建立森林采伐限额管理制度。强化森林资源管理，严格执行森林采伐限额和凭证采伐制度，提高森林资源利用效益，从严控制森林资源消耗。

建立林业生态建设目标责任制度。市、乡镇两级政府对本辖区林业生态红线保护工作全面负责，政府主要领导任林业生态红线保护第一责任人，分管领导任主要责任人。森林资源保护主要指标实行任期目标管理，严格考核，严格奖惩，由同级人民代表大会监督执行。党委组织部门和纪检监察机关，把森林资源保护工作责任制的落实情况，作为干部政绩考核、选拔任用和奖惩的重要依据。

建立森林资源和自然湿地修复制度。严格按照生态保护与建设规划，全面推进天然林保护、长江流域防护林、退耕还林、水土保持治理等重点生态工程建设，治理和控制水土流失，维护或重建湿地、森林等生态系统，保护自然生态系统与重要物种栖息地，保持并恢复野生动植物物种和种群平衡。

完善生态补偿制度。多渠道筹集生态补偿资金，将地方公益林补偿标准提高到与国家级公益林补偿标准持平。探索按照森林、湿地的生态服务功能高低和重要程度，实行分类、分级差别化补偿。探索对权属为集体或个人的公益林及自然保护区内的林地和森林实行赎买政策，确保林农收益和公益林安全。建立湿地生态补偿制度，逐步扩大湿地保护补助范围，提高补助标准，充分发挥补助资金使用效益。探索建立受益区社会主体直接为受损者提供生态补偿或区域间横向补偿机制。

建立生态文明建设资金保障制度。市、乡镇两级政府把对森林及物种红线的保护作为公共财政支出重要内容，每年必须确保投入保护森林及物种红线资金的增长幅度不低于财政收入的增长幅度。创新财政专项资金分配使用方式，推行竞争性分配、以奖代补、贴息补助、股权投入、试点示范、绩效评价等办法，充分发挥财政资金的杠杆作用。加强资金监管，提高资金使用效益。

严格执行规划环评制度，从源头预防环境污染和生态破坏，促进经济、社会和环境全面协调可持续发展。制定《赤水市建设项目环境影响评价管理实施方案》，深化环境影响评价制度改革，推进建设项目环评网上审批、建设项目试运行验收网上备案和批复情况网上公示，做到公开透明，接受公众监督，避免因环保决策不当造成后患和环保审查失误上马新的重污染企业。

市委、市政府、各有关部门强化责任担当，把森林保护目标责任制落到实处。市政府将森林及湿地保护工作目标量化分解到年度，以责任书形式确定下来，与乡镇（街道）、国有林场签订目标责任书，建立健全森林和湿地资源增长支撑体系，形成森林资源保护长效机制。

三、创新自然资源资产负债管理制度

“十二五”期间，坚持生态保护第一原则，五年累计造林8.74万亩，森林覆盖率由2010年的76.78%提高到2015年的80.78%，空气质量优良率和集中式饮用水源点水质达标率均达100%，综合生态质量稳居贵州前列。成功创建“省级森林城市”，被列入“全国生态文明示范工程试点市”、“国家生态保护与建设示范区”和“国家重点生态功能区县域转移支付范围”，列入全国“县级自然资源资产负债表编制和领导干部自然资源资产离任审计试点城市”。

2015年，赤水市继2014年被贵州省列为“编制自然资源资产负债表试点县”之后，被国家列为“探索编制自然资源资产负债表试点县”。市委、市政府深化对编制自然资源资产负债表试点工作重要性和必要性的认识，加强领导，周密部署，将省和国家赋予的试点任务列入全面深化改革重点课题，成立以市长为组长的编制自然资源资产负债表试点工作领导小组，按照“政府统筹、统计牵头、部门配合、分块负责”的工作思路，由市政府办公室负责协调，市统计局牵头抓总，市林业局、水务局、国土局、发改局、财政局、审计局、环境保护局、农牧局共同参与，从相关部门抽调业务精、素质好、责任心强的干部负责具体工作，落实办公场所和办公经费。

2016年年初，市统计局、国土资源局、农牧局、林业局、水务局、环境保护局在年度经费预算中增加编制自然资源资产负债表试点工作经费预算，从人、财、物各方面给予大力支持。市政府随即制定《赤水市编制自然资源资产负债表工作实施方案》和《赤水市编制自然资源资产负债表试点工作部门沟通协调机制》，明确各成员单位工作职责、工作流程、时间表和路线图，将任务分解到单位，责任落实到单位，一级抓一级，层层抓落实。各成员单位成立专门工作机构，落实工作责任，“一把手”亲自抓，分管领导具体抓，专人负责抓落实。

编制自然资源资产负债表是一项全新的工作，没有现成的经验可借鉴。市统计局、国土资源局、林业局、农牧局、水务局、环境保护局等相关单位领导和工作人员，认真学习和研究编制自然资源资产负债表涉及的内容，学懂弄清自然资源资产负债核算概念、范围、内容、方法、基础数据及取材渠道，在实践中摸索、研究、提高，逐步掌握和运用相关业务知识和操作技术。

为确保试点顺利开展，市政府建立信息共享机制，各成员单位结合各自工作实际，按照《试点方案》和部门沟通协调机制统筹安排，有计划、分步骤地抓落实。试点期间，在贵州省主管部门的协调下，建立了省、市、县三级联动机制。赤水市各成员单位及时与贵州省、遵义市统计部门和相关主管部门沟通联系，争取技术指导，互通信息，相互支持，相互配合，建立上下联动、密切合作关系。主动配合国家、省调研组到赤水调研，争取业务指导，使试点中遇到的专业问题和实际困难及时得到解决。

为扎实推进试点工作，赤水市先后召开 12 次成员单位会议，听取各有关部门搜集整理土地、林木、水资源等账户基础资料情况汇报，对搜集过程中存在的技术方法不成熟、统计数据体系不健全、自然资源资产负债界定不明晰等具体问题及困难、对缺失数据抽样调查或补充调查展开讨论，对填报的各个账户逐一审核评估，集思广益，找到解决问题的科学办法。各成员单位围绕土地、林木、水资源等 519 项指标，收集、加工、整理、编制上万个数据，基本摸清了全市自然资源资产负债情况。

2016 年 7 月底，国家统计局会同国土资源部、农业部、水利部、环境保护部、国家林业局等部门专家，对赤水市报送的自然资源资产负债表进行审核评估，专家一致认为：赤水市编制的自然资源资产负债表技术方法与路线科学可行，数据真实可靠。赤水市自然资源资产数据质量得到国务院相关部委认可。

赤水市县级自然资源资产负债表编制试点工作取得的成果，为开展生态文明建设和自然环境保护提供了可靠的科学决策依据；为市委、市政府对相关市直部门、乡镇、村、组及相关岗位负有自然资源资产保值增值责任的干部，进行离任审计、追责问责、考核晋升提供了客观科学的指标体系；为深入开展生态文明建设提供了明确的奋斗方向。赤水试点经验为全国县级开展自然资源资产负债表编制管理工作，提供了可借鉴、可复制的典型样本。

四、严守红线、底线、上线

牢固树立底线思维，将经济发展、资源开发限制在资源环境承载能力之内，划定生态保护红线、环境质量安全底线、自然资源利用上线“三条线”和环境准入负面清单，为自然资源开发利用、生态环境保护和绿色脱贫、绿色发展提供科学决策依据，推进生态文明建设。

1. 生态功能保护红线

赤水拥有“中国丹霞世界自然遗产地”“赤水丹霞国家地质公园”“赤水桫椤国家级自然保护区”“长江上游珍稀特有鱼类国家级自然保护区（赤水段）”“赤水国家级风景名胜区”“赤水燕子岩国家森林公园”“赤水竹海国家森林公园”等国家级乃至世界级自然保护地和风景名胜区。

赤水市为加强对各级、各类保护区生态环境和生物多样性的保护，探索建立生态保护红线制度，2014 年启动生态保护红线划定工作。为确保生态红线的科学性和可操作性，市委、市政府委托贵州师范大学专家团队帮助勘察划定生态保护红线。2017 年，贵州启动全省生态保护红线划定工作，赤水市与贵州省环境保护厅委托全省生态红线划定第三方开展深度合作，确定生态保护红线区域主要分布在元厚、两河口、大同、宝源、丙安、葫市、官渡和石堡 8 个乡镇，划定生态保护红线 889.29 平方公里，占全市国土面积的 48.02%，红线内严禁开发建设任何项目。自然保护区独特的生态系统十分珍贵，也十分脆弱，一旦遭到人为破坏，极难修复，甚至无法修复。世界自然遗产地、各自然保护区所在地党委、政府和广大人民群众，天然承担保护人类共同财富的神圣职责。

市委、市政府明确在赤水河、习水河（赤水段）历史最高洪水线以上，第一山脊分水岭以下，坡度在 25° 以上地域，采取封山育林、退耕还林、水土保持治理等措施，增加林草植被，增强保持水土、涵养水源能力。在最高洪水线以上区域内可利用建设用地，集镇和村庄建设严格执行乡村建设规划，对可能造成水土流失的生产建设项目，生产建设单位依法编制水土保持方案和环境影响评价报告，按照经政府相关部门批准的水土保持及环评方案，采取科学可行的水土流失预防和治理措施方可建设。

招商引资项目或企业，优先考虑自然资源条件、生态环境承载能力以及保护流域生态环境的需要，将节水、节能、节地、资源综合利用、可再生能源项目列为重点发展领域，采取科学严密、切实可行的措施，发展低水耗、低能耗、高附加值产业。

划定和严守生态保护红线，加强对生态红线保护工作的督查考核，发挥主体功能区作为国土空间开发保护基础制度的作用，完善落实配套政策，建立健全生态环境保护管理制度，切实保护好山体、森林和水体，推动重点开发区、农产品主产区、重点生态功能区按主体功能保护、开发、利用和发展。

2. 环境质量安全底线

按生态旅游城市定位，明确市域空气质量必须优于国家二级标准、所有水环境质量达到国家Ⅲ类水质标准、集中式饮用水源水质 100% 达标、噪声环境质量符合功能区划质量管理要求。

投入 7 亿元，修建环保基础设施和集中整治赤水河流域环境，建成 13 个乡镇生活污水处理厂、23 个人工湿地污水处理项目和 14 个垃圾压缩站，实现城乡生活污水、垃圾处理全覆盖。

建立赤水河流域资源使用管理制度。根据相关法律法规，制定《赤水市关于水资源管理暂行办法》《赤水市推动落实最严格水资源管理制度重点工作任务的通知》和《赤水市关于最严格水资源管理制度考核暂行办法》等文件，建立完善取水许可审批、取水许可总量控制、用水定额核定等制度。明确要求取水单位或个人必须严格按经批准的年度取水计划取水，超计划或超定额取水，对超计划或超定额部分累进收取水资源费。推行阶梯水价，提高超额用水成本，提倡和鼓励机关、单位、企业、城乡居民节约利用水资源。

加强赤水河流域生态环境保护，对赤水市及周边县市经济社会发展环境具有重要作用。赤水市先后制定了《赤水市关于加强环境保护重点工作的意见》《赤水河流域（赤水段）环境保护规划》和《赤水市河长制考核办法》等文件，对生态环境保护工作和流域污染防治做了全面部署和组织实施。

合理规划产业空间和建设项目布局。对重点风景名胜区、世界自然遗产核心区、饮用水源保护区等环境敏感区域，坚持以保护为重，不追求短期经济利益，严禁破坏性项目建设。

严把环保准入关。对不符合环保法律法规和产业政策的项目，对高耗能、高污染和资源性项目，对饮用水源保护区等环境敏感区产生重大影响、群众反映强烈的项目，对超过污染物总量控制指标、生态破坏严重的项目，一律不予审批、核准和备案。

严格执行环保“三同时”制度。要求所有建设项目的环保设施必须与主体工程同时设计、同时施工、同时投入使用。配套建设的环保设施经验收合格后，建设项目方可正式投入生产或使用。对未能通过环保“三同时”验收的，不予项目综合竣工验收。

建立赤水河流域联动保护机制。与贵州省习水、仁怀、桐梓、播州和四川省古蔺、叙永、合江7个相邻县（市、区）签订了《赤水河流域环境保护联动协议》，建立联席会商、信息通报、联合监测预警、环境应急联动等多重保障制度，共同研究解决赤水河流域环境保护有关问题，确保环境联合执法工作有效开展，取得实效。

加大日常监察力度。利用人大“环保世纪行”和“六个一律”（建设项目未经环评审批及未按环评要求落实污染防治设施的一律停建、停产；对环保设施不正常运行、污染物超标排放、私设暗管等环境违法行为一律依法从重处罚；对直接向环境排放污染物的单位一律依法足额征收排污费；排污单位严重违法导致较大以上突发环境事件和造成严重后果且社会影响恶劣，负有监管职责的国家公职人员存在失职、渎职行为的，一律追究行政责任，涉及国有企业的，同时追究国有企业相关人员的行政责任；对污染饮用水水源，非法排放、倾倒、处置危险废物，非法排放含重金属、持久性有机污染物等严重危害环境、损害人体健康，私设暗管排放、倾倒、处置有放射性的废物、含传染病病原体的废物、有毒物质等严重污染环境违法行为，构成犯罪的，一律移交司法机关追究刑事责任；对排污企业环境违法行为一律向社会公开，接受社会监督，并进入环保黑名单，记入贵州省企业诚信信息网信用信息数据库，对其进行失信惩戒）环保利剑等活动，结合日常巡查，加强对建设项目、饮用水源保护区和重点污染源的监管，采取企业“一源一档”管理、严格控制企业排污总量、推广清洁生产、设立“12369”环保投诉热线等管理措施。“十二五”以来，全市未发生一例重大污染事故。

实施流域治理工程。加大造竹工程建设和天然林保护工程力度，促进自然生态系统质量稳定提高和生态资源总量持续增加。完成小型水利水保工程615处，治理水土流失面积420.17平方公里，赤水河向长江的排沙量减少80%。划定畜禽禁养区，优化畜牧养殖污染治理。建成1个利用建筑弃土年产300万平方米新型墙体材料厂、两个利用粉煤灰生产空心免烧砖建材厂，年产量共计达3000万块，每年减少固体废物排放量约6万吨，节约煤炭近6000吨。全境河流断面水质明显改善，鲢鱼溪国控出境断面、城区甲子口集中式饮用水源地水质均优于国家III类地表水环境质量标准。

建立农业农村污染整治制度。实施“清洁乡村”计划，市财政、环保、水务、农牧等部门，利用“一事一议”“农村环境综合整治”“清洁小流域”和“农村清洁工程”等项目资金，先后实施旺隆镇新春村、葫市镇葫市村、金沙村、元厚镇米粮村、五柱峰村、长沙镇长沙村和宝源乡宝源村7个村的生活污水处理或垃圾收运项目。推进农村饮水安全工程建设。2014年投入资金963万元，实施23个农村饮水安全工程，解决了1.8万人的饮水安全。

2016年12月，加大农业农村污染治理力度，以建设“水清、地洁、土净、气新”美丽乡村升级版为导向，以整治农村环境脏、乱、差为重点，启动“治污治水·洁净家园”五年攻坚行动，成立以市委书记为总指挥，市长为指挥长，市人大常委会副主任、市政府副市长、市政协副主席为副指挥长，市环保局、城管局、水务局等单位为成员的攻坚行动指挥部，下设指挥部办公室，全面统筹开展攻坚行动。制定《赤水市“治污治水·洁净家园”五年攻坚行动方案（2016—2020年）》，细化工作任务及单位责任。市政府与市直相关部门及乡镇签订攻坚行动目标责任书，明确分年度目标责任，要求到2020年全市实现污水、垃圾处理设施全覆盖，农村集中供水率达85%，农村生活污水、垃圾处理率达90%以上。

整合农村环境综合整治资金、农村清洁工程资金、清洁小流域治理资金、赤水河流域环保专项资金和财政“一事一议”资金，采取人工湿地工艺、一体化生活污水净化系统和“一体化净化器+人工湿地”等工艺，在农村居民聚居点、高速公路沿线、赤水河沿线和景区沿线，全面开展农村生活污水治理设施建设，已完成33个农村生活污水治理设施项目。结合开展农村人居环境改造“10+N”行动计划，着力改善全市90个行政村人居环境，用3年时间实现农村污水治理设施全覆盖。

开展城区沿河零星污水治理，投资1000万元，对河滨路南桥路口、东门码头和政府小广场3个中心城区零星排放的污水进行收集处理。投资100万元，修建污水管网，完成了同盛酒店路口、双龙桥一带生活污水管网改造工程。

开展农村集中供水建设，完善村民集中式饮用水基础设施，农村饮用水有了有效保障。采取自来水站管理、用水户协会管理和村委会管理等方式，建立完善集镇和农村供水管理机制，全市农村集中供水率达 85%，提前实现攻坚目标。

加强农村面源污染治理，改善生态环境。制定《赤水市畜禽养殖禁养区、限养区划定方案》，建立农村面源污染治理制度。加强农药、化肥使用技术指导，减少农村面源污染。举办农药、化肥、饲料经营人员培训班，培训农民和专业技术人员。建立 5 个农药减量控害（绿色防控）示范点，两个化肥零增长示范基地和 3 个确保农产品质量安全示范区。

推行测土配方施肥。每年测土配方施肥面积 20 多万亩，指导农民合理购肥、科学施肥，农作物产量增产率稳定在 9% 左右。组织专业人员定期清查全市废弃农药、危险废弃物，严格规范化管理，有效遏制土壤农药污染。

3. 自然资源利用上线

先后下发《赤水市森林资源可持续健康发展的意见》《赤水市 2015 年竹基地建设工作的意见》《赤水市〈全民“月月造林”实施方案〉的通知》《赤水市〈国有林场改革工作方案〉的通知》等文件，建立健全森林资源管理体系，严格执行林地占补平衡制度，每年减少森林采伐蓄积量 7 万立方米。实施国家退耕还林、世界银行贷款造林等工程造竹，竹林总面积达 132.8 万亩。实施“增彩添色”工程和“月月造林”行动，近些年新造林 10 万亩。自 2011 年以来，全市森林覆盖率每年递增 1 个以上百分点。

认真践行国务院发布《大气污染防治行动计划》确定的大气污染防治十条措施（“气十条”），强化大气污染防治，切实改善环境空气质量，保障人民群众身体健康。先后印发《赤水市大气污染防治行动计划实施方案》《赤水市高污染燃料禁燃区划定方案（试行）》《赤水市十大行业治污减排全面达标排放专项行动方案》等文件，全面开展环境空气整治。全市 12 台 20 蒸吨以下燃煤锅炉和黄标车辆全部淘汰，推行出租车、公交车改用天然气。民用清洁能源达 98% 以上，农村清洁能源使用率达 80% 以上。建筑工地和道路扬尘实行网格化管理，城区主要路段完成绿化、美化，40.8% 的建成区实现绿化覆盖。

认真践行国务院发布的《水污染防治行动计划》（“水十条”）。境内共有

83条河流，总长1254.2公里。为全面推进水污染防治工作，着力改善水环境质量，成立以市委书记、市长为“双组长”的赤水市河长制工作领导小组，制定《赤水市全面推行河长制工作方案》，建立河长制工作制度，组建市级、乡镇级和村级三级河长，共设市级河长21名，乡镇级河长103名，村级河长199名，实现市域所有河流河长全覆盖。制定《赤水市河长制考核办法》，建立健全责任追究制度，明确河长、河长制办公室及责任单位职责。建立河长制工作市级会议制度和信息报送及通报等制度，定期或不定期对各级河长进行督导考核，河长巡河实现常态化，环境保护河长制得到有效落实。加强重点河流及饮用水源地保护，强化环保监督管理，全面提升环境监管能力。

通过实施农村人居环境改造、“七改、一增、两治理”行动计划，开展“四在农家·美丽乡村”建设和“小康六项行动”等活动，强力推进农村基础设施建设。目前，全市90个行政村已全部配置生活垃圾收集转运设施，建成村级污水治理设施66套，进一步完善农村污水治理设施。全面完成农村集中供水设施建设，村民安全饮水得到有效保障。

建立健全水环境监测网络，建有鲢鱼溪、长沙国控断面和九龙屯县界断面3个水质自动监测站，开展地表水水质监测，全面掌握流域水环境质量变化，有效加强水环境保护。赤水河、习水河（赤水段）水质常年均优于Ⅲ类水质标准。

认真践行国务院颁发的《土壤污染防治行动计划》（“土十条”），推进未污染土壤保护、控制污染源、土壤污染治理与修复三大任务，制定《赤水市农村畜禽粪便综合利用实施方案》《赤水市农膜综合利用实施方案》《赤水市农药使用量零增长行动实施方案》和《赤水市化肥使用量零增长行动实施方案》等方案，编制《赤水市土壤污染调查方案》，开展土壤污染调查，掌握土壤环境质量状况，查明农用地和重点行业企业用地污染分布及环境风险，提供防治指导性意见。以村庄为点位布设单元，统筹考虑经济发展程度和环境污染程度，在市域内选取涵盖种植型、工业型、生态型3种类型的村庄和5个具有代表性的村庄，布设15个点位，持续开展土壤环境质量监测与评价。

加强土地用途管制，坚持以主体功能区为基础，统筹各类空间规划布局，推进“多规合一”，在市级层面实现一本规划、一张蓝图。建立由空间规划、用途管制、领导干部自然资源资产离任审计、差异化绩效考核等构成的空间治理体系，生态环境保护取得显著成效。

五、建立生态环境保护制度

坚持生态立市，绿色发展战略。市委、市政府组织市发改、农牧、工业、林业、水务、旅游、国土、城建、环保、监察、司法等各有关职能部门，着眼绿色扶贫、绿色脱贫和绿色发展，牢牢记取中外发展经济“先污染，后治理”的惨痛教训，做出战略调整，淘汰落后产能，立足自然资源禀赋，发展生态农业、生态工业、生态旅游和绿色城镇，使开发扶贫、脱贫攻坚、经济建设和社会发展有法可依、有章可循，推进经济社会快速、协调、健康发展，可持续的科学发展。

1. 建立政策法规支撑体系

为绿色发展提供政策法规支撑。做好顶层设计，完善主体功能区规划，发挥政府规划的权威管控和引领作用。实施以主体功能区为导向的科学评价和差异化分类考核办法，发挥激励、鞭策、引导和约束作用。

制定节能、节水、节地、节材、清洁生产、循环利用、污染物排放、环境监测等强制性标准，加大对损害生态环境行为的监管和依法处罚力度。实行保基本、促节约的居民用水、用气等阶梯价格制度，提高节能环保门槛，倒逼生产方式和生活方式向绿色转型。金融、税务部门密切配合，推出“绿色信贷”、“绿色税收”扶贫政策，加大对绿色产品研发、开发、绿色技术推广政策扶持力度，激励生产企业和千家万户践行绿色生产、绿色生活，做到力所能及、有所作为。

为生产方式、生活方式绿色化提供法律法规和政策支撑。生产生活方式绿色化转型需要的法律法规、政策、经济、科技等手段共同发力，打好“组合拳”，强力推进水、大气、土壤污染防治，发展节约能源、节约资源的循环经济。修订污染物排放、能耗、水耗等方面的标准，实施能效和排放绩效“领跑者”制度，探索建立与国际接轨的环保和能效标识认证制度。

严格执行国家产业政策和环保法律法规，抓好建设项目总量核定、排污许可证发放等措施的落实，实施重点节能减排项目生物质发电项目。

严格执行国家产业政策和环保法律法规，抓好建设项目总量核定、排污许可证发放等措施的落实。严格监管重点耗能减排企业，综合运用法律、经济、行政等手段，加快淘汰“两高一低”落后产能。2017 年，对纳入《赤水市固定污染源排污许可分类管理名录》的企业，按时限办理排污许可证。目前，已完成造纸、水泥行业排污许可证办理工作。实施 3 个重点节能减排资源综合利用项目：赤水市幸福源生物科技有限公司《年产 10 万吨有机肥生产线改造》、工业节约能源项目赤水市元甲光电有限公司《年产 100 万只（套）LED 高效节能灯具专用电源生产线建设项目》和资源综合利用项目赤水浩城竹业有限公司《年产 120 万个无胶竹砧板生产线建设》。加快淘汰“两高一低”落后产能，已淘汰一条落后生产线。合理规划产业空间和建设项目布局，对重点风景名胜区、世界自然遗产核心区、饮用水源保护区等环境敏感区域，坚持以保护为重，不追求短期经济利益，严禁上破坏性项目。

加大环境保护监管执法力度。制定和实施《赤水市环境保护工作网格化监管实施方案》，对环境保护工作实行严格的网格化管理。建立市公安、检察、法院、司法、环保联席会议制度和环保联合执法机制，研究和解决环境执法存在的问题。开展“六个一律”环保“利剑”行动、“风暴”行动、“绿盾”行动和自然保护区监督检查等专项执法行动。加强对各类自然保护区等环境敏感区域、工业园区、医疗行业、酿酒行业、建筑施工等进行全面督促检查。积极参加遵义市环保局和泸州市环保局组织的跨流域联合监察工作，加强赤水河流域川黔渝毗邻区域环境保护，推行信息互通、协力共管联动模式。制定《赤水市环境违法行为举报奖励暂行办法》，引导鼓励公众参与环境保护监督，“12369”投诉热线等渠道反映的各类环境问题得到及时解决，严肃查处环境信访投诉案件，有效提升生态环境安全保障水平。近年来，全市未发生环境污染重大责任事故、严重生态破坏责任事件和重特大突发环境事件。

提升环保能力建设。健全环保执法、环境监督机构，加强执法监督队伍建设，提高执法监督人员素质和环境保护能力。构建完备的执法体系和先进的监测体系，为生态文明建设和国民经济发展保驾护航。将环境监察大队升格为副科级单位，编制由原来的 7 名增加到 20 名，执法人员大专以上学历达 94%，持证上岗率达 100%。建成 3500 平方米的环境监测执法业务用房，配备相应的执法设备，满足环保业务办公需要，提升环保履职能力和工作效率，2014 年通过贵州省环境监察能力三级标准化建设验收。

赤水市环境保护监测站现有编制11人，其中高级工程师2人，工程师4人，助理工程师4人，大专以上学历达100%。设置有办公室、业务室、综合技术室、质量管理室4个科室，业务用房1000平方米，各类仪器设备44台（套），主要仪器设备有原子吸收分光光度计、红外分光测油仪、紫外分光光度计以及大气、水质、噪声、生物等监测仪器设备。2014年12月，通过贵州省环境保护厅西部三级站标准化建设验收。市环境宣教中心、市环境信息中心与环境监测站、环境监察大队共同形成快速反应综合执法体系。

构建覆盖全市城乡的环保监管网络。建立乡镇、村、村民组环保工作者队伍，乡镇设立生态环保工作站，村设置生态环保委员，村民组实行生态志愿者轮值制度。结合河长制，形成横到边、纵到底的生态环保监管体系。建立科学合理的农村生态环保工作机制，实现从被动应付到主动监管的转变。

着力推进生态文明建设，算环境保护和生态文明建设大账，敢于担当，不计较眼前一时的经济利益，实施绿色发展转型，根据功能分区和生态承载能力，提高项目准入门槛，先后关停并转32家高污染、高能耗、高排放企业，涉及产值1.5亿元，每年因此减少税收近5000万元。加快发展15种绿色经济生态利用型、循环高效型、低碳清洁型、环境治理型“四型”产业，全面扭转高投入、高耗能，低效益、低产出“两高两低”经济发展模式。

坚持环境影响评价制度。制定《赤水市建设项目环境影响评价管理实施方案》，全面推进建设项目环境影响登记、建设项目试运行和验收网上备案工作，严格执行规划环境影响评价制度，切实把好建设项目环保准入关。在项目环评审批中，严格执行“五个一律不批”，即对国家明令淘汰、禁止建设、不符合国家产业政策的项目一律不批；对高能耗、高污染和低水平重复建设及污染物不能稳定达标排放的项目一律不批；对环境质量不能满足环境功能区要求、没有污染物排放总量指标的项目一律不批；对位于生态保护红线内的项目一律不批；对无成熟可靠污染治理技术的项目一律不批。着眼长远，着眼未来。鼓励支持发展技术先进的项目和采用先进工艺的项目，严防环境影响评价把关不严新上项目产生新的污染而破坏生态环境，先后拒绝年产30万吨瓦楞原纸项目、FPC（柔性线路板）产品项目和高密度等静压石墨制造与加工项目等高污染项目入驻赤水。

切实治理保护环境。2017年4—5月，中央环保督查进驻贵州，下沉赤水一线督查，赤水市如实汇报生态文明建设、环境影响评价和环境治理保护工作情况，积极配合中央督查工作。市委常委会、市政府常务会分别研究部署中央环保督查指出的突出环境问题整改工作，市委书记、市长和分管副市长多次专题调度整改，加大整改力度，高位推动，全面深入整改。精准对标，细化突出环境问题整改措施、整改时限，落实具体责任单位、责任领导，成立突出环境问题整改专门班子，按照“一个问题、一个专档、一个方案、一个专班”的要求，确保整改扎实推进，圆满完成整改任务。

坚持从严问效问责。认真贯彻落实贵州省、遵义市关于环境保护督察工作的决策部署，对存在的问题严格整改，立行立改。市委、市政府责成督查局、环保局跟踪督查整改情况，对在突出环境问题整改工作中推诿拖延、弄虚作假的责任单位和责任人严肃问责，用务实作风和严肃纪律推动整改落实，保障整改如期完成，按质量标准要求完成。

按照《贵州省建设项目环境影响评价文件分级管理目录》和《赤水市建设项目环境影响评价分类管理目录》的规定，办理环保审批手续，督促建设单位落实污染治理措施及“三同时”制度，切实做到需要配套建设的防治污染和其他公害的环境保护设施必须与主体工程同时设计、同时施工、同时投产使用。

2. 推行生态环境损害责任追究制度

把生态文明建设摆在优先位置，实行党委和政府领导班子成员生态文明建设“一岗双责”制，将生态环境保护执行情况作为领导干部任用的重要依据。制定《赤水市领导干部生态环境损害责任追究办法》，建立健全严格的生态环境保护督察机制和责任追究制度。

制定生态文明建设监管责任清单，严格执行相关法律法规，确保法定职责必须为，将森林保护“六个严禁”（严禁盗伐滥伐林木，严禁掘根剥皮等毁林活动，严禁非法采集野生植物，严禁烧荒野炊等容易引发林区火灾行为，严禁擅自破坏植被从事采石采砂取土等活动，严禁擅自改变林地用途造成生态系统逆向演替）、环境保护“六个一律”落到实处，与周边13个相邻县（市）订立赤水河联动保护机制，在森林防火、环境执法、动植物保护等方面开展深度合作，强化查处惩戒。近年来，共立案查处各类环境违法行为案件65件，办结破坏环境资源案件36件56人，罚款214.7万元，形成强大震慑力。

作为全国首批生态文明体制改革试点县，赤水市推进生态文明体制改革，编制的《赤水市生态环境损害赔偿改革试点实施方案》，经2017年8月13日第七届市人民政府第14次常务会议暨第17次市长办公会议审议通过，已印发全市实施。

启动生态环境损害赔偿制度改革试点，明确生态环境损害赔偿责任主体、生态环境损害赔偿范围、适用范围、索赔主体和损害赔偿解决途径、规范生态环境损害鉴定评估管理与技术体系、赔偿资金保障及运行机制，确保改革试点的科学性、普遍性和可操作性。建立完善生态环境损害担责、追责体制机制。

赤水市生态环境损害赔偿改革体现四个特点：环境有价，损害担责。明确生态环境损害无法修复的，实施货币赔偿，用于替代修复；注重磋商，司法保障。明确发生生态环境损害后，赔偿权利人可以与赔偿义务人磋商，未经磋商或磋商未达成一致的，赔偿权利人可依法提起诉讼；信息公开，信息共享。实行公众监督，邀请专家和利益相关公民、法人和其他组织参与监督；依法推进，鼓励创新。立足赤水实际，由易到难，积极稳妥地推进改革试点。

3. 建立排污权市场交易制度

优化环境资源配置，培育和规范排污权交易市场。建立排污权有偿取得和环境成本合理负担机制，促进主要污染物总量减排和资源节约型、环境友好型社会建设。制定《赤水市推进排污权有偿使用和交易实施方案》，探索排污权有偿使用交易，鼓励和引导有污染物总量需求的企业进行排污权交易。排污权有偿使用和交易遵循市场配置、分类指导原则，实行现有排污单位和新（改、扩）建项目差别化政策。推进现有企业排污权有偿使用，有排污权需求的建设项目，通过市场交易取得排污权。在市政府指导帮助下，赤天化纸业股份有限公司在省排污权交易平台完成二氧化硫、氮氧化物总量购买，成为赤水首个进行排污权交易的企业。

4. 环境治理市场化、专业化、产业化

党的十八届三中全会明确提出："建立吸引社会资本投入生态环境保护的市场化机制，推行环境污染第三方治理。"这是环境管理制度改革的重大创新，是

建立拓展环保市场的重大举措，也是转变传统治污模式的历史机遇。赤水市推进治污集约化、运营市场化、产权多元化改革，探索建立环境污染第三方治理模式，以市场化、专业化、产业化为导向，加强环境治理与保护，实现国控污染源在线监控、工业污水、城镇生活污水、垃圾及环卫保洁等市场化运营管理，全面改善和提高城乡生态环境质量，全面提升生态效益、经济效益和社会效益。

随着市场经济体制的建立和完善，赤水市原有的环保设施建设、运营和管理方式，全由排污企业承担的管理模式，存在的弊端逐步显现：由于排污企业受生产规模、经济实力、技术水平和管理能力等因素的制约，自身承担建设污染治理设施的难度较大，管理运行效率低，影响污染治理效果，加之一些企业环保意识淡薄，排污违法成本偏低，导致污染设施处于不正常运转状态，给监督管理增加难度，生活和工业污染难以得到有效控制。

新形势下的环境治理压力，促使政府推进环境治理体制改革，建立第三方污染治理制度，拓宽环境治理领域。采用 PPP（公私合伙制）模式，吸取社会资金参与城乡垃圾、污水整治。探索建立环境污染治理市场化机制，引进先进技术和管理经验，解决环境污染治理设施工艺落后、资金不足、能力有限、运行维护管理效率低、不能稳定达标排放等突出问题。制定《赤水河流域环境污染第三方治理实施方案》，排出环境保护公共基础设施第三方运营时间表，有序推进第三方治理。

以第三方治理为突破口，把市场机制引入环境污染治理领域，把排污企业的直接责任转化为间接经济责任，把污染治理交给专业化环境服务公司有偿承担。环境治理围绕“水清、地洁、土净、气新”战略目标，着力从“建、修、管、治、创”五个方面实施综合治理。

开展国控污染源在线监控第三方运行管理。引入贵州巨正环保公司对赤水市污水处理厂在线监控系统进行运行管理，实时监控进出水浓度，对污水处理厂污水处理系统实施可控调度，为企业和政府提供治理整改科学依据，确保实现年度减排目标。

推进生活垃圾第三方治理。2012 年，通过招商引资引进贵州季明环保有限公司，总投资 3750 万元，采用焚烧工艺建成赤水生活垃圾无害化处理场。2016 年 12 月，与广西鸿生源环保科技有限公司达成合作协议，总投资 1.2 亿元（其中政府投入4000万元），采用微生物水洗分选综合利用技术，建成日处理200吨生活垃圾无害化处理项目并投入运行。建设赤水市城乡生活垃圾收运系统工程，建成17座垃圾压缩中转站，配置12台转运车、48台勾臂式垃圾车、600个可卸式垃圾箱。17个压缩站全面建成投入使用，乡镇覆盖率达100%。政府采购400个垃圾箱分发到大同、复兴等14个乡镇，有效提升乡镇垃圾收集能力，全市城乡生活垃圾无害化处理率达90%以上。

推进环卫保洁市场化运行管理。2017年5月，通过公开招标程序，确定三亚明佳园林环卫集团有限公司为赤水市环卫保洁市场化运作中标人，负责维护中心城区主次干道公共区域、垃圾箱、果皮箱、公厕、人行护栏等，合同期5年，赤水市每年支付经费1900万元。

推进生活污水第三方治理。2014年起，采取BT（建设—移交）融资模式、BOT（建设—经营—转让）模式，以及PPP等模式，大规模实施城乡污水治理设施建设。投资1.8亿元，建成大同、复兴、丙安、旺隆、元厚、葫市、长沙、官渡以及长期9个乡镇污水处理厂并投入运行，日处理生活污水规模7300吨，出水水质均达到《城镇污水处理厂污染物排放标准》一级A标后排放。投资2200万元，完成宝源、两河口、石堡、白云、丙安5个集镇人工生态湿地污水处理工程，日处理生活污水规模1500吨，出水水质达到《城镇污水处理厂污染物排放标准》一级B标后排放。全市累计完成投资4.37亿元，在城镇及村共建成污水处理设施82处，其中城镇生活污水处理厂10座、集镇人工湿地处理设施5处，村级污水处理设施65处，工业污水处理厂两座，全市日处理污水规模达3.98万吨，率先在全省实现城镇污水处理全覆盖。

推进工业污水第三方治理。2014年7月，赤水市经济开发区管委会通过BOT模式招商，与四川成杰环保科技有限公司达成合作协议，投入资金4000万元，2015年完成日处理3000吨严家河污水处理厂和日处理500吨复兴白酒园区污水处理厂建设。严家河污水处理厂采用一体化氧化沟、紫外线消毒工艺处理污水，处理达到《城镇污水处理厂污染物排放标准》一级标准后排放。复兴白酒园区污水处理厂采用生化组合工艺，处理达到《发酵酒精和白酒工业水污染物排放标准》规定标准后排放。两座污水处理厂由严家河污水处理有限公司负责日常运行管理，每吨收取2.47元污水处理费，运行29年后移交政府。

第二节　坚持绿色发展

2015 年 10 月 29 日，中国共产党第十八届中央委员会第五次全体会议通过的《中共中央关于制定国民经济和社会发展第十三个五年规划的建议》，明确提出“坚持绿色富国、绿色惠民，为人民提供更多优质生态产品，推动形成绿色发展方式和生活方式”。这是党中央对“十三五”时期生态文明建设的顶层设计和战略部署，是党中央治国理政的新理念，对于深刻认识生态文明建设的重大意义，坚持绿色发展理念，正确处理好经济发展同生态环境保护的关系，坚定不移地走生产发展、生活富裕、生态良好的文明发展道路，加快建设资源节约型、环境友好型社会，推动形成绿色发展方式和生活方式，推进美丽中国建设，实现中华民族永续发展，夺取全面建成小康社会决胜阶段的伟大胜利，具有十分重要的战略意义、现实意义和深远历史意义。

牢固树立绿色发展理念，加快推进生产生活方式绿色化变革，实现人与自然和谐发展、经济增长与环境保护共赢，是思想观念、消费方式、社会治理等领域的一场深刻变革。市委、市政府广泛宣传动员和组织全市各机关单位、各部门、各行业、社会各界人士及全社会成员参与和践行节约资源、节约能源和保护环境，实现生产生活方式和消费模式逐步向绿色化转变，逐步显现绿色化变革给赤水带来的环境效益、经济效益和社会效益。

一、根植绿色发展理念

2018 年 7 月 7 日，生态文明贵阳国际论坛 2018 年年会在贵州省贵阳市开幕。国家主席习近平向论坛年会致贺信指出：生态文明建设关乎人类未来，建设绿色家园是各国人民的共同梦想。国际社会需要加强合作、共同努力，构建尊崇自然、绿色发展的生态体系，推动实现全球可持续发展。

习近平总书记多次强调“保护生态环境就是保护生产力，改善生态环境就是发展生产力”。关于生态就是生产力的科学论断，从思想和理论高度揭示了生态环境与生产力之间的辩证关系。绿色发展是以效率、和谐、持续为目标的经济增长和社会发展方式。当今世界，绿色发展已成为文明进步的时代潮流，许多国家把发展绿色产业作为推动经济结构调整的重要举措，突出绿色发展理念和内涵。绿色发展理念以人与自然和谐为价值取向，以绿色、低碳、循环为主要原则，以生态文明建设为基本抓手。

赤水市委、市政府和各乡镇党委、政府、市直各主管部门负责人，力求将绿色发展理念化为自觉行动，在生态文明建设和生态环境保护中率先垂范，用实际行动扭转较长时期以来，自觉不自觉地将环境保护与经济发展对立的传统观念和错误做法，从生产方式、生活方式、能源利用、资源消费到空间布局等方面，自觉推行绿色发展、可持续的科学发展。牢固树立生态文明建设是为中华民族永续利用、永续发展和为子孙后代造福的理念，用发展的、长远的战略眼光，看待经济发展与环境保护问题，不计较经济转型中眼前的、短期的、局部的利益得失。看清生态环境恶化是长期积累的沉疴痼疾，实现生产生活方式向绿色化转型，没有灵丹妙药，不可能一蹴而就，是一个渐进、漫长和艰苦的奋斗过程。市、乡、村各级领导带头将绿色发展理念深深根植心中，从点点滴滴做起，用自己的绿色生产生活行动影响身边的每一个群众，带动群众自觉践行绿色发展理念，在赤水全域形成“人人为环保、环保为人人”的清新风气。

市委、市政府编制了《赤水市国家级生态市建设规划》《赤水市“十三五”环境保护规划》《赤水河流域（赤水段）环境综合整治攻坚行动方案》等一系列加强环境保护和生态文明建设的规划和实施方案。扎实推进“绿色贵州”建设三年行动计划，加强国家重点水土保持、天然林资源保护、退耕还林等重点生态工程建设，切实保护丹霞世界自然遗产、国家级自然保护区、国家级风景名胜区、国家森林公园、国家地质公园等自然资源。深入开展国家卫生城市、国家文明城市等创建和巩固提高活动，推进城乡“绿化、美化、亮化”工程建设，持续开展“月月造林、增色添彩”活动。推广新能源汽车，发展太阳能、生物质能和智能电网。强化约束性指标管理，落实能源和水资源消耗、建设用地总量和强度“双控行动”，实施全民节能行动计划。实行最严格的水资源管理制度和土地利用制度。推进形式多样、内涵丰富的生态文明基础建设，持之以恒地建设生态文明。

广泛开展绿色社区、绿色机关、绿色学校等创建活动，引导市民积极践行绿色生产和绿色生活，使每一位市民都努力成为环境保护、生态文明宣传者和践行者。以自身主动参与带动和影响身边更多的人，崇尚和践行绿色生产生活方式，成为大众化的主流选择，营造全民参与环保的浓厚氛围，推动形成绿色发展新常态。充分利用网络、微信、微博等新兴媒体和报纸、期刊、广播电视等传统媒体，广泛深入宣传有关绿色发展的知识及价值取向，逐步增强全市人民的忧患意识、节约意识与责任意识，使绿色发展理念成为社会主流价值观，绿色生产生活方式成为全市人民群众的自觉行为。

市委、市政府用绿色发展理念推进赤水河流域生态河、美景河、美酒河、英雄河、美丽乡村带、特色产业带、绿色城镇带、生态文化带“四河四带”建设，生产生活方式绿色、低碳水平明显提升，生态环境质量明显改善，能源资源开发利用效率明显提高，能源和水资源消耗、建设用地、碳排放总量得到有效控制，主要污染物排放总量大幅减少，重点流域水质达标率持续提高，土壤环境质量明显改善，空气优良率保持100%，生态环境质量状况指数稳居全省第一。

良好的生态环境是人民美好生活的重要组成部分，是赤水市对外开放、加快发展的重要优势和核心竞争力。全市上下坚持绿色发展、科学发展，全力维护“天蓝、地绿、山青、水净”的生态环境，创新体制机制，推动生态优势向发展优势、产业优势转化，建设生态文明先行示范区和赤水河流域生态经济示范区，走出一条发展与生态共赢的科学发展新路。

绿色发展已成为赤水市新时代发展新常态，成为新时代生态文明建设主基调。市委、市政府带领全市各级干部和各族人民坚持走生产发展、生活富裕、生态良好的现代文明发展道路，加快建设“资源节约型、环境友好型”社会，构建人与自然和谐发展现代化建设新格局，推进美丽赤水建设，使赤水的山更青、天更蓝、水更清、地更洁。

二、统筹推进绿色发展

市委、市政府坚持“在保护中开发、在开发中保护”的方针，依托丰富的自然资源优势，将产业扶贫、产业发展与生态文明建设紧密结合，统筹推进循环发展、低碳发展、绿色发展。

发展生态农业。以“十百千万”农业产业化、规模化、集约化发展为抓手，以信天药业（集团）、赤天化（集团）纸业股份有限公司、贵州奇垦农业开发有限公司等龙头企业为引领，优化农业产业结构，推动传统农业向绿色转型，推动

赤水市环境保护监测站规范化建设达到西部三级站标准，能独立开展大气、水质、噪声以及生物等监测，形成快速反应环境监测和监察执法体系。图为环保人员精心检测环保采集样品。（市环保局提供）

绿色农产品高品质、规模化、产业化、集约化发展。以生产方式绿色化提高生活消费绿色化、经济发展绿色化。全市无公害农产品产地认证达 3 万亩，有机产品认证面积达 1.1 万亩，生态农业规模不断发展壮大。

发展生态工业。以供给侧结构性改革为主线，以延长产业链为重点，以赤水经济开发区为抓手，走绿色、低碳、循环发展道路，重点打造以纸制品、家具、特色食品药品、竹集成材、新技术新材料为主的五大绿色新兴产业。加快传统产业绿色化改造进程，降低能耗和环境负荷，提高先进产能比重。以绿色消费模式倒逼生产方式向绿色转型，构建科技含量高、资源消耗低、环境污染少的产业结构，以生产方式绿色化程度提高经济绿色化程度。加强节能减排和降低能耗，通过先进技术和高效管理，实现生产全过程污染控制，对排放的废物进行环保处置，使污染物达标排放。开展节能量、碳排放权、排污权、水权交易试点，加快建立化学需氧量、二氧化硫等排污权有偿使用与交易制度，促进绿色资源资本化。加快赤水经济开发区生态化改造和建设跨产业生态链，实施近零碳排放区示范工程。以典型示范引路，带动全面发展，推进绿色工厂建设，在原料选择、生产工艺、产品消费、有效回收等各个环节，统筹绿色发展，2017 年赤水经济开发园区入驻竹加工企业 42 家、特色轻工业企业 55 家、特色食品药品企业 24 家和 12 家电子信息企业。

发展以全域旅游为引领的第三产业。立足赤水旅游资源禀赋，出台《中共赤水市委关于加快第三产业发展的意见》，把第三产业建设成为赤水经济社会发展的主导产业，形成较为稳定的三二一产业结构。2017 年全市三产企业 2156 户，三产市场主体达 1.93 万户，

四洞沟瀑布群第三级飞蛙崖瀑布，高 26 米、宽 43 米，上游河中带状石滩，形若游蛇，“蛇”前一只欲跳跃的“石蛙”，仿佛“蛇”正在追捕“石蛙”，大自然构造妙趣横生的“蛇蛙戏水图”。（刘子富　摄）

从业人员 4.81 万人，占全社会从业人员的 31.2%，成功列入生态产品价值实现机制试点县。探索创新生态产品价值评估核算、生态产品价值挖掘、交易市场培育和制度体系。

发展“资源——产品——消费——再生资源”物质闭环流动生态经济。赤水经济开发区已入驻的竹业循环经济园、食药品产业园、白酒产业园、旅游商品加工产业园、新兴产业和装备制造产业园、西南（赤水）家具产业园以及贵州新锦竹木、贵州红赤水生态食品等企业先行一步，率先把循环经济理念贯穿产业发展全过程，打造循环经济产业链。各个企业从自身实际出发，构建各具特色、优势互补的生态产业和循环经济链。引入高新技术，提升竹加工业、建筑垃圾等固体废物再利用，推进循环经济示范园区和绿色企业建设发展，为发展循环经济、坚持绿色发展道路提供看得见、摸得着、可复制的典型样本，引领全市工业企业绿色发展。

建立完善生态文明制度保障体系。推进绿色发展、循环发展、低碳发展，构建节约资源和保护环境空间格局、产业结构、生产方式、生活方式。深化认识和发展巩固赤水河流域生态文明制度建设成果，建立形成“源头严防、过程严管、后果严惩”三大制度体系。构建有利于发展循环经济、清洁能源、以“低能耗、低污染、低排碳”为主要特征的低碳产业，以及其他绿色产业发展的价格、信贷、税收和政府采购等政策支撑体系。强化生态红线保护和生态环境损害“两个问责”，建立健全科学合理的生态文明建设评估机制，引入专业、公平、公正、权威的第三方评估，充分运用权威评估结果，构建政府、市场、公众生态建设、环境治理、绿色发展体系。设立专项资金，建立健全生态文明建设成效考评机制。

赤水市“守牢两条底线、实现绿色崛起”的做法和取得的成就，得到中央有关部委和贵州省委、省政府的肯定，引起社会广泛关注。

三、加快绿色城镇建设

聚焦城区，推进城镇绿色化发展。按照“产城景互动，融合发展”理念，通过规划引领、城乡统筹、品质提升、精细管理，实现以城促产、以产兴城、以景聚人，建设“看得见山、望得见水、记得住乡愁”的靓丽赤水。到 2017 年，中心城区面积从 2010 年的 7.2 平方公里扩展到 19.5 平方公里，初步形成可承载 20 万人口的城市构架。城区规划面积为 74 平方公里，其中绿地、湿地和非建设用地 50 平方公里，提前实现“五年再造两个赤水城”的奋斗目标，城镇化率提升到 48.12%，正式纳入“国家重点生态功能区”行列，生态文明创建走在贵州前列。

秉持“城在绿中、水在城中、人在景中”现代城市建设理念，依托现有山水文脉，合理规划，科学布局，引导人口向城市集聚，人与城市一道融入自然。城市主要道路实现“白改黑”，城区实现绿化、美化、亮化、彩化、文化。黔北民居风格与现代高楼交相辉映，风味小吃一条街，文化娱乐一条街，书画美术、工艺古董、

薄暮冥冥，华灯初上。赤水新城，夜夜良宵。（刘子富　摄）

家用电器、通信器材、宾馆酒楼，应有尽有，目不暇接。赤水河三十里河滨大道，花红柳绿，四季飘香。河岸上，红军长征四渡赤水雕塑、碑刻、长廊、凉亭、观景台、文化广场、桫椤博物馆，向赤水市民、向远方来客敞开胸怀。薄暮冥冥，华灯初上，河滨大道上，纳凉观景的市民、游人熙来攘往；文化广场上，伴随流行歌曲的节奏，中老年妇女、年轻姑娘翩翩起舞。赤水夜夜良宵，其乐融融。

全市城乡电网改造1640公里，新增水电装机容量5.4万千瓦，建成沼气池1.25万口，推广省煤节柴炉1.35万台、节能灯12万只，安装太阳能热水器2122台，8个乡镇开通了天然气，城区清洁能源使用率达90%以上。城镇集中式供水监测率、饮用水源水质达标率、饮用水卫生合格率均达100%。全市城镇绿地面积逐年扩大到6.58平方公里。城乡空气环境质量常年保持优良，居全省、全国前列。

赤水市基本建成布局合理、交通便捷、功能完善、环境优美、休闲舒适的生态人居环境，城市建成区绿化覆盖率稳定在35%以上，基本实现城镇绿色化。

四、营造绿色消费氛围

绿色生产生活方式是尊重自然和生命、崇尚节约、提倡再生利用的文明生产生活方式。市委、市人大、市政府、市政协和市纪委、市委组织部、宣传部、统战部、市公检法司、教育、文化、卫生、农牧、工业、林业、水务、旅游、环保等各部门、工青妇群团组织，各乡镇、村组及社区基层组织通力协作，广泛宣传动员绿色消费，普及绿色消费知识，身体力行，带动全社会成员树立勤俭节约消费观，传承中华民族传统美德，实现生活方式和消费模式向勤俭节约、绿色低碳、文明健康方式转变，引导全社会成员树立绿色消费理念。

理念引领行动。弘扬正确的价值理念和消费观念，让绿色生活成为公众的自觉自律行为。广泛传播生态文明理念，培育生态文化、生态道德，使生态文明成为社会主流价值观，成为社会主义核心价值观的重要内容。

形成生产生活方式绿色化合力。市委领导、市政府主导形成推进生产生活方式绿色化强大合力，提高全市人民生态文明社会责任感，树立保护环境人人有责的自律意识，引导全社会成员自觉履行环境保护的责任和义务，逐步形成绿色生产、绿色生活的良好社会氛围。

普及环境科学和生活方式绿色化知识，培育增强全社会绿色消费意识，引导公众自觉抵制过度消费、炫耀消费等畸形消费观念和高能量、高消耗、高开支、高浪费生活方式，力戒奢侈浪费，遏制攀比性、炫耀性消费。充分发挥新闻媒体的作用，引导理性、客观、公正、积极的社会舆论导向，曝光奢侈浪费等反面事例，宣传典型经验、典型人物，营造爱护自然光荣、勤俭节约光荣、绿色低碳光荣的社会舆论氛围。

2017 年，赤水市农村总人口 18.91 万人，占全市总人口的 59.56%。农村人口分布在 17 个乡镇 90 个村 701 个村民小组，居住分散，地广人稀。提倡绿色生产、绿色生活，先导看城镇，重点在城镇，关键在农村，成败在农村。没有农村的生产生活方式绿色化，就没有全市生产生活方式的绿色化。中华民族一直传承爱护自然、勤俭节约的美德。将朴素思想在绿色发展理念指导下化为自觉自律行动，离不开党委、政府的领导。市委、市政府高度重视抓农村生产生活方式绿色化转变，组织发动各级党委、政府和各有关党政部门、工青妇群团组织和志愿服务者，深入农村全方位、多渠道、多形式开展绿色环保知识宣传，加大对全市农村村民的宣传教育力度，提高全体村民的思想素质，促进村民思想观念转变，引导认识和接受绿色生产生活方式，培养提高绿色生产生活方式的自觉性，增强生态建设、保护环境的思想意识和责任感、使命感，为全市绿色生产、绿色消费打下思想基础、群众基础和工作基础。

城乡互动，全域推进。机关、学校、街道、商店、超市、宾馆、酒楼、城乡居民家庭携手营造绿色生活环境氛围，倡导从我做起、从现在做起、从身边小事做起，加强生活自律。倡导人人崇尚绿色低碳生活方式，从衣、食、住、行、游等各个方面自觉向绿色转变，主动使用绿色产品，坚持绿色低碳出行。倡导绿色休闲模式，多种一棵树，节约一杯水，使用再生材料产品，减少使用一次性用品，支持垃圾分类和可再利用资源回收，拒绝过分包装。

走进今日赤水，放眼城市、集镇、园区、景区、校园、乡村、农家，绿色生产生活方式蔚然成风，绿色日常行为和习惯成为新常态。

第三节 坚持共建共享

面对新时代、新目标、新任务，赤水市强化生态文明建设和环境保护，坚定不移地走“生态立市”之路，打好生态文明这张牌，下活绿色发展这盘棋，全面提高综合竞争力和科学发展、绿色发展、可持续发展力。

一、建立生态文明建设机制

深化生态文明体制改革，事关经济社会发展全局，涉及方方面面的工作。2014 年，赤水市启动生态文明体制改革，成立以市委副书记为组长的深化生态文明体制改革专项小组，制定《赤水市深化生态文明体制改革工作方案》，全面深化改革，巩固发展生态文明建设取得的成果。

建立健全生态环境保护责任追究制度、环境保护监督管理制度、环境污染举报奖惩制度和水资源使用管理制度。环境保护河长制得到有效落实。划定生态保护红线，全面落实生态红线制度。全面推进环境污染第三方治理，环境污染治理取得阶段性成效。有效推进环境影响评价改革和排污权交易制度。环境保护工作实现网格化监管，建立健全生态文明建设考核机制。

赤水市创建全国生态保护与建设示范区通过中期评估，被国家发改委命名为“全国生态保护与建设典型示范区”。自然资源资产统一确权登记试点通过省级验收。有序推进赤水河流域生态文明体制改革试点、全国生态文明示范工程改革试点、自然生态空间用途管制试点等多项改革试点工作。创新县级自然资源资产负债表编制管理和领导干部自然资源资产离任审计经验“贵州模式”在全国推广。

二、公众参与促进生态文明

习近平总书记在党的十九大报告中指出:“生态文明建设功在当代、利在千秋。我们要牢固树立社会主义生态文明观，推动形成人与自然和谐发展现代化建设新格局，为保护生态环境做出我们这代人的努力！”

引导全市干部群众深刻认识社会主义生态文明观是党中央在国家经济发展进入新常态、全面建成小康社会进入决胜阶段的伟大征程中，围绕如何认识生态文明、如何建设生态文明、如何共享生态文明,形成的一系列新思想、新理念、新战略。

建立公众参与生态文明建设制度。生态文明建设是一场涉及思维方式、价值观念、生产方式、生活方式的一场深刻变革，推动生产方式、生活方式绿色化，实现生活方式和消费模式向勤俭节约、低碳绿色、文明健康的方向转变，力戒奢侈浪费和不合理消费，是中华民族的传统美德，是民意所指、民心所向。全民节约资源、加强环境保护将产生难以估量的经济效益、社会效益和绿色效益。

生态是赤水发展的命脉。赤水人自古以来就有爱林护山的优良传统。历届市委、市政府咬定生态建设不放松，一届接着一届干，坚定不移地围绕生态抓发展，逐步找到生态保护和特色产业同建设、共发展的生态建设、绿色发展之路。始终把发动群众作为创建生态文明的关键来抓，在挖掘和弘扬地方生态文化的基础上，将生态文化与精神文明建设有机结合，统筹推进生态文明建设和精神文明建设，引导全社会建设宜居生态乡村，打造和谐幸福家园。

“十三五”以来，建成大同、鸭岭等 5 片湿地及赤水市植物园。治理老厂沟、长嵌沟、五一沟等 11 条小流域，治理面积达 130.92 平方公里。建成赤水市林木种质资源库、水生生物多样性综合教育基地、长江上游珍稀特有鱼类国家级自然保护区（赤水段）、赤水市长江上游珍稀特有鱼类国家级原良种场及赤水管理站等项目。建成丹霞展示中心、桫椤博物馆、地质公园展示中心，免费向群众开放。确定每年 6 月 5 日为赤水市“生态建设践行日”，每年 8 月 2 日为“丹霞自然遗产保护日”。设立世界自然遗产保护专项资金，定期开展各类大型宣传活动。以绿色创建、“六 · 五”世界环境日等活动为载体，干部职工、环保志愿者走进学校、

赤水金钗石斛获国家地理标志保护产品，通过国家 GAP 基地认证和有机产品认证。全市金钗石斛种植面积突破 9.1 万亩，占国内人工种植面积的 90% 以上，成为国家级金钗石斛生产基地。金钗石斛产业园区以中国医学宝贵遗产“与其救疗于有疾之后，不若摄养于无疾之先”为企业文化之魂，研发的金钗石斛“自然传奇”系列产品走俏市场。（刘子富　摄）

走进社区、走上街头，编写宣传画册、设立宣传专栏、发放宣传资料，营造生态文明创建氛围，生态文明理念日益深入人心。

三、构建全民绿色行动体系

广大人民群众是生态文明建设和环境保护的生力军，人人参与建设生态文明和环境保护，为生产生活方式绿色变革注入源源不断的正能量，将生产生活方式绿色化落实到每个人的自觉行动中。在全市深入开展创建“节约型机关”“绿色社区”“绿色学校”等活动，开展“环境友好使者”“少开一天车”“空调26度”“光盘行动”等品牌环保公益行动。发布绿色生活信息，帮助消费者获取绿色产品信息，为公众践行绿色生活提供周到服务。

生产生活方式绿色化，一个人、一个家庭、一个单位或一个乡镇，都不能独善其身，甚至一个市县也难实现真正意义上的绿色化，需要全社会行动起来，形成强大合力，经过长期艰苦努力，才能实现生产生活方式绿色化。市委、市政府提高站位，用宽阔的视野审视周边省、市、县的环境质量，主动突破行政区域和空间，携手国家有关部委和赤水河流域省、市、县（市、区）共建、共赢、共享生态文明成果，努力实现绿色发展美好愿景。

2016 年 5 月 9 日，赤水市成功举办以“生态共享・发展共赢”为主题的“首届中国赤水河流域生态经济发展论坛”。时任贵州省政协主席王富玉主持论坛，全国政协副主席、民革中央常务副主席齐续春出席论坛并讲话。民革中央、国家发改委、环保部、水利部、国家旅游局、国务院扶贫办、中国气象局、国家体育总局、水利部长江水利委员会、中国铁路总公司、中国铁路经济规划研究院、中国民生银行、泰康人寿总公司、中国绿色发展高层论坛、新疆维吾尔自治区政协、民革四川省委、民革云南省委、四川省攀枝花市、河北省秦皇岛市等有关领导、专家、学者以及赤水河流域涉及贵州省遵义、毕节，四川省泸州、云南省昭通 4 市、15 个县 (区、市) 的有关领导、专家和企业代表、贵州省直有关单位负责人、民革中央企业家联谊会企业家代表等参加论坛系列活动。论坛举行了“民革中央生态经济发展调研实践基地”授牌仪式。3 省 4 市 15 个县（市、区）达成“中国赤水河流域生态经济发展论坛赤水共识”。赤水河流域 4 个地级市一致表示，将共同推动赤水河流域生态经济示范区建设和发展，推动康养产业健康发展，推动生产生活方式绿色化和绿色发展，保护和建设好赤水河流域，为实现流域内绿色产业脱贫和同步小康而共同奋斗。

环境就是民生，青山就是美丽，蓝天就是幸福。赤水市坚定不移地走绿色脱贫、绿色发展之路，携手周边省、市、县（市、区）共同推动生产生活方式绿色化，使污染排放减下来、环境质量提上去，齐心协力打造天蓝、地绿、水净、山青的共同家园，取得发展与生态两个成果一起收的良好经济效益、社会效益和生态效益。

四、全社会共享生态文明建设成果

赤水市委、市政府牢固树立“创新、协调、绿色、开放、共享”五大发展理念，实施“生态立市”发展战略，集聚“三区”建设发展，强化决策力、执行力、

湿地是人类赖以生存和持续发展的重要基础，被科学家称为“地球之肾”。赤水市强化生态文明建设和环境保护，恢复重建凤凰、严家河、大同、鸭岭等 5 片湿地。湿地生态系统开始显现保护生物多样性、调节径流、改善水质、调节小气候、提供食物、工业原料及旅游资源等功能。图为天台镇凤凰湿地栖息的黑天鹅。（刘子富　摄）

控制力“三力”，推动“四个轮子”一起转，稳增长、促改革、调结构、惠民生、防风险，统筹推进经济建设、政治建设、文化建设、社会建设、生态文明建设和党的建设，着力建设现代生态宜居城市和国际康养旅游目的地，全面开启现代化建设新征程。

树立和自觉践行创新发展理念。坚定中央确定的“坚持人民主体地位、坚持科学发展、坚持深化改革、坚持依法治国、坚持统筹国内国际两个大局、坚持党的领导”六条重要原则，认真落实贵州省委、省政府“守底线、走新路、奔小康”的总要求，充分认识创新是引领发展的第一动力，把创新摆在全市发展全局的核心位置，聚焦创新体系、创新平台、创新能力建设，培育和引进以大数据为引领

赤水市委、市政府牢固树立和践行发展为了人民、发展依靠人民、发展成果由人民共享的理念，发动群众，依靠群众共建共享生态文明建设成果。长沙镇笃睦村柏香林村民小组召开群众会，讨论农村集体土地、林地产权制度改革，推进农村资源资产自愿、有偿、依法流转，加快生态文明建设。（姚绍霜　摄）

赤水国家级风景名胜区怀抱中的宝源梯田，全长 5 公里，总面积 1500 亩。在这片绿色大地上，镌刻农耕文明，记录历史沧桑。（宝源乡提供）

的新技术、新产业、新业态，提高科技创新能力和经济发展水平，以创新促转型，以创新促跨越。

树立和践行协调发展理念。充分认识协调是持续健康发展的内在要求，牢牢把握全市经济社会发展的总体布局，统筹推进市域东部、中部、西部协调发展。正确处理速度与质量、经济与社会、城市与农村、绿水青山与金山银山、物质文明与精神文明等重大关系，促进新型工业化、绿色城镇化、旅游产业化、农业现

代化同步发展，推动全市经济社会整体发展、协调发展、跨越发展。

树立和践行绿色发展理念。充分认识绿色是永续利用、永续发展的必要条件和人民对美好生活的向往。坚持节约资源和保护环境的基本国策，走生产发展、生活富裕、生态良好的文明发展道路，建设绿色赤水，实现资源节约与永续利用、百姓富与生态美的有机统一。

树立和践行开放发展理念。“开放带来进步，封闭导致落后。”充分认识开放是繁荣发展的必由之路，把开放作为全市实现后发赶超的战略重点，破除制约发展的陈旧思想观念和体制机制障碍。以实施习近平主席“一带一路”倡议和融入国家长江经济带和成渝经济区发展大战略为重点，全面提升开放水平，发展开放型经济，积极参与区域合作和国内外经济竞争，将赤水打造成内陆开放型经济示范区，建设成为川、黔、渝省际区域性中心城市。

树立和践行共享发展理念。充分认识发展为了人民、发展依靠人民、发展成果由人民共享的社会主义本质要求，把提高人民生活水平作为实现提速转型、后发赶超的根本出发点和落脚点，着力保障和改善民生，推进基本公共服务均等化，促使全市人民广泛参与经济社会建设发展，公平共享发展成果。

截至目前，赤水市以竹为特色的森林面积逾224万亩，森林覆盖率从2000年的63.4%增加至82.77%，平均每年以1.14个百分点的速度递增。农民人均拥有竹林面积达6.6亩，以县域为单位，竹林总面积居全国前列，农民人均竹林面积和竹林占国土资源面积比例均居全国前列。

1988—2017年，全市共治理水土流失面积862.84平方公里，治理度达94.46%，赤水河出境段年平均流失泥

贵州省非物质文化遗产——赤水独竹漂。图为大同镇村民在大同河上表演独竹漂。（王茂祥 摄）

沙总量由 1988 年的 444.59 万吨（1988 年全国第一次土壤侵蚀遥感调查资料）减少到 2017 年的 91.46 万吨（2017 年度遵义市水土保持公报），降低了 79.42%，每年排入长江的泥沙量减少 353.13 万吨，在长江上游筑起绿色屏障，为保护长江三峡大坝、为长江中下游地区的经济社会建设和发展做出了赤水人民的贡献。

赤水市 2002 年被国家环保总局命名为贵州省第一个“国家级生态示范区”，2012 年成功创建成贵州“省级生态市”、所辖 17 个乡镇全部列入“国家级生态乡镇”，2015 年被国家发展和改革委员会、科技部、国土资源部、环保部等 11 个部委列为“国家级生态保护与建设示范区”，2016 年被国家环保部命名为“国家级生态市”。赤水市把绿水青山转化为金山银山，生态环境明显变好，生态资源优势日渐凸显，生态经济在全市经济中的占比超过 75%。

遍布赤水的林海涵养水源，4000 多挂飞瀑流泉常年奔流不息，山清水秀，空气清新。一般说来，当每立方厘米空气中的负氧离子数在 1000—10000 个之间时，人就会感到心平气和，平静安定；当每立方厘米空气中的负氧离子数在 1 万个以上时，人就会感到神清气爽，舒适惬意。赤水市城区空气负氧离子含量每立方厘米高达 3.2 万个，林区、景区含量就不用说了，被专家和业内人士誉为“中国天然氧吧”。

大自然的慷慨馈赠和赤水人民世世代代的精心呵护，这片英雄的土地完美地保存下世界自然遗产——中国丹霞。这片世界自然遗产地，孕育出一个国家级自然保护区、两个国家级森林公园、一片长江上游珍稀特有鱼类国家级自然保护区核心区和我国第一个被国务院以行政区名称命名的国家级风景名胜区。赤水市摘取了多顶光彩夺目的“国字号”桂冠。

赤水，犹如镶嵌在地球皇冠上的绿宝石。“陶令不知何处去，桃花源里可耕田？”

赤水，看得见山，望得见水，留得住乡愁。难怪每年涌来 1600 多万中外游客，悠然自得地走向田园，回归自然。

赤水，神秘的绿色王国，是赤水人民的，是中国人民的，也是世界人民的！

后 记

消除贫困，是人类共同的美好愿景。

党的十一届三中全会决定实行改革开放政策，到20世纪80年代中期，全国农村温饱问题初步解决。在邓小平同志“允许和支持一部分地区和一部分人先富起来，先富帮后富，实现共同富裕”理论指导下，东部发达地区率先富裕起来，与西部欠开发、欠发达地区的收入分配格局逐渐发生变化。由于自然、地理、历史、人文、社会、经济等因素的差异和制约，不仅形成差别，而且差距呈持续拉大之势。

20世纪80年代中期，我国农村改革取得辉煌成就，到1984年，全国粮食生产登上新台阶。当时，广泛流行“大碗喝酒，大块吃肉”和“卖粮难，卖猪难”的说法，并且见诸中央和地方报端。

在一派大好形势下，1985年春夏之交，我到乌蒙山区腹心地带贵州省赫章县农村采访，发现由于自然条件恶劣，加之受干旱、低温灾害，不少苗族、彝族和汉族农家已经缺粮断炊。作为新华社记者，连夜发出《赫章县有一万二千多户农民断粮，少数民族十分困难却无一人埋怨党和国家》的急电，向党中央、国务院报告当地各族农民贫困交加的情景。

时任中共中央政治局委员、中央书记处书记习仲勋同志看到这篇报道当即批示：“有这样好的各族人民，又过着这样贫困的生活，不仅不埋怨党和国家，反倒责怪自己‘不争气’，这是对我们这些官僚主义者一个严重的警告！！！请省委对这类地区，规定个时限，有个可行措施，有计划、有步骤地扎扎实实地多做工作，改变这种面貌。”

贵州省委接到批示后，连夜召开紧急会议，派干部星夜兼程赶往赫章，开仓放粮，赈济灾民。随即从省、地（州、市）、县机关抽调400多名干部，组成8个工作组，在时任省委书记朱厚泽、时任省长王朝文和有关部门负责人带领下，分赴全省各地农村了解农民生产生活情况，妥善安排贫困农民生活。

类似赫章农村的贫困状况不是个别现象。从1985年夏季开始，贵州省将扶贫提到党委、政府工作重要日程。

1986年春节刚过，在时任贵州省委书记胡锦涛同志的组织推动下，从省、地（州、市）、县机关抽调3452名中青年干部，组建首批扶贫工作队，派驻赫章、紫云、望谟、从江、沿河等26个贫困县扶贫。胡锦涛为披红挂彩、敲锣打鼓送去农村扶贫的工作队员壮行，拉开贵州有组织、有计划、大规模扶贫的序幕。

我国实施扶贫开发战略，是党中央、国务院在改革开放进程中审时度势，根据农村经济发展不平衡、不稳定做出的重大决策。自1986年在国务院成立专门负责扶贫工作的领导小组以来，一直扭住扶贫不放，在中国农村展开波澜壮阔的扶贫攻坚战，描绘前无古人的时代画卷。

进入新时代，在以习近平同志为核心的党中央领导下，中国进入精准扶贫、精准脱贫、攻坚拔寨、决战决胜、全面建成小康的关键期。

正当全国脱贫攻坚战犹酣之际，传来赤水市成为中国首批、贵州首个脱贫出列县的喜讯。新闻工作的职业习惯，催促我赶往赤水，调查研究精准脱贫“赤水经验”的典型性、示范性和普遍性。

这段期间，分别采访了市委书记、市长、相关副市长，采访了市人大常委会、市政协、市委办、市政府办、市纪委、市法院、市检察院，赤水经济开发区，市委组织部、宣传部、政法委、统战部、政策研究室，市督查局，市总工会、团市委、市妇联，市财政局、公安局、发改局、教育局、经贸局、司法局、人社局、环保局、住建局、交通局、农牧局、水务局、统计局、林业局、民政局、卫计局、旅游局、文广新局，市委脱贫攻坚办、市扶贫办等几乎所有党政机关、群团组织和西南（赤水）家具产业园、贵州青禾竹业发展有限公司、富林电子科技有限公司、赤水信天中药产业开发有限公司、贵州红赤水集团有限公司、贵州竹乡鸡养殖有限公司等不同门类的企业，采访了元厚、官渡、两河口、葫市、天台、大同、丙安、复兴等乡镇、街道、敬老院、医院、学校、图书馆及一些村、组、脱贫户、易地扶贫搬迁户及寻常百姓，采访了一批为脱贫做出贡献的赤水大瀑布、四洞沟、佛光岩、竹海国家森林公园、桫椤国家自然保护区、四渡赤水第一渡元厚渡、丙安红一军团陈列馆等旅游景区、景点。所到之处，所接触的社会各界人士，“脱贫攻坚”成了使用频率最高的热词。

赤水市各级党委、政府、各级党政干部和广大党员在脱贫攻坚大决战中，表现出“俯首甘为孺子牛”的情怀，敢为人先、敢于担当的改革创新精神和“踏石留印，抓铁有痕”的工作作风，探索创新“九不”增“九感”精准脱贫“赤水经验”，在实践中找到具有普遍意义的精准制胜、团结制胜、实干制胜、创新制胜“四大法宝”，用精彩脱贫、漂亮出列、华丽转身的辉煌业绩，生动诠释中国共产党不忘初心和坚持“一切为了人民、一切依靠人民”这条取得革命、建设、改革成功的基本经验。

人民是公正的。赤水市民特别是广大各族农民群众，对党和政府领导脱贫攻坚给生产生活带来的深刻变化，无论男女老少，获得感、幸福感挂在脸上，喜在眉梢，感恩之情溢于言表。常言说得好：“金杯银杯，不如老百姓口碑。”赤水老百姓对各级干部在脱贫攻坚中表现出为民无私奉献的精神，看在眼里，铭记在心，发自内心地给新时代赤水干部最高荣誉——“新时代最可爱的人！”

三十多年来，我一直跟踪我国扶贫开发、脱贫攻坚步伐，为减贫事业鼓与呼。精准脱贫“赤水经验”深深地打动了我，按捺不住喜悦的心情，一气写成《决战赤水——中国首批脱贫出列县》一书。

“赤水经验”持续产生政治效应、社会效应、经济效应。本书作为纪实体，对赤水脱贫出列经验和成就的文字和图片介绍，力求客观、真实、准确，经得起历史和人民的检验。初稿出来后，分送市委、市人大常委会、市政府、市政协、市委办、市政府办、市委组织部、宣传部、脱贫攻坚办、市扶贫办等数十个市直相关单位和 17 个乡镇（街道）征求修改意见并纠错补漏。

赤水干部求真务实、较真逗硬的精神，掷地有声、抓铁有痕的作风，在参加采访座谈、提供详尽文字资料和工作照片、平时交谈和对初稿提修改意见等各个环节上，体现得淋漓尽致。从市委到市人大、市政府、市政协、市委办、市委政研室、市环保局、教育局、卫计局、统计局、扶贫办等市直相关部门和一些乡镇，都提出了中肯的建议和意见，有的还形成书面意见。他们的建设性意见，尽可能采纳写进修改稿后，再次分送各有关单位审核以后才脱稿。

脱贫攻坚是一项庞大的社会系统工程。本书从脱贫攻坚、脱贫出列切入，力求全面展示赤水市以脱贫攻坚统揽经济社会发展全局，在政治、经济、文化、教育、卫生、党建、纪检、监察、法治建设、社会治理、生态文明建设等全方位改革、创新、发展所取得的经验和成就，反映 31 万多各族人民、各级干部在市委、市政府的领导下，深入学习和贯彻落实习近平总书记治国理政方略，在赤水市域范围所取得的阶段性成就。

这是一项艰辛的社会劳动，绝非一己之力所能为，离不开市委、市政府及各有关方面、有关同志的密切配合和大力支持。在此，对各有关单位及有关同志对此书的关心、支持、帮助和付出的辛劳，表示由衷的谢意！

中国脱贫攻坚进入最后冲刺阶段。催征战鼓声声急，脱贫捷报频频传。为把“赤水经验”尽早送到脱贫攻坚一线各级领导和广大干部群众手中，送到关心中国减贫事业各界人士和广大读者朋友手中，从策划到成书时间短，涉及方面多，工作量大，尽管主观上想做周到缜密，展示新时代、新赤水的新作为、新风采，但由于本人水平有限，书中错误在所难免，恳请读者朋友批评指正。

作　者

2018 年 10 月 12 日于贵阳